Modernidad estética hispanoamericana

Juan de la Cuesta Hispanic Monographs

FOUNDING EDITOR
Tom Lathrop†
University of Delaware

EDITOR
Michael J. McGrath
Georgia Southern University

EDITORIAL BOARD
Vincent Barletta
Stanford University

Annette Grant Cash
Georgia State University

David Castillo
State University of New York – Buffalo

Gwen Kirkpatrick
Georgetown University

Mark P. Del Mastro
College of Charleston

Juan F. Egea
University of Wisconsin – Madison

Sara L. Lehman
Fordham University

Mariselle Meléndez
University of Illinois at Urbana – Champaign

Eyda Merediz
University of Maryland

Dayle Seidenspinner-Núñez
University of Notre Dame

Elzbieta Sklodowska
Washington University in St. Louis

Noël Valis
Yale University

Modernidad estética hispanoamericana.
Cultura de la incertidumbre

por

Óscar Rivera-Rodas
The University of Tennessee – Knoxville

Juan de la Cuesta
Newark, Delaware

No portion of this book may be reproduced in any form without permission from the publisher. For permission contact: libros@juandelacuesta.com.

Copyright © 2023 by Linguatext, LLC. All rights reserved.

Juan de la Cuesta Hispanic Monographs
An imprint of Linguatext, LLC.
103 Walker Way
Newark, Delaware 19711 USA
(302) 453-8695

www.JuandelaCuesta.com

MANUFACTURED IN THE UNITED STATES OF AMERICA

ISBN: 978-1-58871-395-7

A mis compañeros de travesías:
ÓSCAR H., PATRICIA,
DIEGO y ALDO.

Índice

I. Modernidad estética hispanoamericana 9
   1.1 Reconocimiento internacional 9
   1.2 Tiempo y espacio en la modernidad 19
   1.3 Modernidad estética y filosófica 23
   1.4 Modernidad y percepción inédita 29
   1.5 Historia: modernismo y modernidad 34
   1.6 Modernismo y crítica del siglo XX 42
   1.7 Modernismo: estética y esteticismo 45
   1.8 Modernismo y «vivencia estética» 48
   1.9 Posmodernidad anti-estética 57

II. Secularidad, incertidumbre y conjetura 62
   2.1 Poética de la incertidumbre 66
   2.2 Arte moderno y arte materialista 73
   2.3 Modernismo y ausencia de certeza 80
   2.4 Realidad mundana y crisis de sentido 83
   2.5 Cielos vacíos y orfandad humana 89
   2.6 Madre muda y padre desconocido 93
   2.7 Pérdida de sentido y secularidad 96

III. Falibilidad del lenguaje: poesía, filosofía, semiótica 104
   3.1 Símbolo y conciencia simbólica 108
   3.2 Falibilidad del lenguaje 110
   3.3 Poesía y filosofía 112
   3.4 «Reducción eidética» y modernismo 121
   3.5 Reducción y pluralidad referencial 127
   3.6 Modernismo y semiótica 138
   3.7 Modernismo y vanguardismo 143

IV. Revelación estética en la incertidumbre 147
    4.1 Otra representación de la realidad 149
    4.2 La «fe perceptiva» 151
    4.3 Estética de la revelación 154
    4.4 Estética pragmatista 159
    4.5 Estética fenomenológica 167
    4.6 Estética de instantes sucesivos 172
    4.7 Mundo percibido en la modernidad 176
    4.8 Objeto natural y objeto cultural 179
    4.9 Crítica moderna: "No hay arte objetivo" 184
    4.10 Modernismo y cosmopolitismo 192

V. Incertidumbre, invención y juego 198
    5.1 Vanguardismo hispanoamericano 204
    5.2 Tres corrientes vanguardistas 215
        a) Juego y alienación 216
        b) Falibilidad del lenguaje 224
        c) Identidad histórica 232
    5.3 Semiótica: modernista y vanguardista 259
    5.4 Percepción fenoménica 262
    5.5 Desconocimiento y vacío 265
    5.6 Vacío y blanco de la página 268
    5.7 Verdad y certeza desconocidas.. 274

Bibliografía 281

I.
Modernidad estética hispanoamericana

E L «MODERNISMO», MOVIMIENTO LITERARIO hispanoamericano que empezó a aflorar hacia 1880, no solo produjo una variedad de manifestaciones propias y en diferentes géneros de la literatura de la región; introdujo sobre todo en el pensamiento occidental del siglo XX un concepto del cual fue derivado otro, empleado y discutido por pensadores y filósofos de diversas lenguas europeas. Tales conceptos son: el primero, modernidad; el derivado, posmodernidad.

Discusiones de pensadores estadounidenses y europeos solo en la segunda mitad del XX reconocieron el primer término, aunque no discutieron la significación de este, lo cual se puede comprender porque esos pensadores carecían de interés por saber los motivos y alcances de esa significación. Pero aceptaron el origen de esa denominación en sus discusiones del proceso posterior. Reconocieron los términos «modernismo» y «modernidad», como orígenes del pensamiento occidental desarrollado en el siglo XX, desde diversas disciplinas y perspectivas, bajo el nombre de «posmodernidad».

1.1 Reconocimiento internacional

Tuvo que pasar más de un siglo para que el pensamiento contemporáneo europeo reconociera la obra de los modernistas hispanoamericanos, particularmente del nicaragüense Rubén Darío (1867-1916), no solo iniciador de una concepción estética en el movimiento literario conocido como «modernismo», sino también, aunque involuntariamente, de los derivados extraídos por pensadores occidentales: «modernidad» y «posmodernidad».

En 1977, el historiador francés Jacques Le Goff (1924-2014) publicó su libro *Storia e memoria* (Turín, 1977). En sus consideraciones sobre la oposición de «antiguo/moderno» en la historia de los siglos XIX y XX, advierte de la necesidad de analizar un aspecto previo: antes de "la fuga hacia adelante de lo «moderno» hacia la «modernidad» es oportuno considerar lo que hizo la historia de la oposición antiguo/moderno, y analizar el «modernismo» antes de la «modernidad»" (1991: 153).[1]

Respecto al «modernismo literario», afirma que este término evoca muy particularmente a un núcleo de escritores de lengua española que eligieron esta denominación para manifestar su tendencia a una renovación de temas y formas; y agrega explícitamente: "El modernismo comprende sobre todo a poetas, y fue particularmente vivo en América Latina, donde el representante máximo es Rubén Darío" (1991: 158). En el análisis del modernismo, Le Goff demuestra haber leído al poeta nicaragüense. Explica que dentro de la oposición «antiguo/moderno», el movimiento hispanoamericano manifiesta su carácter de reacción ante el crecimiento del poder del dinero, de los ideales materialistas y de la burguesía, y añade entre paréntesis: "(el modernismo es un movimiento «idealista»)"; continua que este modernismo es también "reacción contra la irrupción de las masas en la historia (es un movimiento «aristocrático» y estetizante: «No soy un poeta para las masas», dice Rubén Darío en el prefacio a los *Cantos de vida y esperanza*)" (1991: 159).

Le Goff precisa las reacciones del modernismo respecto a la cultura y la literatura tradicionales, y añade: "Pero también es una reacción contra la cultura de la antigüedad clásica: elige sus modelos en la literatura cosmopolita del siglo XIX, con preferencia por los poetas franceses, sobre todo los de la segunda mitad del siglo XIX (Rubén Darío afirma: «Verlaine es para mí mucho más que Sócrates»)"; concluye el historiador Le Goff que "el modernismo es también una reacción contra la emergencia del imperialismo yanqui, y nutre las tendencias

---

[1] Cito de la versión castellana del libro, Le Goff, Jacques, *Pensar la historia. Modernidad, presente, progreso.* Trad. M. Vasallo. Barcelona: Paidós, 1991.

«reaccionarias» de la «generación del 98» en España y del panamericanismo latino" (1991: 159).

Después de explicar el «modernismo literario» hispanoamericano, el historiador francés se ocupa de otros dos movimientos surgidos bajo el mismo nombre, pero a principios del siglo XX: el «modernismo religioso», un movimiento interno de la Iglesia católica en los primeros años del siglo XX, término que "aparece en Italia en 1904 y su uso culmina en la encíclica *Pascendi* del papa Pío X que lo condena en 1907" (1991: 159). El tercero es estético, y lo denomina con términos de la lengua inglesa «*Modern Style*». Este tercer movimiento se destaca por el nivel importante de su vocabulario; escribe: "cabe atestiguar la anexión al campo de lo «moderno» de todo un conjunto de movimientos estéticos que alrededor de 1900, en Europa y Estados Unidos, tomaron o recibieron nombres diversos, entre los cuales *Modern Style* es sólo uno" (1991: 161).

En resumen, para entender el término «modernismo», conviene distinguir las tres corrientes de las que se ocupa de Le Goff: en primer lugar, y con carácter primordial el modernismo hispanoamericano; en segundo lugar, la corriente religiosa; y en tercer lugar el múltiple movimiento denominado *Modern Style*.

En 1987, el crítico literario rumano y profesor de literatura comparada Matei Calinescu (1934–2009) publicó un importante libro sobre la modernidad (*Five Faces of Modernity*, Duke University Press, Durham, NC), en el que explica las «cinco caras» de ese periodo literario, que son: modernismo, vanguardia, decadencia, *kitsch* y posmodernismo. Nos interesa el primer «rostro», el cual no es otro que el «modernismo» hispanoamericano. Para estudiar la procedencia de ese término se remonta hasta el siglo XVIII y halla que entonces era empleado derogatoriamente. Luego añade que para alcanzar "los intentos conscientes de rehabilitación del «modernismo» o, al menos, de neutralización de sus connotaciones polémicas tenemos que esperar hasta las últimas décadas del siglo XIX" (1991: 76).[2]

---

2   La cita corresponde a la versión castellana de Matei Calinescu, *Cinco caras de la modernidad: Modernismo, Vanguardia, Decadencia, Kitsch, Posmodernismo* (Madrid, 1991).

Se refiere a las dos últimas décadas del siglo decimonónico, que ya señalamos concretamente con el año 1880, cuando los modernistas hispanoamericanos, desde diversas naciones, manifestaron un espíritu coincidente en pensamiento y expresión, aunque el término específico («modernismo») correspondiera al poeta nicaragüense Rubén Darío. Calinescu lo recuerda también y escribe: "El primero en utilizar la etiqueta de «modernismo» aprobatoriamente para señalar un gran movimiento contemporáneo de renovación estética fue Rubén Darío, fundador reconocido del *modernismo* a principios de 1890"; más aún, reconoce el proceso de emancipación intelectual hispanoamericana que impulsó la independencia política del coloniaje español iniciado a finales del siglo XVIII, y agrega: "Es casi unánime entre los historiadores de la literatura del mundo hispánico la afirmación de que el nacimiento del *movimiento modernista* en América Latina tiene, entre otras cosas, el significado de una independencia cultural de Sudamérica. El espíritu del modernismo de Darío implica claramente un rechazo directo de la autoridad cultural de España" (1991: 77; cursivas propias).

Reconoce una refrescante influencia de Francia, que los mismos modernistas hispanoamericanos asumieron consciente y fructíferamente "frente a los viejos clichés retóricos al uso en la literatura española de ese tiempo. El nuevo movimiento, que alcanzó su total autoconciencia con Darío, atravesó rápidamente sus primeras etapas de tanteo"; además, "sus representantes, perfectos contemporáneos de los «decadentes», franceses, flirtearon durante un tiempo con la noción de decadencia, para tomar luego la etiqueta de «simbolismo»" (1991: 77; énfasis propio).

Calinescu elogia la elección del nombre «modernismo» por los hispanoamericanos, y la califica de "feliz porque hizo posible a los seguidores del nuevo movimiento poético ir más allá de las disputas parroquiales que eran características en la escena literaria francesa contemporánea"; y aclara que aunque el modernismo hispanoamericano "se considera a menudo como una variedad del *simbolismo* francés, sería mucho más correcto decir que constituye una síntesis de todas las principales tendencias innovadoras que se manifestaron en la Francia de finales del siglo XIX" (1991: 77).

Explica que la vida literaria francesa de ese período estaba fraccionada en una variedad de escuelas en conflicto, movimientos, o incluso sectas («parnasiano», «decadente», «simbolismo», etc.) que, en sus empeños por establecerse distintos, no advirtieron de lo que tenían realmente en común. Desde una perspectiva externa, era más fácil percibir este elemento común; agrega que esto es exactamente lo que lograron los modernistas hispanoamericanos, y escribe: "Como extranjeros, aunque muchos de ellos pasaron largos períodos en Francia, estaban separados del clima de rivalidad grupal y las mezquinas polémicas que prevalecían en la vida intelectual parisina del momento", por cual fueron "capaces de penetrar más allá de las meras apariencias de diferencia para comprender el espíritu subyacente de renovación radical, que promovieron bajo el nombre de *modernismo*" (1991: 77; cursivas propias).

Dos años después, en 1989, la editorial Presses Universitaires de France publicó en Paris el libro titulado *La modernité*, del investigador francés y profesor de literatura comparada Alexis Nouss. El capítulo 2 está dedicado a las «Definiciones de la modernidad» y señala discernimientos importantes a que dio lugar el concepto relativo al tiempo y a una época, concepto procedente del latín: *modernus*. Señala que ya sea porque se articularon en términos de continuidad o discontinuidad, "las modernidades aparecen siempre en contraste con sus pasados, antagonismo indispensable a su autoconcepción en periodo de mutación y cambio"; de ese modo, tras el "desmoronamiento del imperio romano, los «tiempos modernos» reciben su definición del Renacimiento y el concepto «modernidad» nace en el siglo XIX" (1997: 25).

La modernidad contemporánea, o en términos suyos «nuestra modernidad», se define al prescindir de los modelos impuestos por la tradición. Nouss escribe: "La autoridad de la tradición como referencia es reemplazada por el valor de la fidelidad a la actualidad. El pasado no se rechaza como tal, sino su papel de modelo, su función normativa" (1997: 32). El teórico francés se apoya en su discusión sobre las reflexiones del escritor mexicano Octavio Paz (1914-1998) para reafirmar que esa actitud corresponde a la modernidad respecto a la tradición. Nouss cita a Paz y escribe: "«Lo moderno es autosuficiente: cada vez que aparece, funda su propia tradición», escribe Paz" (1997: 35).³ Más aún, el teórico francés destaca la tensión dialéctica que implica la modernidad para el escritor mexicano, de quien transcribe las siguientes palabras: "La modernidad es una tradición polémica y que desaloja a la tradición imperante, cualquiera que ésta sea; pero la desaloja sólo para, un instante después, ceder el sitio a otra tradición que, a su vez, es otra manifestación momentánea de la actualidad"; más aún, agrega: "La modernidad nunca es ella misma: siempre es *otra*. Lo moderno no se caracteriza únicamente por su novedad, sino por su heterogeneidad" (1997: 36; cursiva propia).⁴

Al concluir el Capítulo 2, de la sección titulada «Modernidad y modernismo», Nouss escribe que el modernismo "adquiere un valor positivo al final del siglo XIX en el mundo sudamericano (con Rubén Darío) en el que el modernismo abarca una corriente literaria inspirada en las escuelas francesas del periodo"; agrega que esa denominación "engloba al conjunto del mundo hispánico y su desarrollo alcanza la extensión de una estética nueva que la cultura anglófona traduce por *modernism*" (1997: 55).

De este modo, el modernismo hispanoamericano, como movimiento literario propio de esta región, es aceptado en el amplio contexto denominado «modernidad». Más todavía, este movimiento también recibió una adjetivación definida: modernidad estética. Así también es diferenciado de otras corrientes de disciplinas diversas como la modernidad filosófica, la modernidad política, la modernidad económica, la modernidad social, la modernidad histórica, etc.

En 1998, el modernismo hispanoamericano fue objeto de otro reconocimiento europeo, esa vez del filósofo inglés e historiador de las ideas Perry Anderson (1938), quien en su libro *The Origins of Postmodernity* (London: Verso, 1998), se ocupa del movimiento hispanoamericano en las primeras líneas del capítulo inicial titulado «Prelimi-

---

3   Alexis Nouss refiere el libro de O. Paz publicado en París, en francés: *Point de convergence. Du romanticisme à l'avant-garde*, Gallimard, 1976, p. 15. A esta publicación francesa corresponde la versión castellana de *Los hijos del limo. Del romanticismo a la vanguardia*. Barcelona, Seix Barral, 1987, p. 18.

4   Estos enunciados de Paz, citados por Nouss corresponden a *Los hijos del limo*, 1987, p. 18.

nares». Después de señalar que tanto el término como la idea «posmoderno» suponen la familiaridad con algo anterior, lo «moderno», afirma enfáticamente: "Contra el supuesto convencional, no nacieron en el centro del sistema cultural de su tiempo, sino en la lejana periferia: no provienen de Europa ni de los Estados Unidos, sino de Hispanoamérica"; y en seguida explica: "El término «modernismo» como denominación de un movimiento estético fue acuñado por un poeta nicaragüense que escribía en un periódico guatemalteco sobre un encuentro literario que había tenido lugar en Perú"; y aunque el filósofo inglés no da ninguna fecha de esa reunión, continúa: "Rubén Darío inició en 1890 una tímida corriente que adoptó el nombre de «modernismo», inspirada en las sucesivas escuelas francesas de los románticos, parnasianos y simbolistas"; más aún, considera ese movimiento "a favor de una «declaración de la independencia cultural» respecto a España que desencadenaría, en la hueste de los años noventa, la emancipación del pasado de las propias letras hispánicas" (2000: 7; énfasis propios).[5]

También Anderson declara que, en lengua inglesa, "la noción de «modernismo» apenas entró en el uso general antes de mediados de siglo [se refiere al XX], mientras que en castellano era corriente una generación antes" (2000: 9-10). Asimismo, el pensador inglés señala que "también la idea de «posmodernismo» emergió primero en el intermundo hispano de los años treinta del siglo XX, una generación antes de su aparición en Inglaterra y los Estados Unidos"; y que fue Federico de Onís (1885-1966) "quien introdujo el término «posmodernismo». Lo empleaba para describir un reflujo conservador dentro del propio modernismo"; más aún, afirma que "De Onís contrastaba ese modelo—al que auguraba una vida breve—con su sucesor, un «ultramodernismo» que intensificaba los impulsos radicales del modernismo y

---

[5] Citamos de la versión castellana de Perry Anderson, *Los orígenes de la posmodernidad* (Barcelona, 2000). Respecto a la reunión en el Perú, Anderson señala que la obtuvo de un escrito de Rubén Darío, «Ricardo Palma», en *Obras completas,* vol. 2, Madrid, 1950, p. 19.

los llevaba a una nueva culminación, dentro de la serie de vanguardias" (2000: 10).[6]

Anderson sostiene que la idea de un estilo «posmoderno» "introducida por De Onís pasó al vocabulario de la crítica de lengua hispana—si bien los autores posteriores raras veces lo emplearon con la misma precisión que él—, pero no llegó a tener un eco más amplio"; y que el término «posmoderno» "no apareció en el mundo anglófono hasta unos veinte años después, en un contexto muy distinto y como categoría histórica más que estética" en el primer volumen de *Estudio de la Historia,* publicado en 1934 por Arnold Toynbee (2000: 11).

También Anderson discierne sobre el concepto de modernidad desde su concepción original estética en las letras hispanoamericanas, y su transformación en concepción histórica. Así reconoce, por un lado, la modernidad y posmodernidad «estéticas»; y, por otro, la modernidad y posmodernidad «históricas». Otro aspecto que se debe subrayar en la obra de este filósofo es que observa que "lo moderno, sea estético o histórico, es siempre en principio lo que podría llamarse un presente absoluto", lo cual crea una dificultad de definir cualquier periodo que vaya más allá de lo moderno; de ahí que se acudiera a un prefijo (como «post-») para denotar lo que viene después, como «post-moderno»; y en seguida agrega otra nota importante: "La noción de lo posmoderno no alcanzó difusión más amplia hasta los años setenta" del siglo XX (2000: 24).

En páginas siguientes, Anderson define más explícitamente el término que proseguía a lo moderno, y escribe: "Lo posmoderno no venía después de lo moderno, sino que era un movimiento de renovación desde dentro de la modernidad misma; era aquella corriente cuya respuesta ante el despedazamiento de lo real era todo lo contrario de nostalgia de la unidad: la aceptación jubilosa de la libertad de invención que posibilitaba" (2000: 46).

En el 2002, el modernismo hispanoamericano era objeto de otra mención notable por el teórico estadounidense Fredric Jameson

---

[6] Anderson hace referencia a Federico de Onís, *Antología de la poesía española e hispanoamericana (1882-1932),* Madrid: Centro de Estudios Históricos, 1934.

(1934), en su libro *A Singular Modernity. Essay on the Ontology of the Present*, publicado también por la editorial londinense Verso. Frente a la diversidad conceptual de los términos «moderno» y «modernismo» según las distintas tradiciones nacionales, Jameson escribió: "el poeta nicaragüense Rubén Darío fue el primero en difundir en 1888 el término *modernismo;* que es con bastante claridad un sinónimo para designar un estilo denominado *symbolisme* o *Jugendstil* en otros lugares"; y agrega otro dato importante: "El castellano marca así una primera ruptura de manera mucho más visible que las otras lenguas, pero su propia precocidad histórica lo limita cuando se trata de identificar la «segunda» ruptura (asociada en distintos aspectos con el futurismo, el año revolucionario de 1913, la era de la máquina, etc.)" (2004: 90).[7]

No está clara la objeción del teórico estadounidense respecto a la «segunda» ruptura. El modernismo hispanoamericano ha sido una ruptura respecto a los modelos de la tradición, ruptura que proyectó otra posterior, diversa, dispersa y caótica; es decir, la versión hispanoamericana del «vanguardismo» occidental. Iniciado el modernismo en 1880, no pudo haber tenido una ruptura en el siglo siguiente, específicamente en el año 1913, muy modernista; recordemos que Rubén Darío falleció en 1916.

Como señalamos en líneas anteriores, el teórico francés Alexis Nouss citó a Octavio Paz y su afirmación que dice: "Lo moderno es autosuficiente: cada vez que aparece, funda su propia tradición" (*Los hijos del limo*, 1987: 18). En la misma página Paz escribió: "La modernidad es una tradición polémica y que desaloja a la tradición imperante, cualquiera que ésta sea; pero la desaloja sólo para, un instante después, ceder el sitio a otra tradición que, a su vez, es otra manifestación momentánea de la actualidad. La modernidad nunca es ella misma: siempre es *otra*" (cursiva propia). Volveremos más adelante a los planteamientos de Paz. Por ahora interesa detenernos en las páginas de *Una modernidad singular*, de Jameson. Para este crítico la denominación «modernismo» resulta anticuada y escribe: "A la sazón, un debate arrebata a la crítica en castellano, que vacila entre el uso de Darío,

---

7   Citamos de la versión castellana de Fredric Jameson, *Una modernidad singular. Ensayo sobre la ontología del presente*, (Barcelona, 2004).

ahora arcaico y más estrictamente historizante, y una ampliación por decreto del significado del término, para incluir todo aquello que, más moderno, ha llegado a parecer moderno por esencia" (2004: 90).

Ciertamente, este problema fue motivo de reflexión para la crítica hispanoamericana que decidió ampliar el término modernismo a «modernidad», porque tanto Darío como otros modernistas sabían que, desde la emancipación política del coloniaje español, a finales del siglo XVIII, la literatura hispanoamericana debía relacionarse con otros movimientos no españoles, que en todo caso serían modernos, dada la actitud española de aferrarse a la tradición particularmente medieval.

Recordemos que el 12 de mayo de 1896, en *El tiempo*, de Buenos Aires, Rubén Darío publicó un artículo sobre un joven poeta argentino que surgía en esos días, de poco más de 20 años. Ese artículo llevaba el título de "Un poeta socialista: Leopoldo Lugones". Darío escribió que Lugones, en su poesía, seguía "los pabellones nuevos"; además, agregaba: "Con Jaimes Freyre y José A. Silva, es entre los «modernos» de lengua española, de los primeros que han iniciado la innovación métrica a la manera de los «modernos» ingleses, franceses, alemanes e italianos".[8] Los poetas hispanoamericanos, al relacionarse con movimientos literarios no españoles, integraban por voluntad propia un movimiento cosmopolita. Este hecho ha sido reconocido por Jameson, cuando escribió: "el papel de la cultura francesa en la concepción inicial de Darío señala la apropiación de otra cultura nacional al servicio de una revolución literaria contra la tradición colonial" (2004: 91). Octavio Paz ya lo había señalado en *Los hijos del limo*: ese "afrancesamiento fue un cosmopolitismo: para ellos París era, más que la capital de una nación, el centro de una estética. El cosmopolitismo les hizo descubrir otras literaturas y revalorar nuestro pasado indígena. La exaltación del mundo prehispánico fue, claro está, ante todo estética, pero también algo más: una crítica de la modernidad y muy especialmente del progreso a la norteamericana" (1987: 132-133).

---

8 Este artículo fue recogido por E. K. Mapes, *Escritos inéditos de Rubén Darío*. New York: Instituto de las Españas, 1938.

Este cosmopolitismo era desconocido en la literatura española. Jameson reitera una vez más que el concepto implicado en el «modernismo» surgió "no en la metrópoli española sino en sus excolonias latinoamericanas: España bien puede haber sido «atrasada» en comparación con las modernizaciones de sus vecinos europeos, pero con seguridad no lo era tanto como Nicaragua" (2004: 92).

1.2 Tiempo y espacio en la modernidad

Como ya vimos, para Octavio Paz la modernidad es una "tradición polémica" que "desaloja a la tradición imperante, cualquiera que ésta sea"; pero, más todavía, "la desaloja sólo para, un instante después, ceder el sitio a otra tradición que, a su vez, es otra manifestación momentánea de la actualidad" (1987: 18).

En otras palabras, la modernidad desocupa el tiempo presente de toda tradición, a la que rechaza, para ocupar ese presente; además, está dispuesta a ser sustituida por otra manifestación venidera transitoria que, asimismo, será pasajera y temporal. Esta concepción tiene su origen en un pensamiento inherente: el pensamiento moderno, del cual Octavio Paz se ocupó varias décadas antes en *El arco y la lira* (1956), volumen revisado y ampliado una década después, 1967. El pensamiento de la modernidad se enfrentó también a las doctrinas de la tradición. Deshabitar el tiempo presente de la tradición era también expulsarla con sus doctrinas. Paz había señalado que el pensamiento moderno "ve en la razón crítica su fundamento", y muy específicamente agregaba: "A las creaciones de la religión opone las construcciones de la razón; sus paraísos no están fuera del tiempo, en la otra vida o en ese instante de iluminación que niega a la corriente temporal, sino en el tiempo mismo, en el suceder histórico: son utopías sociales" (1967: 223).

La tarea principal del pensamiento moderno se orienta por el pensar crítico de la Ilustración del siglo XVIII y se manifiesta a través del lenguaje poético. Y lo hacía, según Paz, con la misma decisión del pensamiento filosófico, pues la poesía intentaba "fundar la palabra poética en el hombre mismo" y a su vez el poeta "no ve en sus imágenes la revelación de un poder extraño [sobrenatural, providencialista y dogmático]. A diferencia de las sagradas escrituras, la escritura poética es la revelación de sí mismo que el hombre se hace a sí mismo"; y agregaba:

"Movido por la necesidad de fundar su actividad en principios que la filosofía le rehúsa y la teología sólo le concede en parte, el poeta se desdobla en crítico" (1967: 233-234).

La modernidad estética hispanoamericana, iniciada por los modernistas, dejó en su obra un testimonio amplio de profunda incertidumbre y escepticismo, precisamente a causa del rechazo de la tradición y sus doctrinas que se remontaban a la escolástica medieval, mediante las cuales no era posible alcanzar un conocimiento seguro y claro de las cosas, del mundo natural, ni una base firme para el entendimiento. La percepción del mundo y sus explicaciones doctrinarias y dogmáticas de la tradición se transformaron absolutamente en desconocidas para la percepción y comprensión modernista, cuya única convicción fue el *no-saber* de la realidad a la que se enfrentaba el ser humano. Ese nexo con la realidad *no-conocida* implicaba un espacio distinto, obviamente por lo incomprensible. Tal fue la raíz de su incertidumbre y escepticismo, como lo veremos a lo largo de esta exposición.

Por otra parte, el lenguaje, también heredado de la tradición, mostraba igualmente el extrañamiento de su expresión, en primer lugar, porque en la palabra se producía una colisión entre significante y significado; en segundo lugar, otra desavenencia se registraba entre el pensamiento y el lenguaje tradicional aferrado a referentes de objetos no conocidos. Este fenómeno lingüístico-literario hemos señalado como *crisis referencial*,[9] tema complejo que abarca al pensamiento y al lenguaje. Desde el punto de vista de este se puede explicar esa crisis, en pocas palabras, como una alteración de la relación tradicional (y convencional) entre signo y referente. El pensamiento tradicional, al dejar de tener sentido para la modernidad, altera también la significación de las palabras causando una crisis referencial.

Esta crisis fue denunciada explícitamente por los modernistas, que fundaban de ese modo la modernidad que será heredada por el «vanguardismo» regional a principios del siglo XX. Se trata de un proceso cuyos orígenes pueden ser señalados hacia 1880 como renovación del lenguaje, resultado de la demolición y desmantelamiento del modo

---

9   Véase, Rivera-Rodas, "La «crisis referencial» y la modernidad hispanoamericana", en *Hispania* 83, December 2000, pp. 779-790.

tradicional de entender el mundo y de representarlo. Los vanguardistas llevarán a extremos ese desmantelamiento del lenguaje, apelarán al juego de «inventar» o «crear» mundos, así como también «lenguajes propios», según los pactos de sus «ismos». En nuestros días se entiende mejor que toda experiencia del ser humano en el mundo es fundamentalmente una experiencia lingüística.

No en vano Octavio Paz escribió: "Desaparecido el mundo de valores cristianos—cuyo centro es, justamente, la universal analogía o correspondencia entre cielo, tierra e infierno—no le queda nada al hombre, excepto la asociación fortuita y casual de pensamientos e imágenes"; más aún, señaló que el mundo moderno "ha perdido sentido y el testimonio más crudo de esa ausencia de dirección es el automatismo de la asociación de ideas, que no está regido por ningún ritmo cósmico o espiritual, sino por el azar"; y reiteró una vez más: "Todo ese caos de fragmentos y ruinas se presenta como la antítesis de un universo teológico, ordenado conforme a los valores de la Iglesia romana" (1967: 78-79). No olvidemos que el sistema político del coloniaje español en América fue la «teocracia», decir, el «gobierno de dios», porque la política de la monarquía era el catolicismo: religión y política.

El «mundo», como el espacio dispuesto y ordenado por la tradición y sus doctrinas, no era verdadero para la modernidad. Era un «mundo» recompuesto, retocado y enmendado; producto de una fabricación o confección en los talleres doctrinarios de creencias religiosas. Semejante fabricación del espacio implicaba también un tiempo que incluía eternidad: desde los orígenes hasta el fin del mundo y el más allá. Ni el mundo ni el tiempo son para la modernidad como fueron presentados por la tradición y sus doctrinas. De ahí que el pensamiento de la modernidad, mediante su escritura, debió abandonar tales concepciones, y entregarse a apercibir y reconocer la realidad en la que se encontraba para describirla, y hablar de ella diferente, desde una vivencia distinta y nueva; no tuvo otra opción que secularizarse, como lo veremos más adelante.

Octavio Paz señaló que el acto de escribir "entraña, como primer movimiento, un desprenderse del mundo, algo así como arrojarse al vacío. Ya está solo el poeta. Todo lo que era hace un instante su mundo cotidiano y sus preocupaciones habituales, desaparece"; y reiteró que "el poeta se queda solo, sin mundo en que apoyarse. Es la hora de crear de nuevo el mundo y volver a nombrar con palabras esa amenazante vaciedad exterior: mesa, árbol, labios, astros, nada. Pero las palabras también se han evaporado, también se han fugado. Nos rodea el silencio anterior a la palabra" (1967: 242).

En semejantes circunstancias, la modernidad ocupaba una instancia pre-lingüística, es decir, anterior al lenguaje, y debía buscar nuevos sentidos para sus palabras. No debe sorprender que el pensador mexicano haya advertido, como consecuencia, que la poesía moderna "no habla de «cosas reales» porque previamente se ha decidido abolir toda una parte de la realidad: precisamente aquella que, desde el nacimiento de los tiempos, ha sido el manantial de la poesía"; más aún, agregó: "Nadie se reconoce en la poesía moderna porque hemos sido mutilados y ya se nos ha olvidado cómo éramos antes de esta operación quirúrgica" (1967: 243).

Lo cierto es que la poesía moderna no abolió la realidad; derogó el lenguaje tradicional que refería la realidad natural que nunca conoció, porque el pensamiento escolástico y arcaico estaba interesado exclusivamente en otra supuesta realidad sobrenatural, ultrasensible, metafísica y, ciertamente, no conocida.

Los conceptos modernos referidos al espacio y al tiempo serán reiterados por Paz, de modo especial los temporales, en el libro que publicó dos décadas después: *Los hijos del limo. Del romanticismo a la vanguardia* (1987). Su reflexión se enfoca de modo especial sobre el presente, al que define como «lo instantáneo», es decir, "la forma más pura, intensa e inmediata del tiempo. Si la intensidad del instante se vuelve duración fija, estamos ante una imposibilidad lógica que es también una pesadilla" (1987: 45). Sus consideraciones obviamente implicaban la tradición europea occidental, cuyo arquetipo ha sido elaborado durante siglos por las doctrinas fabulosas del cristianismo medieval, y enfocado sobre el tiempo quimérico de la eternidad ofrecido al ser humano. Paz escribió: "La sociedad cristiana medieval imagina al tiempo histórico como un proceso finito, sucesivo e irreversible; agotado ese tiempo —o como dice el poeta: cuando se cierran las puertas del futuro-, reinará un presente eterno"; y en ese tiempo finito de la historia, "en el ahora, el hombre se juega su vida eterna. Es claro que la idea de modernidad sólo podía nacer dentro de esta concepción de un tiempo sucesivo e irreversible; es claro, asimismo, que sólo podía nacer como una crítica de la eternidad cristiana" (1987: 46).

La visión del presente o del «ahora», para Octavio Paz, como "centro de convergencia de los tiempos, originalmente visión de poetas, se ha transformado en una creencia subyacente en las actitudes e ideas de la mayoría de nuestros contemporáneos. El presente se ha vuelto el valor central de la tríada temporal"; y señala que la relación "entre los tres tiempos ha cambiado, pero este cambio no implica la desaparición del pasado o la del futuro" (1987: 220-221). Más todavía, apunta que el ahora "muestra que el fin no es distinto o contrario al comienzo, sino que es su complemento, su inseparable mitad. Vivir en el ahora es vivir cara a la muerte. El hombre inventó las eternidades y los futuros para escapar de la muerte, pero cada uno de esos inventos fue una trampa mortal" (1987: 221).

1.3 Modernidad estética y filosófica

Un aspecto fundamental que caracteriza a la modernidad es lo que se puede denominar la conciencia del tiempo y espacio; es decir la condición presente, como instante sucesivo, que en el caso de la literatura y el arte es, del mismo modo, el tiempo presente de la experiencia mundana, la vivencia, y la enunciación de esa vivencia. Esta condición fue señalada también por el filósofo y sociólogo alemán Jürgen Habermas (1929), como lo apuntó Anderson: "Habermas empezó por reconocer que el espíritu de la modernidad estética, con su nuevo sentido del tiempo como un presente cargado de un heroico futuro, aquel espíritu que había nacido en la época de Baudelaire y culminado en el dadaísmo, se había marchitado visiblemente; las vanguardias habían envejecido" (2000: 54-55).

En efecto, Habermas, en su ensayo titulado "La modernidad, un proyecto incompleto", que originalmente fue una conferencia dictada en septiembre de 1980, en Frankfurt, escribió que en el desarrollo del siglo XIX emergió "la conciencia radicalizada de modernidad que se liberó de todos los vínculos históricos específicos"; y lo explicó con los siguientes términos: "Este modernismo más reciente establece una oposición abstracta entre la tradición y el presente, y, en cierto sentido, todavía somos contemporáneos de esa clase de modernidad estética que apareció por primera vez a mediados del siglo pasado"; añadió que desde entonces "la señal distintiva de las obras que cuentan como modernas es «lo nuevo», que será superado y quedará obsoleto cuando aparezca la novedad del estilo siguiente" (1985: 20-21).[10]

La modernidad estética se caracteriza por actitudes que encuentran un centro común en una conciencia cosmopolita que rechaza el pensar tradicional, particularmente escolástico y dogmático. Con esa conciencia cosmopolita además asienta las bases de lo que en siglo XX se conocerá como «globalización». Se trata de una conciencia crítica e independiente, que debe adecuar el lenguaje heredado mediante el empleo de metáforas o símbolos que tratan de referir en los objetos naturales significaciones apropiadas; es decir, nuevas y, obviamente, desconocidas para la tradición, además de rumbos ignorados por la antigüedad inmediata. De ahí que su expresión se afirme en el presente de la experiencia vivida, en la apercepción consciente y conocimiento reflexivo propio, en su empeño por fundamentar su saber y sus expectativas por venir.

Habermas también destaca lo transitorio de ese presente, que a su vez implica una "aceleración en la historia, la discontinuidad en la vida cotidiana", que la explica con los siguientes términos: "El nuevo valor aplicado a lo transitorio, lo elusivo y lo efímero, la misma celebración del dinamismo, revela el anhelo de un presente impoluto, inmaculado y estable. La memoria histórica es sustituida por la afinidad heroica del presente" (1985: 22).

Más aún, afirma que la modernidad "se rebela contra las funciones normalizadoras de la tradición; la modernidad vive de la experiencia de rebelarse contra todo cuanto es normativo"; y explica: "Esta revuelta es una forma de neutralizar las pautas de la moralidad y la utilidad", porque la "conciencia estética representa continuamente un drama dialéctico entre el secreto y el escándalo público, le fascina el horror que acompaña al acto de profanar y, no obstante, siempre huye de los resultados triviales de la profanación"; además, "la conciencia del tiem-

---

10 Ensayo de Habermas citado del volumen preparado por Hal Foster (Selección y Prólogo), *La posmodernidad* (Barcelona, 1985).

po articulada en vanguardia no es simplemente ahistórica, sino que se dirige contra lo que podría denominarse una falsa normatividad en la historia" (1985: 22).

Habermas reconoce en 1980 que el "espíritu de modernidad estética ha empezado recientemente a envejecer. Ha sido recitado una vez más en los años de 1960. Sin embargo, después de los setenta debemos admitir que este modernismo promueve hoy una respuesta mucho más débil que hace quince años"; y cita al ensayista mexicano: "Octavio Paz, un compañero de viaje de la modernidad, observó ya a mediados de los sesenta que «la vanguardia de 1967 repite las acciones y gestos de la de 1917. Estamos experimentando el fin de la idea de arte moderno»" (1985: 23). De este modo también se explica la transición de la modernidad a la posmodernidad. Sin embargo, hay que recordar que la modernidad de los hispanoamericanos comenzó hacia 1880.

El mexicano Paz, Premio Nobel de Literatura 1990, en el «Prefacio» de su libro *Los hijos del limo*, definió la historia de la poesía moderna con los siguientes términos: "su nacimiento con los románticos ingleses y alemanes, sus metamorfosis en el simbolismo francés y el modernismo hispanoamericano, su culminación y fin en las vanguardias del siglo XX" (1987: 10). Más adelante, ofrece también la definición de la etapa siguiente: "El período propiamente contemporáneo es el del fin de la vanguardia y, con ella, de lo que desde fines del siglo XVIII se ha llamado *arte moderno*. Lo que está en entredicho, en la segunda mitad de nuestro siglo, no es la noción de arte, sino la noción de modernidad" (1987: 11; cursivas propias).

Habermas, en *El discurso filosófico de la modernidad*, publicado originalmente en 1985, reitera que "el mundo moderno, se distingue del antiguo por estar abierto al futuro, el inicio que es la nueva época se repite y perpetúa con cada momento de la actualidad que produce de sí algo nuevo"; y añade: "A la conciencia histórica de la modernidad pertenece, por tanto, el deslinde entre «lo novísimo» y lo moderno: la actualidad como historia del presente dentro del horizonte de la Edad Moderna, pasa a ocupar un lugar prominente" (1989: 17).

Interesa también repasar la obra de otro filósofo alemán, Hans Blumenberg (1920-1996), particularmente su libro publicado en 1966, y traducido al castellano 42 años después: *La legitimación de la Edad*

Moderna (2008). Ahí afirma que la Edad Moderna fue "la única y la primera en entenderse a sí misma como una época y, con ello, ha contribuido a crear las otras épocas"; es decir, diferenciarse de sus antecesoras; explica esa actitud como un "problema de la legitimación... en la pretensión de la Edad Moderna de llevar a cabo una ruptura radical con la tradición, así como en la desproporción de esta pretensión respecto a la realidad de la historia, que nunca puede comenzar de nuevo desde cero"; y agrega: "Como todos los problemas políticos e históricos de legitimación, el de la Edad Moderna surge por la discontinuidad, siendo indiferente si esta discontinuidad es ficticia o real" (2008: 116). Ciertamente, la modernidad, en su ruptura con la tradición, buscaba una discontinuidad respecto a ésta, es decir su autonomía, lo cual no implica eliminar la sucesión histórica. Todo lo contrario, necesitaba tener como antecesora a la tradición, para refutarla y desarrollar su propia identidad.

Por su parte, el teórico literario francés Jean-François Lyotard (1924-1998) publicó su opúsculo *La condition postmoderne* (1979), en el que reconoció los orígenes estéticos de la modernidad. En el primer párrafo de su «Introducción» advierte sobre su exposición: "Este estudio tiene por objeto la condición del saber en las sociedades más desarrolladas. Se ha decidido llamar a esta condición «postmoderna». El término está en uso en el continente americano, en pluma de sociólogos y críticos. Designa el estado de la cultura después de las transformaciones que han afectado a las reglas de juego de la ciencia, de la literatura y de las artes a partir del siglo XIX" (1989: 9). En pocas palabras, la «condición posmoderna» es un estado de la cultura que procede de cambios, modificaciones de la modernidad del siglo decimonónico, aunque el saber de Lyotard desconozca este hecho.

Habermas, en *El discurso filosófico de la modernidad*, hace otra advertencia en el «Prefacio» de su libro para discernir el tema de su estudio: "El discurso filosófico de la Modernidad coincide e interfiere en muchos aspectos con el estético. Sin embargo, he tenido que delimitar el tema; estas lecciones no tratan del modernismo en arte y literatura" (1989: 9). Señala también que la modernidad "ya no puede ni quiere tomar sus criterios de orientación de modelos de otras épocas, *tiene que extraer su normatividad de sí misma*. La modernidad no tiene otra salida, no tiene más remedio que echar mano de sí misma", porque persigue persistentemente «fijarse», «constatarse» a sí misma (1989: 18; cursivas propias).

Habermas, cita al filósofo y sociólogo alemán Max Weber (1864-1920), y señala que para éste era evidente "la relación no contingente entre modernidad y lo que él llamó racionalismo occidental"; pues describió como «racional» "el proceso del desencantamiento que condujo en Europa a que del desmoronamiento de las imágenes religiosas del mundo resultara una cultura profana" (1989: 11). Este proceso debe entenderse simplemente como secularización.

El mismo año en que Habermas publicó en Alemania su «discurso filosófico de la modernidad», el filósofo italiano Gianni Vattimo difundía el suyo: *La fine della modernitá* (Torino, 1985). En ese libro (*El fin de la modernidad*), ofrece una definición de la modernidad basada precisamente en el concepto de secularización, entendido "como fe en el progreso (que es una fe secularizada y al propio tiempo una fe en la secularización)" (1986: 91). En otro libro que apareció en versión castellana en 1996, *Creer que se cree*, Vattimo se refirió más ampliamente al concepto de «secularización» y escribió: "Con él, como se sabe, se indica el proceso de «deriva» que desliga la civilización laica moderna de sus orígenes sagrados" (1996: 41). Por lo cual se puede "hablar de la modernidad como secularización en otros muchos sentidos—ligados siempre a la idea de desacralización de lo sagrado violento, autoritario y absoluto de la religiosidad natural" (1996: 42).

Para los pensadores hispanoamericanos de la modernidad, esas imágenes religiosas de las culturas tradicionales europeas habían impuesto la esclavitud y sumisión con el nombre de «teocracia» en el siglo XVI y durante el coloniaje español de tres centurias, del que se liberaron a fines del XVIII.

Pero, volvamos a Habermas, quien señala que, a principios del mismo siglo XVIII, por primera vez, en el ámbito de la crítica estética, aparece una conciencia moderna que "pone en cuestión el sentido de la imitación de los modelos antiguos con argumentos histórico-críticos, elabora frente a las normas de una belleza en apariencia sustraída al tiempo, de una belleza absoluta, los criterios de una belleza sujeta al tiempo o relativa" (1989: 18-19). De ese modo, explica que, la palabra «moderno» era empleada como contrapuesta a «antiguo» con un sentido cronológico y de sucesión, y sobre todo como adjetivo; esa palabra se convierte en sustantivo "a mediados del siglo XIX, y ello empieza ocurriendo en el terreno de las bellas artes"; agrega: "Esto explica por qué la expresión «modernidad», «modernité» ha mantenido hasta hoy un núcleo semántico de tipo estético que viene acuñado por la autocomprensión del arte vanguardista" (1989: 19).

Por su parte, el filósofo alemán Hans-Georg Gadamer (1900-2002), en su libro *La actualidad de lo bello. El arte como juego, símbolo y fiesta* (publicado en Stuttgart, 1977), escribió que "la llamada modernidad se encuentra, al menos desde comienzos del siglo XIX, fuera de la obvia comunidad de la tradición humanista cristiana, de que ya no hay contenidos totalmente evidentes y obligatorios que puedan retenerse en la forma artística de modo que cualquiera los conozca como el vocabulario familiar"; en consecuencia, "el artista ya no pronuncia el lenguaje de la comunidad, sino que se construye su propia comunidad al pronunciar-se en lo más íntimo de sí mismo" (1991: 98).

En otro de sus libros, *La herencia de Europa* (edición original 1989), Gadamer reitera y amplía ese concepto: "lo que surgió en el siglo XIX fue algo decididamente nuevo que determinó el progreso del arte. Fue el fin de la gran evidencia de la tradición cristiano-humanística" (1990: 69). Así también reitera una nueva condición para el arte, emancipado de un conjunto de creencias y preceptos religiosos, lo cual permite "un nuevo sentido a la pregunta sobre la verdad del arte, del mismo modo que ésta ya no está supeditada a otras necesidades del espíritu, sino que es consciente de sí misma y nosotros de ella como arte" (1990: 70).

Finalmente podríamos citar al filósofo alemán de la historia Reinhart Koselleck (1923-2006), quien en su libro *Futuro pasado* (1993) define la expresión «tiempo moderno», con los siguientes términos: "tal expresión puede significar el simple hallazgo de que el ahora es nuevo, de que el tiempo actual está en oposición con el tiempo pasado, sea cual sea el grado de intensidad"; así también justifica que se haya acuñado "la expresión «modernus» que no ha perdido desde entonces el significado de «actual»" (1993: 296).

1.4 Modernidad y percepción inédita

Una característica genuina y propia de la escritura modernista hispanoamericana ha sido referir la realidad natural y sus objetos mediante representaciones nuevas e inéditas, consecuencia del rechazo de los modelos e imágenes de la tradición, transmitidas en la región por la literatura española de tres siglos de coloniaje y represión. El rechazo de esos modelos medievales llegados con el idioma castellano involucró, obviamente, a otras lenguas europeas. La imitación doctrinaria tradicional ya era imposible para los modernistas, puesto que su expresión se debía a su propia percepción de la realidad temporal e histórica; es decir, a una experiencia propia de su tiempo presente, y a su contexto real y social inherente. Los modernistas hispanoamericanos sólo podían disponer de sus propias apercepciones del mundo para tratar de entenderlo; es decir, de sus apercepciones vividas y captadas en el instante de distinguirlas según su experiencia propia. Ya no podían fiarse, o dar crédito a las percepciones heredadas de la escolástica medieval y su pensamiento.

El rechazo de la tradición española por los poetas modernistas hispanoamericanos ha sido reconocido por escritores españoles como José María Pemán (1897-1981), quien en su discurso de ingreso a la Real Academia Española, titulado «Algunas consideraciones sobre la poesía hispano-americana», el 31 de julio de 1921, señaló una distancia entre escritores hispanoamericanos y españoles con los siguientes términos: "entre ellos y nosotros se ha interpuesto un fantasma que anubla y deforma la recta comprensión de la realidad; este fantasma es el *modernismo*"; más adelante señalaba que "el modernismo es poesía exótica y antiespañola, que se caracteriza en su origen por el rompimiento de la tradición castiza y por el prurito de alejamiento e independencia..." (1921: 7; cursivas propias).

El interés de su exposición era valorar, siguiendo al colombiano Antonio Gómez Restrepo (1869-1947), la poesía de principios del siglo XIX, cultivada por Heredia, Bello, Olmedo, y otros. Pemán agregaba enfáticamente sobre estos poetas: "Porque existe en América una gloriosa tradición poética, de poesía genuinamente castiza y americana, injertada en la vieja tradición española; poesía americana de alma y española de cuerpo, símbolo y emblema de la unidad moral de la raza"

(1921: 8).¹¹ El académico español desconocía que José María Heredia (1803–1839) tuvo como modelo al romanticismo inglés; que Andrés Bello (1781–1865) prefería a los clásicos latinos; y Olmedo, que si bien se advierte que leyó también a los clásicos latinos, se interesó por la lírica patriótica que exaltaba la Independencia hispanoamericana de España.

No obstante, el académico Pemán, en el mismo discurso anunció: "Nuestro plan es, pues, bien sencillo: estudiar primeramente el *modernismo* para relegarlo a su justo lugar y estudiar luego la verdadera poesía nacional americana, cuya tradición, al esfumarse las nieblas modernistas, renace hoy con mayor pujanza" (1921: 8; cursivas propias). Su plan era claro: ocuparse del modernismo para subestimarlo y despreciarlo; después ocuparse de la «verdadera poesía», que según su discurso, tenía origen en «la vieja tradición española». En seguida reiteraba que en "el origen del modernismo americano, hay que reconocerlo serenamente, hubo mucho de imitación francesa preconcebida", que se presenta "con radicales diferencias frente a la tradición castiza del arte español, de la que nunca soñaron en apartarse los poetas americanos de las anteriores generaciones" (1921: 10). De este modo, Pemán «relega a su justo lugar» al modernismo hispanoamericano.

Las percepciones y el pensamiento de los modernistas hispanoamericanos se interesaban en reconocer su experiencia propia e individual, sus características inherentes, mundanas y temporales, inmediatas al instante presente de la percepción. De ese modo asumían una conciencia estética, a través de una experimentación propia, de la condición relativa, limitada y parcial del conocimiento humano de la realidad. Ese relativismo implica una visión incierta y escéptica del mundo; así también una percepción inédita, distinta de la tradicional que siempre fue muy segura de sus afirmaciones apoyadas en dogmas supuestos, fábulas y creencias religiosas. La mejor herencia que los modernistas dejaron para los escritores posteriores fue la manifestación de esa visión, como duda del conocimiento y la razón; y la dificultad del saber.

---

11   Pemán, José María, "Algunas consideraciones sobre la poesía hispanoamericana", *Discursos leídos ante la Real Academia Hispano-Americana*. Cádiz, España: Talleres Tip. M. Álvarez, 1921.

Para Rubén Darío, tal fue la fatalidad de la condición humana: "Ser, y no saber nada, y ser sin rumbo cierto", según escribió en su poema «Lo fatal» (*Cantos de vida y esperanza*, 1905).

Sobre ese poema de Darío, Emil Volek (1944) ha escrito: "El optimismo originario (el soñar con el Progreso en los proyectos positivistas) fue sustituido por la angustia. Con gran fuerza la encontramos expresada en «Lo fatal» de Rubén Darío"; y agregó: "*La angustia existencial ante el mundo desquiciado* será un rasgo definitorio de nuestra modernidad. Los traumas que produce son la cara oscura, el reverso de la modernidad" (1984: 11; cursivas propias).

El entendimiento sólo alcanzaba la conjetura. Su rechazo de la tradición implicaba también el rechazo de los significados de las palabras según las creencias y hábitos rehusados. En consecuencia, sólo podían disponer de sus propias percepciones y tratar de recuperar la condición original de sus intuiciones ante la realidad y acomodarlas al lenguaje: una percepción pre-lingüística y secularizadora en su deslinde respecto a la tradición religiosa, para mostrarla a través de una referencia nueva, crítica, mundana y original; sobre todo estética, que al cabo es simbólica.

El modernismo, por su índole enclavada en el lenguaje, fue también un distante heredero del pensamiento analítico y racionalista inaugurado por el filósofo inglés Thomas Hobbes (1588–1679), expuesto en *Leviatán* (1651), que socavó los cimientos de las certezas de la escolástica medieval, al señalar enfáticamente que tanto como la «verdad» como la «falsedad» "son atributos del lenguaje, no de las cosas", pues "donde no hay lenguaje no existe ni *verdad* ni *falsedad*"; y explicó: "Puede haber error, como cuando esperamos algo que no puede ser, o cuando sospechamos algo que no ha sido: pero en ninguno de los dos casos puede ser imputada a un hombre falta de verdad" (1980: 26; cursivas propias).

En consecuencia, los postulados sobre el «ser» de las cosas según la tradición no podían ser tomadas como definiciones legítimas, llámense ontológicas o metafísicas, como pretendía la tradición. La esencia de las cosas permanecía cubierta y velada por sus apariencias. Por eso surgió una nueva filosofía crítica enfocada sobre el conocimiento, para lo cual debía examinar y revisar el lenguaje, sus verdades y falsedades, expresadas mediante definiciones, conceptos, argumentaciones e hipótesis propuestas a través de sus discursos. Sobre todo, debían ser esclarecidos los mecanismos del conocimiento. Este fue el giro que dio la filosofía crítica.

El filósofo y sociólogo prusiano Ernst Cassirer (1874-1945), en el volumen dedicado a la *Filosofía de la Ilustración*, señaló con acierto: "El conocimiento de la naturaleza no sólo conduce al mundo de los objetos, sino que se convierte para el espíritu en el medio dentro del cual lleva a cabo su propio conocimiento"; de ese modo "se inicia un proceso más importante que todo el incremento y ampliación del material con que enriquece al saber humano la renaciente ciencia de la naturaleza" (1972: 54). La filosofía crítica deja de indagar la realidad sobre supuestas propiedades, causas primeras y principios trascendentales, para enfocarse sobre los procesos del conocimiento: conocimiento del lenguaje, de las ciencias, las artes, del mito y de la religión. El mismo Cassirer, en el primer volumen de su *Filosofía de las formas simbólicas*, dedicado al lenguaje, señaló que el pensamiento crítico, en lugar "de preguntar con la metafísica dogmática por la unidad absoluta de la sustancia, a la cual ha de remontarse toda existencia particular", ahora se pregunta "por una regla que rija la multiplicidad concreta y la diversidad de las funciones cognoscitivas y que, sin interferirlas ni destruirlas, las comprenda en un operar unitario y en una acción espiritual contenida en sí misma" (1971: 17).

La actitud mental que impulsa al pensamiento crítico que examina el conocimiento heredado de la tradición está empeñada en lograr procedimientos nuevos y autónomos, así como significaciones propias, a partir de la circunstancia del *presente en que se halla*. Cassirer explica que esta actitud mental es común en la reflexión en ámbitos diversos, "vale para el arte tanto como para el conocimiento; para el mito tanto como para la religión. Todos ellos viven en mundos de imágenes peculiares, en los cuales no se refleja simplemente algo dado de forma empírica, sino que más bien se le crea con arreglo a un principio autónomo" (1971: 18). El pensamiento crítico en cada ámbito o disciplina, articula y estructura de esta manera sus propias formas simbólicas en reflexión autónoma frente a la realidad; es decir, de acuerdo con la experiencia de su intelección y aprehensión de esta.

La diversidad de ámbitos en los que incursiona el pensamiento crítico y su reflexión sobre el entendimiento es referida por Cassirer como una filosofía general de las «ciencias del espíritu». Explicó que el pensamiento filosófico encara diversas direcciones, pero no solo con el propósito de reflexionar por separado en cada una de ellas, o para aglutinarlas en un todo, sino con la hipótesis de referirlas a un centro ideal. En todo caso, ese centro considerado bajo el pensamiento crítico puede residir sólo en una «tarea» común. Explicó que las diferentes creaciones de la cultura espiritual, es decir, el lenguaje, el conocimiento científico, el mito, el arte, la religión, "en toda su diversidad interna, vuélvense partes de un único gran complejo de problemas, vuélvense impulsos múltiples referidos todos a la misma meta: transformar el mundo pasivo de las meras *impresiones*, en las cuales parecía primero estar atrapado el espíritu, en un mundo de la pura *expresión* espiritual" (1971: 21: énfasis propio).

De este modo, el filósofo prusiano muestra y se detiene en el fundamento de la reflexión crítica que no puede ser realizada sino por un mecanismo indispensable que no es otro que el lenguaje. Cassirer afirma: "el lenguaje se convierte en el instrumento espiritual fundamental gracias al cual progresamos pasando del mundo de las meras sensaciones al mundo de la intuición y la representación"; más aún: "El lenguaje entraña ya en germen aquella labor intelectual que se manifiesta ulteriormente en la formación del concepto como concepto científico, como unidad formal lógicamente determinada" (1971: 29). Además, explica que esa labor intelectual se basa en la función universal de separación y vinculación que implica la acción de análisis y síntesis del pensamiento científico, que dispone junto a los signos lingüísticos y conceptuales, otras formas simbólicas comparables a las configuradas por el mito o el arte. Estas formas simbólicas son representaciones propias de la modernidad, por las cuales se diferencia en sus representaciones de las meras copias o imitaciones de la tradición y su remota antigüedad.

La modernidad hispanoamericana ha logrado su expresión estética por su enfrentamiento crítico con el lenguaje de la tradición, al que sometió a examen y ejecutó operaciones de síntesis y descomposición, condensación y distinción, para diferir de las significaciones habituales y articular otras inéditas y desconocidas. Así también, el movimiento continental hispanoamericano consciente de la necesidad de una manifestación propia obtuvo su emancipación de los cánones colonialistas. En este caso, no hablamos de la Independencia política; referimos la liberación mental. Es necesario reiterar que estos modernistas fueron herederos distantes, pero firmes, de la Ilustración que les permitió realizar no solo la autonomía política, también la emocional, del colonialismo español medieval. Su sensibilidad y racionalidad se oponían a la escolástica teocrática que los había oprimido durante tres siglos.

Gadamer, en su libro, *Mito y razón*, afirmó certeramente que en el desarrollo cultural moderno "se puede reconocer ese impulso hacia la intelectualización, es decir, una tendencia ilustrada", bajo la cual, "el conjunto de la tradición religiosa y moral sucumbió a la crítica de la razón, de modo que el esquema del desencantamiento del mundo no es una ley general de desarrollo, sino que él mismo es un hecho histórico"; y agregó: "Es el resultado de lo que enuncia: sólo la secularización del cristianismo ha hecho madurar esta racionalización del mundo" (1997: 14–15).

1.5 Historia: modernismo y modernidad

Los propios modernistas, desde diversas latitudes de la región hispanoamericana leyeron mutuamente sus obras, y se identificaron con los mismos ideales y propósitos. El primer historiador de este movimiento, que dio testimonio no solo del proceso interno de esta corriente, sino también de su actitud filosófica, fue el profesor estadounidense Isaac Goldberg (1887–1938), especialista en literatura hispanoamericana, en su libro *Studies in Spanish-American Literature* (New York, 1920), cuya versión castellana apareció dos años después: *La literatura hispano-americana. Estudios críticos* (Madrid, 1922).

Al concluir la segunda década del siglo XX, Goldberg manifestó duda y dificultad al emplear el término «movimiento» para referirse al modernismo hispanoamericano. Lo describió como "aquella marejada de reforma e innovación que se produjo en los últimos años del siglo XIX y antes de apurar sus fuerzas barrió la retórica antigua, la antigua prosa y el verso antiguo, y suscitó una expansión más lozana, una cultura más universal y medios más cumplidos y sensitivos de expresión a las antiguas colonias de España"; en seguida explicó que tampoco podría ser llamado escuela "por la sencilla razón de que sus diversas tendencias eran demasiado heterogéneas para podérselas incluir en un grupo único"; en cambio—agregó—tuvo "un carácter resueltamente ecléctico, y desde los principios más antagónicos procedió a seleccionar, con más o menos acierto, los elementos más adecuados a su propósito"; en consecuencia "es la síntesis de muchos movimientos" (1922: 15). Ciertamente, por eso el modernismo hispanoamericano se caracterizará por su variedad internacional; es decir, por su cosmopolitismo.

Goldberg explicó las varias fases del modernismo: como rechazo de su pasado español, reacción tanto intelectual como artística, e "ingreso definitivo... en las corrientes literarias de Europa", porque "de los parnasianos aprendió a buscar nuevas bellezas de línea y de forma; de los simbolistas y decadentes recibió la aportación antagónica a las letras francesas realizada por ellos: el sentido del color y del matiz y una sensibilidad más profunda para las musicales posibilidades de las palabras" (1922: 27). El crítico también advirtió: "Escuelas y movimientos no producen poetas, siendo lo contrario lo que más se aproxima a la verdad"; así también, "el estudio de las escuelas y movimientos constituye una ayuda provechosa para la apreciación de la obra del poeta; más nunca podrá suplantar a la poesía misma, que, si es arte verdadero, ha de salirse de todas las clasificaciones estrictas" (1922: 28). Reconoció también "un creciente cosmopolitismo", en el que observó "anhelo de más amplios horizontes", que no fueron advertidos por "ciertos críticos miopes que lo consideran como un simple exotismo ganoso de novedad"; y explicó: "Cierto que había exotismo—en su sentido de anhelo—y también afán de novedad; pero por debajo de todo eso había también un espíritu de la época que se manifestaba en la música, en el arte, en la ciencia y en la economía política" (1922: 31–32). Goldberg, muy tempranamente, observó ese «espíritu de época» que aparece en las primeras décadas del siglo XX y que, desde diversas disciplinas, se aglutinarán en la llamada posmodernidad, que se desprendió del modernismo. Es decir, este crítico reconocía la modernidad en el modernismo hispanoamericano como antecedente de la posmodernidad.

Conviene subrayar, por otra parte, el concepto de cosmopolitismo señalado por este crítico, no solamente como aspiración de los modernistas en su búsqueda de espacios amplios en los que podrían realizarse y participar en una tarea convergente con otras culturas; sino como un tiempo presente en el que confluían diversas manifestaciones estéticas. Además, dentro de esa tarea cosmopolita reconoció un eclecticismo; es decir un pensamiento y una expresión que asume posición intermedia entre diversas doctrinas y actitudes y combina diversos elementos de estilos, ideas y significaciones.

Goldberg define al modernismo "ecléctico por naturaleza, lo cual es un resultado inevitable del espíritu de la época: la única actitud posible para los creadores de personalidad recia lanzados al torbellino de la caleidoscópica modernidad. El artista, créalo o no, es ecléctico en virtud de esa selección que late en el fondo del arte" (1922: 112). Asimismo, afirmaba que el modernismo, aun habiendo pasado a la Historia, "persiste todavía en sus efectos; y como procedía de elementos tan antagónicos como el parnasianismo y el simbolismo, ha producido una fusión de lo mejor del clasicismo y el romanticismo"; de ahí que los nuevos escritores —agrega— "resérvanse el privilegio —¡y lo ejercitan!— de absorber todos los *ismos* que se ciernen en el ambiente literario, aprovechándolos para crear una obra autónoma. Tal es el «americanismo literario», según se nos muestra en sus primeros tiempos" (1922: 113; cursivas propias).

Con esta acertada afirmación, el crítico estadounidense se refería a los sucesores del modernismo: esto es a los vanguardistas. De este modo, además se establece una revisión de ambas corrientes para unificarlas bajo un mismo nombre: cosmopolitismo. El modernismo, que se inició hacia 1880, desarrolló también el surgimiento del vanguardismo hacia 1920 y que concluye en la década de 1930.

La variedad internacional del modernismo fue reconocida también por el crítico español Juan Valera (1824–1905), en el caso personal de Rubén Darío. En su primera carta dirigida a este poeta, fechada el 22 de octubre de 1888, refería el «cosmopolitismo» del nicaragüense y su libro *Azul...* publicado ese mismo año. Valera afirmaba que si el libro "no estuviese en muy buen castellano, lo mismo pudiera ser de un autor francés, que de un italiano, que de un turco o de un griego. El libro está impregnado de espíritu cosmopolita"; añadía que "el nombre y apellido del autor, verdaderos o contrahechos y fingidos, hacen que el cosmopolitismo resalte más" (1889: 215). Más adelante reiteraba a Darío que ninguno "de los hombres de letras de esta Península, que he conocido yo, con más espíritu cosmopolita, y que más largo tiempo han residido en Francia, y que han hablado mejor el francés y otras lenguas extranjeras, me ha parecido nunca tan compenetrado del espíritu de Francia como Ud. me parece" (1889: 217).[12]

En el análisis de Goldberg, cabe destacar, por otra parte, el eclecticismo, y considerar al modernismo etapa primera en la búsqueda de identidad y estilo propio para la literatura hispanoamericana. Ese eclecticismo quedó como legado, fomento y continuidad para el siguiente movimiento conocido como «vanguardismo». Este, al fenecer hacia 1930, dará lugar al desarrollo de la legítima literatura hispanoamericana, en los años 60 y 70 del siglo XX, que no deja de conciliar en su realismo «mágico» o «maravilloso» el eclecticismo de doctrinas que corresponden a la imaginación mítica, filosófica y religiosa, en un asombroso «realismo mítico», nombre que preferimos emplear para esa modalidad ecléctica. Pero esa literatura merece otro estudio aparte y profundo.

Al finalizar la misma década de 1920 surge el segundo historiador del modernismo. Se trata del escritor y crítico venezolano Rufino Blanco-Fombona (1874–1944), de la misma generación modernista. Con larga residencia en Europa, en 1929 publicó en España su libro *El modernismo y los poetas modernistas*. Siguiendo el sentido del título, divide su enfoque en dos partes: "El modernismo" y "Los modernistas".[13]

---

12   Cita de Juan Valera, *Cartas americanas. Primera serie*. Madrid: Fuentes y Capdeville, 1889.

13   Esta segunda parte está subdividida en cinco secciones que proponen ciclos del proceso de desarrollo del modernismo en el que distingue a "Los precursores" (los mexicanos Díaz Mirón y Gutiérrez Nájera); "Los iniciadores" (el cubano Del Casal, el colombiano Silva y el nicaragüense Darío); "Cuatro ases del modernismo" (el uruguayo Herrera Reissig, el colombiano Valencia, el argentino Díaz y el mexicano Nervo); "Dos poetas heroicos" (el peruano Santos Chocano y el argentino Lugones); finalmente "Otros poetas" (el boliviano Jaimes Freyre, el dominicano Fiallo, el argentino Ghiraldo y el mexicano González Martínez). En esta exposición general, no discutiremos los criterios que fundamentan tales ciclos.

En su empeño por definir el modernismo, lo diferencia de otros movimientos europeos denominados con términos diversos, como «decadentismo» y «simbolismo». Reconoce que tanto el modernismo hispanoamericano como el simbolismo francés recibieron también otro nombre: decadentismo, lo cual el crítico considera un error que confundió «crear» con «decaer». Su explicación afirma: "Crear no es decaer. Decaer es lo contrario: incapacidad de nuevas formas, de nuevos sentimientos y de nuevas ideas" (1929: 13–14). En seguida señala otro equívoco: "Cuando opinamos que el modernismo de América proviene del simbolismo francés decimos una cosa falsa, o, por lo menos, incompleta"; y aclara: "El simbolismo puede ser considerado, en el desarrollo del modernismo, como factor complementario de mucha cuenta, y, por la sazón en que actuó sobre los americanos, ejemplo decisivo para espíritus que ya buscaban rumbos nuevos. Nada más" (1929: 14). Además, explica que el simbolismo en Francia aparece con Laforgue, hacia 1885, aunque Verlaine, Rimbaud y otros hayan escrito antes. Para entonces, varios poetas hispanoamericanos habían publicado parte de su obra, entre ellos el colombiano José Asunción Silva, el cubano Julián del Casal, el mexicano Gutiérrez Nájera, e inclusive Rubén Darío.

Se debe subrayar que el crítico venezolano no se enfoca sobre características meramente de estilo, sino sobre la actitud intelectual de los poetas dentro de un mismo contexto temporal, que no deja de ser ajeno a la conciencia histórica, advertida por Blanco-Fombona, que explica así: "La coincidencia entre todos ellos es de otro orden: es la coincidencia psicológica de la insatisfacción respecto a la poesía existente cuando ellos aparecen y el deliberado propósito de crear un arte nuevo"; agrega una aclaración: "No se olvide que tales poetas no forman cenáculos. Viven en diferentes capitales, separadas unas de otras por mares y montes, a miles de kilómetros" (1929: 23).

La conciencia temporal de los modernistas, manifestada también como conciencia histórica, aunque el crítico no emplea estos términos, es reiterada más adelante, lo que permite reconocer otra característica importante del movimiento, por encima de los estilos discursivos de ese tiempo. Como parte de la conciencia histórica de estos escritores, también se debe reconocer su cosmovisión moderna. Blanco-Fombona escribe: "Los escritores americanos a quien se nombra modernistas, cuya aparición coincide con el momento de incertidumbre mental y racial de América—carentes de tradición y de ambiente artístico propicio—tornan los ojos a otras literaturas, instintivamente, a otras civilizaciones. Se buscan una patria intelectual; son desarraigados" (1929: 25). Obviamente, el modelo literario impuesto por el colonialismo español no arraigó en los países americanos, que nunca se consideraron «españoles de América», como anhelaba la metrópoli lejana.

Esa incertidumbre mental y de linaje en América fue explicada por otro ensayista venezolano, Mariano Picón Salas (1901-1965), varias décadas después, desde la perspectiva de su reflexión personal sobre el modernismo, en un ensayo titulado «Nuestro 'aire' cultural», publicado en 1955, en el volumen *Crisis, cambio, tradición (Ensayos sobre la forma de nuestra cultura)*. En ese ensayo se ocupa precisamente de la literatura hispanoamericana de fines del siglo XIX y principios del XX, cuando la literatura regional aún vivía la revolución estética y lingüística del modernismo, que "reflejó el individualismo del artista en sociedades todavía atrasadas, en provincias remotas de la Cultura mundial" (1955: 80).

Blanco-Fombona es un representante del pensamiento crítico modernista, expresado en lenguaje comunicativo, no poético, metafórico o simbólico. Más aún, cultivó el pensamiento autocrítico. Señaló las características de los modernistas tanto en su pensamiento como en su expresión: "La poesía modernista cuenta rasgos psicológicos precisos: el pesimismo, el refinamiento verbal, la exaltación de la sensibilidad; una actitud de espíritu rebelde, un desafío tácito, pero evidente, a todo lo viejo—imágenes, metrificación, sentimientos, ideas—, un anhelo desbocado de hermosura y de liberación"; apuntaba, además, otros rasgos distintivos: "se advierten el amor de la forma, la sensualidad, el escepticismo, la indiferencia moral"; y de modo especial "un exotismo francés y helénico, siglo dieciochesco y ninfático o panida", pero no exclusivamente, porque "el boliviano Jaimes Freyre cantó las teogonías germanas" (1929: 27-28).

Este «exotismo» es valorado desde una perspectiva doblemente crítica; es decir, autocrítica, reconociendo en ese exotismo desarraigo. Escribió: "No hemos sabido ver, gustar, comprender nuestra naturaleza y nuestras sociedades. Ni siquiera hemos sabido descender al fondo de nuestra alma. Ignoramos nuestro yo. Hemos sido, a menudo, monos, loros. Es decir, imitadores, repetidores de Europa" (1929: 28). Asimismo, la «incertidumbre racial» mencionada en párrafos anteriores, ahora es explicada claramente y desde perspectivas diversas: "Nuestra alma criolla se ha parecido al alma de otros pueblos; al alma de los pueblos cuyos libros leímos. Carecemos de raza espiritual. No somos hombres de tal o cual país; somos hombres de libros; espíritus sin geografía, poetas sin patria, autores sin estirpe, inteligencias sin órbita, mentes descastadas"; más todavía: "A nuestro cerebro no llega, regándolo, la sangre de nuestro corazón; o nuestro corazón no tiene sangre, sino tinta; la tinta de los libros que conocemos" (1929: 28). También reconoce que el modernismo fue para América una revolución semejante a la del romanticismo en Francia; y que esa revolución, como la emancipación política, se produjo al mismo tiempo en todas las capitales del Continente (1929: 38). Pero, algunos modernistas americanos extremaron el «francesismo» o remedo de las experiencias literarias francesas. "Ya en los discípulos e imitadores este francesismo resultó caricaturesco; y, como todo lo excesivo, desvalorado. Tal imitación, por servil y a ultranza, venía a ser una reacción contra el espíritu de independencia que el modernismo entrañaba. Los espíritus altivos lo repudiaron" (1929: 39), escribió Blanco-Fombona.

Sin embargo, para la crítica y autocrítica de este ensayista que representa el espíritu autocrítico de los mejores modernistas hispanoamericanos, la parodia y el remedo practicados despertó entre los mejores escritores del momento una actitud de enfrentamiento, o como afirma este mismo historiador de la literatura hispanoamericana: "Así comenzó la reacción hacia un arte más de América" (1929: 39). Ciertamente, escritores de la siguiente generación, como el guatemalteco Miguel Ángel Asturias (1899-1974) o el cubano Alejo Carpentier (1904-1980) iniciarán sus propias indagaciones en sus lecturas y reflexiones para dar origen a la literatura auténticamente latinoamericana del siglo XX.

El tercer historiador del modernismo fue el crítico dominicano Max Henríquez Ureña (1886-1968), cuya *Breve historia del modernismo* (México, 1954) fue desde su publicación la más conocida y única por décadas, acaso porque las anteriores, si bien se publicaron mucho años antes, aparecieron en otro Continente, concretamente en Madrid y en ediciones de pocos ejemplares. Siendo la más conocida la historia del dominicano, sólo nos referiremos a pocos aspectos. Para esta exposición tiene especial interés el capítulo IX, «Historia de un nombre», que inicia con el siguiente interrogante "¿Cuándo se empleó por primera vez la palabra *modernismo* para designar el movimiento literario que se inició y propagó en la América española durante la década que va de 1880 a 1890?"; su respuesta es inmediata aunque parcialmente definida: "Sería difícil señalar una fecha exacta al advenimiento de ese nombre, que alcanzó extensa difusión a partir de 1893; pero sí cabe afirmar que fue Rubén Darío quien le dio carta de naturaleza en la historia literaria"; y especifica un poco más: "Ya en 1888 el vocablo era empleado por Rubén Darío en un sentido general, equivalente a *modernidad*" (1954: 158; cursivas propias). Esta información resulta muy importante: «modernismo» era equivalente a «modernidad».[14]

El ensayista dominicano inició su historia del modernismo a fines de la década de 1940. En la "Explicación preliminar a la primera edición" (1954), escribió que, en septiembre de 1948, al cumplirse los 60 años de la publicación de *Azul...*, de Darío, recibió una invitación de Yale University (New Haven, Connecticut) para dictar un curso sobre el modernismo hispanoamericano, en el primer semestre del año académico 1948–1949. La iniciativa se debió al catedrático de esa institución Robert Selden Rose (1884–1964) reconocido hispanista estadounidense. Entonces, el escritor cubano José Juan Arrom (1910–2007) cursaba estudios en el Departamento de Lenguas y Literaturas Romances, de la misma universidad.

Henríquez Ureña destaca también como característica del modernismo su visión abatida de las cosas. La señala principalmente en el colombiano José Asunción Silva, a quien considera "el más alto re-

---

14   Un año después, esa sinonimia fue señalada por el crítico español Federico de Onís (1885–1966), en *España en América; estudios, ensayos y discursos sobre temas españoles e hispanoamericanos* (Universidad de Puerto Rico, 1955). En 1968, la misma universidad publicó la 2ª edición, de la que citamos la afirmación de Onís: "modernismo es esencialmente, como adivinaron los que le pusieron ese nombre, la búsqueda de la modernidad" (1968: 625).

presentante del pesimismo contemporáneo en la poesía de habla española"; pero también afirma: "ya sabemos que la angustia del vivir y la inquietud del más allá, que se hermanan para constituir *el mal del siglo,* se manifestaron en el modernismo de manera constante"; y añade: "En otros poetas, como en Rubén Darío y Julián del Casal, ese pesimismo se manifiesta en explosiones de lirismo exaltado, mientras que en Silva culmina en un desencanto que tiene hondura filosófica y es el reflejo del movimiento de las ideas durante la segunda mitad del siglo XIX" (1954: 157).

Si el término «cultura» implica un acervo, es decir, un conjunto de experiencias que rechazan los valores de la tradición y provocan discernimiento, el modernismo hispanoamericano define para la región una nueva «cultura»; más aún, una «cultura de la incertidumbre». Pero ahondaremos en ese tema a partir del próximo capítulo.

1.6 Modernismo y crítica del siglo XX

Octavio Paz dedicó el primer ensayo de *Cuadrivio*, titulado «El caracol y la sirena», al poeta nicaragüense, de quien dijo: "Desde 1888 Darío emplea la palabra *modernismo* para designar las tendencias de los poetas hispanoamericanos. En 1898 destacó: 'El espíritu nuevo que hoy anima a un pequeño pero triunfante y soberbio grupo de escritores y poetas de la América española: el modernismo...' Más tarde dirá: los modernos, la modernidad"; en seguida Paz ratifica su afirmación: "Durante su extensa y prolongada actividad crítica [Darío] no cesa de reiterar que la nota distintiva de los nuevos poetas, su razón de ser, es la voluntad de ser modernos" (1965: 18). Luego Paz revisa la crítica sobre el modernismo y sus autores publicada en la primera mitad del siglo XX. La somete a su reflexión y escribe: "Se ha dicho que el modernismo fue una evasión de la realidad americana. Más cierto sería decir que fue una fuga de la actualidad local—que era, a sus ojos, un anacronismo—en busca de una actualidad universal, la única y verdadera actualidad"; más todavía, añade: "En labios de Rubén Darío y sus amigos, modernidad y cosmopolitismo eran términos sinónimos. No fueron antiamericanos; querían una América contemporánea de Paris y Londres" (1965: 19).

De ese modo Octavio Paz no sólo abrió la estrecha visión de los críticos tradicionales que en su momento no entendieron ni la dimensión, ni las expectativas, ni los fines de los poetas de este movimiento; además, proporcionó nuevas perspectivas críticas a través de las cuales debía ser valorado y comprendido el modernismo. Este movimiento que buscaba emanciparse de un pensamiento colonial, se enfocaba sobre dos áreas imprescindibles para su expresión y sentido: su modernidad y cosmopolitismo. La modernidad, en su rechazo a la tradición ya referido en páginas anteriores, impugnó una serie de ideas medievales en las que la escolástica enraizó su pensar, como la idea de la eternidad. La modernidad disponía solo de su presente temporal: su actualidad y el instante de su conciencia. Esta temporalidad típica de la modernidad ha sido expuesta más arriba. Octavio Paz también la reiteró en su ensayo sobre Darío, y escribió: "La manifestación más pura e inmediata del tiempo es el ahora. El tiempo es lo que está pasando: la actualidad. La lejanía geográfica y la histórica, el exotismo y el arcaísmo, tocados por la actualidad se funden en un presente instantáneo: se vuelven presencia" (1965: 19). Así también, hizo ver que, a diferencia de los críticos españoles tradicionales, Darío no opone lo universal a lo cosmopolita; al contrario,—afirma—"el arte nuevo es universal porque es cosmopolita. Es el arte de la gran ciudad"; y explica que, si el poeta nicaragüense manifestó su oposición al nacionalismo, que en aquellos años equivalía a «casticismo», fue "parte de su amor por la modernidad y de ahí que su crítica a la tradición sea también una crítica a España. La actitud antiespañola tiene un doble origen: por una parte, expresa la voluntad de separarse de la antigua metrópoli"; por la otra, "identifica españolismo con tradicionalismo" (1965: 24).

Desde la plenitud del siglo XX, Paz reconoce en el modernismo una «cosmovisión» distinta de la que había impuesto el coloniaje español y europeo apegado a su concepción del universo medieval arraigado en una imaginación religiosa y fabulosa, consuetudinaria por siglos. Los modernistas buscaban develar y comprender la realidad desde su circunstancia presente; develación que mostraría el sentido propio de la realidad no contaminada por los prejuicios religiosos de la tradición. Paz escribió: "el movimiento de los poetas hispanoamericanos está impregnado de una idea extraña a la tradición castellana:

la poesía es una revelación distinta a la religiosa. Ella es la revelación original, el verdadero *principio*" (1965: 29-30; cursiva propia).

Esa revelación debe ser entendida como «profana», porque Darío eligió ese término para el título de sus *Prosas profanas* (1896); o, de otro modo: una revelación secularizada. Para el modernismo, el verdadero principio, o revelación original de la realidad y sus objetos, no es precisamente lo que dicta o señala la tradición, sino la prescindencia de esta, para volver a conocer al margen de esta el mundo natural; lo que equivale a un re-conocimiento previo y anterior a toda interpretación de la realidad convenida por la tradición. Más aún, debe ser una exploración que preceda al lenguaje que clasificó y repartió arbitrariamente nombres a las cosas: volver a éstas, despojadas de sus nombres, etiquetas, y significados. Paz también escribió: "No dice otra cosa la poesía moderna, desde el romanticismo hasta el surrealismo. En esta visión del mundo reside no sólo la originalidad del modernismo sino su modernidad" (1965: 30).

La revelación modernista, que desecha los referentes lingüísticos ordinarios y cotidianos y los sustituye con la escritura poética y su búsqueda de sentidos inéditos, puede ser explicada también desde la hermenéutica, pues los discursos poéticos suspenden su sentido respecto al mundo cotidiano para instaurar otro referido a su propio mundo. Este aspecto quedó explicado por el filósofo francés Paul Ricœur (1913-2005) cuando escribió que "es propio de la obra *descontextualizarse*, tanto desde el punto de vista sociológico como psicológico, y poder *re-contextualizarse* de otro modo, que es lo que constituye el acto de lectura" (2008: 176; cursivas propias).[15] Más aún, este filósofo vio en ese recurso del discurso poético un «poder subversivo», del cual escribió: "este poder del texto de abrir una dimensión de realidad incluye, en su principio mismo, un recurso contra toda realidad dada y, por eso mismo, la posibilidad de una crítica de lo real. En el discurso poético, este poder subversivo es más vivo"; agregó además que la estrategia de este lenguaje "depende toda ella del equilibrio de dos momentos: suspensión de la referencia del lenguaje ordinario y apertura de una refe-

---

15 Cita de Paul Ricoeur, *Hermenéutica y acción: de la hermenéutica del texto a la hermenéutica de la acción.* (Buenos Aires, 2008).

rencia de segundo grado, que es otro nombre para lo que designamos antes como mundo de la obra, mundo abierto por la obra" (2008: 178).

Para Octavio Paz, el modernismo, "por haber sido una respuesta de la imaginación y la sensibilidad al positivismo y a su visión helada de la realidad, por haber sido un estado de espíritu, pudo ser un auténtico movimiento poético. El único digno de este nombre entre los que se manifestaron en la lengua castellana durante el siglo XIX", lo que no fue comprendido por los críticos y la crítica de orientación tradicional, respecto a los que agrega: "Los superficiales han sido los críticos que no supieron leer en la ligereza y el cosmopolitismo de los poetas modernistas los signos (los estigmas) del desarraigo espiritual" (1987: 129). Esta afirmación señala también la condición propia de la modernidad que la definimos ahora como «cultura de la incertidumbre».

Paz completa sus definiciones del modernismo de un modo concluyente: "Modernidad antimoderna, rebelión ambigua, el modernismo fue un antitradicionalismo y, en su primera época, un anticasticismo: una negación de cierta tradición española. Digo *cierta* porque en un segundo momento los modernistas descubrieron la otra tradición española, la verdadera" (1987: 132; cursivas propias).

En efecto, los modernistas inauguraron otra tradición en lengua española: la tradición hispanoamericana propia que supieron escribirla en castellano.

1.7 Modernismo: estética y esteticismo
Dado nuestro interés en enfocar la modernidad estética surgida en el modernismo hispanoamericano, resulta necesario analizar dos vocablos que han sido ligados al discurso modernista. Esos vocablos son, por una parte, «estética», apenas mencionado y menos aún explicado; por otra, «esteticismo», empleado con frecuencia ilimitada y sentido negativo.

El escritor venezolano Picón-Salas fue uno de los primeros críticos del modernismo que valoró la importancia de la preocupación estética del movimiento, frente a la retahíla de censuras, reproches y execraciones de lectores conservadores, particularmente españoles, que usaron el término «esteticista» o «esteticismo». En su libro publicado en 1952, el ensayista venezolano comparaba la importancia estética de los modernistas con el pragmatismo de los escritores estadounidenses, particularmente filósofos. Se ocupó principalmente de William James (1842–1910) y John Dewey (1859–1952). Señaló esa confrontación con cierta sorpresa: "Curiosamente la época de mayor pragmatismo y ensanche capitalista en la vida de los Estados Unidos, coincidía en Hispano América con un movimiento estético de tanta importancia como el Modernismo"; y daba la siguiente explicación de ese fenómeno: "nuestros escritores y poetas rebasando el ámbito provincial de nuestra cultura, querían alcanzar las formas más sutiles e individualizadas de una civilización crepuscular de inspiración europea" (1952: 87).[16]

La estética de los modernistas era un modo de contraponer una visión propia de la realidad, porque no estaban de acuerdo con las representaciones tradicionales del mundo, particularmente las escolásticas, resultado de explicaciones apriorísticas y convencionales derivadas de creencias y dogmas. Ese rechazo implicaba, obviamente, el distanciamiento de la tradición literaria española del coloniaje, que impuso en el pensamiento hispanoamericano las fábulas de la imaginación medieval. Los modernistas ante la incertidumbre del saber a finales del siglo XIX se dieron a la tarea de configurar sus percepciones estéticas de lo que podían ser los objetos del mundo. La incertidumbre ante la única realidad natural percibida obligaba a recurrir a figuraciones estéticas.

Picón-Salas, en otro libro publicado en 1959, *Regreso de tres mundos. Un hombre en su generación*, reconoció en los escritores modernistas una época distinta y explicó: "Encarnaron una aventura muy personal del arte saliendo a buscarlo—argonautas enfebrecidos—más allá de su frontera americana de selvas, montañas y cruel soledad"; agregaba que "preferían desterrarse en un mundo artificioso donde la retórica o la contemplación estética del pasado los alejase de la realidad"; más aún, refería una condición social: "La mayor parte de ellos, sintiendo acaso la fealdad o la imposibilidad de existir en sociedades advenedi-

---

16 La cita corresponde a Picón-Salas, *Dependencia e independencia en la historia hispano-americana*. Caracas: Cruz del Sur, 1952.

zas o semibárbaras, preferían evocar los cuadros, las estatuas, el refinamiento de la lejana vida europea" (1959: 37).[17]

Por otra parte, esta «conciencia estética» de los modernistas ha sido objeto de otra lectura: generalmente de desaprobación, censura y ataque por lectores apegados a la literatura tradicional castellana. Tal es el caso del crítico literario español Ricardo Gullón (1908–1991), que publicó el artículo "Esteticismo y modernismo", en la revista *Cuadernos Hispanoamericanos* (Madrid, 1967). Inició su exposición con un interrogante. "¿Qué es esteticismo?", y respondía que ese término como otro vocablo, «esteta», "han pasado a ser una mala palabra"; y más adelante afirmaba: "el esteticismo, como otras direcciones modernistas, solo puede entenderse en el contexto de la realidad donde se produjo, no como impulso de evasión, en abstracto, sino como una manera de mostrar la repulsa de los poetas a la sociedad sin ideales donde les toca vivir" (1967: 373).[18] Gullón interrumpe sus observaciones sobre el tema «esteticismo», y abre una digresión para ocuparse de otros aspectos no solo del modernismo hispanoamericano, sino también de la generación española del 98. Al cabo de su extensa digresión y solo en la página final retorna al motivo anunciado por el título de su artículo y agrega: "El esteticismo modernista, que tan mala prensa tuvo durante años, podrá ser reivindicado en un futuro próximo como la legítima defensa del creador contra el filisteo" (1967: 387). A esos enunciados se reduce la exposición de Gullón respecto al "Esteticismo y modernismo".

Por su parte, la investigadora argentina Gloria Videla de Rivero, en su artículo «En torno al concepto y límites de 'Modernismo' y 'Generación del 98'» (Mendoza, Argentina, 1978), señaló que, "de los conceptos hoy aceptados, el más restringido es el que presenta al modernismo como movimiento exclusivamente esteticista"; agregaba: "En este caso, el modernismo sería una corta moda literaria, tal vez un estilo caracterizado por ciertos «clisés», ciertos temas y medios expresivos, que duró unos quince o veinte años, desde la década del 80 hasta

---

17   Cita de Picón-Salas, *Regreso de tres mundos. Un hombre en su generación*. México: Fondo de Cultura Económica, 1959.

18   Cita de Gullón, *Cuadernos Hispanoamericanos*, núm. 212–213 (Madrid, 1967), pp. 373–387.

los primeros años del siglo XX"; más adelante afirma enfáticamente: "Resulta fácil detectar que el concepto restringidamente «esteticista» del modernismo aparece frecuentemente teñido de una valoración despectiva" (1978: 72).[19] Y más adelante concluía: "En resumen, el concepto «esteticista» no es admisible si se lo identifica con «escapismo frívolo», no así si se acepta que los valores estéticos pueden animar la amplia gama de las realidades subjetivas, objetivas y trascendentes"; añadía: "El esquema algo rígido que puede extraerse del llamado «consenso», podría flexibilizarse y adecuarse mejor a la compleja realidad y riqueza geográfica del movimiento, con dos aspectos importantes del llamado «concepto epocal» (1978: 76).

En 1995, el catedrático salvadoreño Ricardo Roque-Baldovinos (1961) publicó su artículo «El modernismo hispanoamericano como modernidad estética», en el que discute principalmente el ambiente cultural proyectado por los modernistas. Escribió: "El espacio de la 'cultura' tal como es diseñado por los modernistas cumple con un doble propósito. Por un lado, otorgarse a sí mismos legitimidad sociales como constructores de dicha cultura; y, por otro, darle a un público lector disperso y débil la fortaleza de compartir un destino continental" (1995: 245).

Nuestra opinión es que difícilmente puede hallarse un diseño o proyecto social y cultural a la vez en ese movimiento, cuando domina una concepción determinada por la ausencia de certezas, en los términos que expondremos, que se orienta, eso sí, hacia una cultura literaria.

1.8 MODERNISMO Y «VIVENCIA ESTÉTICA»

Pues bien; el sentido de nuestra exposición será demostrar ampliamente que el modernismo hispanoamericano supo reconocer y cultivar en su contemplación del mundo una legítima «vivencia estética». El pensamiento y la expresión de los modernistas no se desligan de la realidad, sino que la representan de acuerdo con la percepción sensible, reflexiva y actual. En consecuencia, la representación artística despliega la «experiencia vivida» por la subjetividad de su autor. El texto

---

19 Cita de *Revista de Literaturas Modernas,* 13 (1978): 71–78, Mendoza, Argentina.

artístico es producto o efecto del entendimiento de cada autor en su interacción, como individuo, con el mundo; se trata del testimonio de una aprehensión inédita en el ahora de su entorno real y cotidiano; vivencia que no sigue ninguna prescripción previa y ajena a esa misma experiencia, aunque al cabo, sepan que no captaron ni la esencia ni lo sublime de la realidad; sus representaciones estéticas, simbólicas, eran irreales.

La «experiencia vivida» es el hecho de haber sentido, conocido o presenciado una situación que impresiona reflexivamente: una *apercepción*—repetimos—consciente del objeto percibido. A partir de esa práctica, el poeta modernista busca las innumerables posibilidades expresivas al margen de la tradición retórica que gradualmente uniformó el corpus de cultura literaria. A diferencia de las representaciones tradicionales de la realidad no ligadas a la experiencia propia del artista, la representación de la obra artística de la modernidad está ligada a la experiencia vivida o vivencia presente, expresada mediante la construcción y sentido de una representación simbólica.

El filósofo, historiador, y sociólogo alemán Wilhelm Dilthey (1833–1911), que supo captar la modalidad del arte moderno originado a finales del siglo XIX, en su libro *Literatura y fantasía* (1963), distinguió claramente esa modalidad de la actualidad en la obra moderna respecto a la pasada. Tomando el caso del arte pictórico escribió que los pintores "más antiguos aspiraban a captar los rasgos permanentes de la fisonomía en un momento ideal, que es el más grávido y característico de ellos. Si ahora una nueva escuela quiere retener la impresión momentánea, para aumentar así la impresión de vida, ofrece al personaje a la casualidad de este momento"; y agregó: "en éste se encuentra ya una concepción de la suma de impresiones de un momento dado bajo el efecto de una relación anímica ya conquistada; justo en tal *apercepción* surge el enlace de los rasgos de una impresión sentida, que condiciona omisiones y acentuaciones" (1963: 85; énfasis agregado).

La distinción entre «percepción» y «apercepción» fue señalada por el filósofo alemán Gottfried Wilhelm Leibniz (1646–1716) en su obra *Nuevo ensayo sobre el entendimiento humano*, escrita en 1704, y en ejercicio de intertextualidad respecto al empirista inglés John Locke (1632–1704) y su estudio *Ensayo sobre el entendimiento humano*

(1688). Leibniz escribió: "hay mil señales que autorizan a creer que hay en nosotros en todo momento una infinidad de percepciones, pero sin apercepción y sin reflexión"; de ese modo implicaba la reflexión en la apercepción, a diferencia de las percepciones que son simplemente impresiones "o demasiado pequeñas y demasiado numerosas, o demasiado iguales; de suerte que no se distinguen lo bastante consideradas aparte y cada una de por sí" (1877, 2: 14).[20]

Dilthey, en su *Poética* (1887), escribió que la base de toda verdadera poesía es "la vivencia, experiencia vivida, elementos anímicos de toda especie que entran en relación con ella. En tal relación pueden ser material directo para la creación del poeta todas las imágenes del mundo exterior" (1961: 53).[21] Se ocupó de las tres formas principales de la creación artística en el complejo psíquico; y diferenció entre representar, sentir y querer como un hecho de experiencia interior. Definió la «apercepción» con los términos siguientes: "Entendemos por apercepción la incorporación, facilitada por la orientación de la atención, de contenidos de experiencia, sensaciones o estados interiores en el complejo de la conciencia"; y agregaba: "Está condicionada ante todo por una compenetración total o parcial de los nuevos contenidos de experiencia y de una representación ya existente" (1961: 72). Hizo ver que la característica del genio poético consiste precisamente "en que no sólo es capaz de copiar con fidelidad la experiencia, sino que puede producir, con una especie de poder constructivo genial, una figura que ninguna experiencia podía haberle dado, y por la que luego las experiencias cotidianas adquieren sentido y se tornan inteligibles para el corazón" (1961: 96-97). Más aún, Dilthey afirmó respecto a la poesía, puesto que "parte de la vivencia, la complementación más importante es aquella por la que *lo exterior es animado por lo interior* o *lo interior es materializado en lo exterior.* Contenidos y relaciones adquiridas por la

---

20 Esta cita procede del tomo II (*Nuevo ensayo sobre el entendimiento humano*), de G. W. Leibnitz, *Obras.* 5 vols. Trad. P. Azcárate. Madrid: Editorial de Medina, 1877.

21 La cita procede de la versión castellana: Dilthey, *Poética. La imaginación del poeta. Las tres épocas de la estética moderna y su problema actual.* Buenos Aires. Losada, 1961.

experiencia interior pasan a la experiencia exterior" (1961: 106; cursivas propias).

Se puede comprender la actitud de los modernistas, que conscientes de la realidad social deprimente de sus respectivos países hispanoamericanos, buscaran superarla mediante representaciones estéticas, sabiendo, más aún, que éstas son solo imaginarias. Dilthey, cuya reflexión filosófica era coetánea al modernismo hispanoamericano y a la actitud poética moderna en general de las décadas finales del siglo XIX, refiriéndose a ésta señaló: "La poesía proporciona una expresión exaltada a las experiencias de la vida y del corazón. Representa la belleza de la vida en medio de sus amarguras, la dignidad de la persona en medio de su limitación. Y con esto llegamos, en nuestra escala de las funciones de la poesía, a su función suprema" (1961: 185).

Conviene recordar, además, que Dilthey percibió en las mismas décadas el curso que tomó el pensamiento como consecuencia de la disolución de las categorías escolásticas y dogmáticas en el siglo XVIII. De esa manera también vio que frente al mundo natural había otro, al que llamó «mundo espiritual». De ahí que hacia 1883 comenzara a escribir el libro que se publicó después con el título *Introducción a las ciencias del espíritu*. Ahí mostró que ese otro cosmos de hechos espirituales no aparecía en su compleja magnitud "sino al espíritu compilador del investigador; [...] el sabio enlaza hechos y los examina y comprueba: se va estructurando en el interior del ánimo" (1949: 34).[22] En otro volumen, *El mundo histórico,* Dilthey se interesó, asimismo, por delimitar y diferenciar el «mundo espiritual» del «mundo natural». En su ensayo titulado precisamente "Demarcación de las ciencias del espíritu" propuso para el primero los nombres de «ciencias del espíritu» o «ciencias culturales», ante el conocido nombre de «ciencias naturales» ya establecido para el segundo desde la Ilustración. Además, dio la siguiente enumeración de las nuevas ciencias del espíritu: "La historia, la economía política, las ciencias del derecho y del estado, la ciencia de la religión, el estudio de la literatura y de la poesía, del arte y de la música, la concepción filosófica del mundo,

---

22 La cita procede de Dilthey, *Introducción a las ciencias del espíritu*. Trad. E. Ímaz. México: Fondo de Cultura Económica, 1949.

ya sean como teoría, ya como conocimiento del transcurso histórico, componen tales ciencias" (1944: 91).[23]

La índole distintiva de estas ciencias se fundaba en la referencia a los seres humanos, a sus relaciones sociales entre sí y con la naturaleza objetiva. Añadía: "Todas se fundan en la vivencia, en la expresión de vivencias y en la comprensión de esta expresión. La vivencia y la comprensión de toda clase de expresiones de vivencias fundamentan todos los juicios, conceptos, conocimientos que son propios de las ciencias del espíritu"; y concluía: "Así surge una trama del saber en la que lo vivido, lo comprendido y su representación en el pensar conceptual se hallan enlazados entre sí. Y esta trama se da en todo el grupo de ciencias que constituyen el *factum* que se halla en la base de la teoría de las ciencias del espíritu" (1944: 92).

Tales eran las normas de las ciencias del espíritu, fundadas sobre la experiencia de *lo vivible, expresable y comprensible*. Dilthey, a principios del siglo XX, en su ensayo «La esencia de la filosofía» (originalmente publicado en 1907), recordaba que el romanticismo había establecido vínculos entre el arte, la filosofía y la religión. "El mismo enigma del mundo y de la vida se encara con la poesía, con la religión y con la filosofía", escribió (1945: 211).[24] Más adelante añadía: "La religión, el arte y la filosofía poseen una forma fundamental común que tiene sus raíces en la estructura de la vida anímica. En cada momento de nuestra existencia se da una relación de nuestra vida propia con el mundo que nos rodea, como un todo intuible" (1945: 212). Además, veía que la valoración de la vida y del mundo se iluminaba por luces diversas desde la subjetividad humana; y que a cada instante surgían interpretaciones de la realidad como concepciones del mundo. El religioso, el artista, el filósofo "se distinguen del hombre corriente y hasta de genios de otro género porque retienen semejantes momentos de la vida en el recuerdo, elevan su contenido a conciencia y enlazan las experiencias singulares en una experiencia general acerca de la vida", afirmó, y luego

---

23 Cita procede de Dilthey, *El mundo histórico*. Trad. E. Ímaz. México: Fondo de Cultura Económica, 1944.

24 Cito este ensayo de Dilthey de su libro *Teoría de la concepción del mundo* (México, 1945).

añadió: "Así surgen por todas partes interpretaciones de la realidad: las concepciones del mundo" (1945: 213).

De este modo, reconoció la amplitud de la hermenéutica. En 1897 ofreció una conferencia titulada "El surgimiento de la hermenéutica", traducida al castellano y publicada en el volumen *Dos escritos sobre hermenéutica* (2000). En esa conferencia afirmó: "llamamos comprender al proceso en el cual, a partir de unos signos dados sensiblemente, conocemos algo psíquico de lo cual son su manifestación" (2000: 26). Dilthey hacía una propuesta semiológica. Y abarcando las preocupaciones culturales del espíritu, agregaba una comprensión que se definiría también como semiológica: "Este comprender abarca desde el balbuceo de un niño hasta el *Hamlet* o la *Crítica de la Razón*. El mismo espíritu humano nos habla a nosotros desde piedras, mármol, tonos musicalmente formados, gestos, palabras y la escritura, desde las acciones, las constituciones y las organizaciones económicas, y precisa de interpretación"; más aún, reiteraba: "el proceso de comprender, en tanto que está determinado por los medios y condiciones comunes de este modo de conocimiento, tiene que tener caracteres comunes en todas partes" (2000: 26).

Pues bien; la estética moderna estudia, entre otros valores, la significación captada por el artista en su «experiencia vivida» a través de su percepción semiológica de lo que puede ser la sustancia de lo percibido, a la que convierte en vivencia eidética, muy distanciada de la creencia impuesta por la tradición. La visión inédita es, pues, una intuición originaria vivida en un presente, un conocimiento sensible e inteligible nuevo, revelador de las cosas del mundo y de la vida en un momento específico, el «ahora»; conocimiento que se manifiesta presente por primera vez a la intuición del poeta o artista. Esta «revelación» es, asimismo, una «manifestación», que afirma o niega, que revela la verdad o la falsedad de las significaciones del «ayer» de la tradición.

Desde la perspectiva del siglo XXI, y después de observar ilimitadas polémicas en el siglo XX sobre la «posmodernidad», en áreas tan diversas como la filosofía, sociología, antropología, política, historia, etc., etc., el origen de la modernidad, particularmente la modernidad estética, fue producto de la conciencia artística de los «modernistas» hispanoamericanos. Nos enfocaremos sobre esa conciencia, lo que no se ha hecho aún, puesto que los enfoques críticos sobre la modernidad hispanoamericana se han desviado hacia otras áreas no estéticas.

El crítico literario uruguayo Ángel Rama (1926–1983), en sus *Estudios Martianos* (Puerto Rico, 1974), afirma que el modernismo "no es sino el conjunto de formas literarias que traducen las diferentes maneras de la incorporación de América Latina a la *modernidad*"; la cual define como "concepción socio-cultural generada por la civilización industrial de la burguesía del XIX, a la que fue asociada rápida y violentamente nuestra América en el último tercio del siglo pasado, por la expansión económica y política de los imperios europeos a la que se suman los Estados Unidos" (1974: 129). Sin pretender desconocer los aspectos sociales y económicos de las naciones latinoamericanas frente a las potencias económicas, nuestro interés se orienta por el estudio del pensamiento estético de la modernidad hispanoamericana, pensamiento paradójicamente cultivado en circunstancias dominadas por profundas dudas respecto a la verdad y la certeza, lo que nos lleva a reconocer una cultura de incertidumbre, como lo demostraremos a lo largo de esta exposición.

En 1985 apareció en Montevideo un libro póstumo de Rama sobre los escritores que estudiamos, titulado *Las máscaras democráticas del modernismo*. La reflexión del crítico parte de la lectura de Friedrich Nietzsche (1844–1900), particularmente de *Mas allá del bien y del mal* (1886), cuya publicación es coetánea con la obra de los modernistas hispanoamericanos. El filósofo y escritor alemán en ese libro hace una crítica a la modernidad europea. Afirma que los "tiempos modernos", incluyendo a la democracia, son una "farsa horrible y, vista desde cerca, superflua" (1972: 67).[25] Define su posición situándose "en el *otro* extremo de toda ideología moderna" (1972: 73; cursivas propias), y exhorta a examinar los estilos modernos: "Examínese el siglo XIX en lo que respecta a esas rápidas predilecciones y variaciones de las mascaradas estilísticas"; y añade: "Inútil resulta exhibirse con traje romántico, o clásico, o cristiano, o florentino, o barroco, o «nacional»" (1972: 179). En fin, aún las nacionalidades europeas para el filósofo alemán

---

25 Citamos a Nietzsche de *Mas allá del bien y del mal. Preludio de una filosofía del futuro.* (Madrid, 1972).

eran solo disfraces. Rama comenta las afirmaciones del escritor alemán y escribe: "Con su agudeza libertaria, Nietzsche percibió que el proceso de democratización—que aborrecía—y el baile de máscaras, eran la misma cosa" (1985: 80)

Después de revisar su lectura del escritor alemán, el crítico uruguayo pasa a considerar «El arte de la democratización», en el que recuerda al lector que en sus escritos anteriores se ocupó de "una esfera más amplia que la literaria, como es la de la cultura latinoamericana en ese período que la investigación histórica, económica y sociológica se ha acostumbrado a llamar de la *modernización* y que se extiende aproximadamente de 1870 a 1920" (1985: 31). Señala que la atención del proceso cultural del continente "tiene la ventaja de evitar dos habituales riesgos de los estudios latinoamericanos: la mecánica transposición al continente de los procesos sociales y culturales del mundo capitalista que en el período influyen sobre América Latina (Europa y Estados Unidos)", y "la rígida aplicación de teorías interpretativas que se han fraguado en el cauce europeo, distorsionando así la peculiaridad del proceso cultural latinoamericano" (1985: 32). Dentro de ese proceso señala que América Latina "se incorpora entonces a la *cultura democratizada*, nombre con el cual quiero significar que no se trata aún de una plena cultura democrática", ... "sino de una cultura moderna, internacional, innovadora" (1985: 39; énfasis propio). A continuación explica que los escritores "de la *cultura democratizada* se constituyen en hijos exclusivos de la modernidad. Leen mayoritariamente lo que se produce en su tiempo, en especial las novedades y comienzan a ignorar la robusta tradición milenaria de la letras" (1985: 41; cursivas propias).

El tercer tema que Rama desarrolla titula «La guardarropía histórica de la sociedad burguesa». Es aquí cuando el crítico uruguayo emplea las metáforas de Nietzsche, que habló de «las mascaradas estilísticas», como señalamos en párrafos anteriores. Rama afirma ahora: "cuando llegamos al final del XIX, presenciamos una explosión: el eclecticismo artístico de la época suma indiscriminadamente los trajes de los más variados tiempos, apela a todos los estilos pasados (renacentista, gótico, helénico, oriental)" (1985: 83). Siguiendo al escritor alemán, agrega que las artes y las literaturas de los siglos XVIII y XIX apelaron a las máscaras que saqueaban de la Historia. Esta afirmación,

Rama la amplía más aún: "Todas las disciplinas culturales incursionaron en estos disfraces: las ideologías económicas, las concepciones del poder, las mismas prédicas revolucionarias, pero donde el deseo adquiría incandescencia era en el campo erótico que, además, abarcaba a los más" (1985: 87). Respecto al erotismo modernista, señaló que el poeta hispanoamericano aceptó el «amor pasajero», que ofrece un igual término para «el goce y la pena»; y añadió: "Pero por lo mismo sabría que el llamado eterno femenino consistía en la sucesión de máscaras que otorgaban novedad y atracción, como quien dice las vestiduras cambiantes bajo las cuales se desnudaría a una misma Eva" (1985: 88).

De ese modo el crítico uruguayo introduce los términos «máscaras» y «disfraces» en sus reflexiones sobre el modernismo y la modernidad. Respecto a la experiencia amorosa, a la que considera "una *erótica en movimiento*. Su principio organizativo es la incesante sucesión de las máscaras, como lo dice el poema «Heraldos» de Darío o el tan famoso «Divagación», verdadero catálogo de disfraces para encender el hambre erótica hispanoamericana" (1985: 88; cursivas propias).

El enfoque de Rama, en *Las máscaras democráticas del modernismo*, como él mismo lo advierte al principio del libro, es muy amplio y excede lo estrictamente literario y, sobre todo, se ubica en la perspectiva de Nietzsche respecto a la cultura europea. Sin embargo, no se podría desconocer que Rama refiere en la escritura de este libro representaciones que retuvo su imaginación durante sus lecturas del modernismo y sus ambientes de modernidad. He aquí algunos ejemplos: "Del mismo modo que se disfrazaron los interiores de las casas y se disfrazaron las ciudades, también se disfrazaron las mujeres en la apoteosis de la «toilette» que conoció la época y también se disfrazaron los hombres adoptando extremadas exquisiteces del vestir, desde los señoritos de familias bien a los «cafishios» de barrio" (1985: 88). O cuando se refiere a la "musa enmascarada a la cual Darío dirige su «Canción de carnaval» deambula, loca y radiante, por la calle Florida de Buenos Aires y el poeta le pide que maneje indistintamente todos los asuntos, asuma todos los disfraces, exóticos o nativos, para así lograr equipararlos" (1985: 159).

En fin, no vamos a continuar revisando el pensamiento de Rama sobre el modernismo, porque aplica la visión que Nietzsche empleó para valorar la modernidad europea. Nuestra exposición discurre sobre la modernidad estética hispanoamericana. No se podría estudiar ninguna faceta del modernismo desconociendo sus aportes a lo que se empezó a conocer en ese momento como «modernidad», en abierta oposición a la doctrina y costumbres impuestas por la «tradición».

El joven Rubén Darío, apenas salido de su adolescencia, publicó, a sus 19 años, *Epístolas y poemas* (1885), poemario en el que incluye un texto extenso «El porvenir». Su visión del futuro implicaba rechazo de la tradición y, a la vez, expectativas de una nueva época en la que predominaría el «el verbo del porvenir»; es decir, de la modernidad. La primera estrofa de la sección primera de este poema dice: "En medio de la duda en que he vivido, / pensando siempre en el destino oscuro, / en ansias misteriosas encendido, / por fuerza espiritual fui conducido / a tener la visión de lo futuro". Y desde su presente en el que sólo podía existir la experiencia del pasado, de la tradición que rechazaba, junto al colonialismo teocrático, se aferraba a las posibilidades del futuro. La estrofa final del mismo extenso texto dice: "En fiesta universal estremecida / la creación de gozo adormecida, / del Porvenir sentía el beso blando; / y por la inmensa bóveda rodando / se oyó un eco profundo: / «¡América es el porvenir del mundo!»".

Tal fue su visión en 1885. Y tres años después, Darío publicó su libro *Azul...* (1888), en el cual su concepción de modernidad ya era muy consciente, como se puede ver en el empleo del término «moderno», con una clara intención de «modernidad», particularmente en el cuento «La Ninfa».

1.9 Posmodernidad anti-estética

Un siglo después de la publicación de los textos de Darío que acabamos de referir, junto a su preocupación por la afirmación estética y expectativa de futuro, en 1983 apareció en Washington, una antología crítica con el título *The anti-aesthetic: essays on postmodern culture*, compilada por el crítico estadounidense e historiador de arte Hal Foster (1955). Este libro, traducido al castellano, apareció dos años después con un título simplificado: *La posmodernidad* (1985). En la primera página, el compilador escribe explícitamente: "Algunos críticos, como Rosalind

Krauss y Douglas Crimp, definen el posmodernismo como una ruptura con el campo estético del modernismo" (1985: 7).

Además, el crítico estadounidense reconoce en el ámbito internacional del siglo XX un "modernismo de posguerra o tardío, con su acento en la pureza de cada arte y la autonomía de la cultura en su conjunto" (1985: 8). En realidad, y desde la perspectiva de la historiografía hispanoamericana, ese modernismo del siglo XX no es otro que el movimiento conocido como «vanguardismo», que, por otra parte, el vanguardismo brasileño lleva el nombre de «modernismo». Foster señala que por rico que fuera esa tendencia literaria, como "proyecto disciplinario—y apremiante, dadas las incursiones del *kitsch* por un lado y el ámbito universitario por el otro—llegó sin embargo a oscurecer la cultura, a reificar sus formas, hasta tal punto que provocó, al menos en el arte, un contraproyecto en forma de vanguardia anárquica (acuden a la mente especialmente el dadaísmo y el surrealismo)" (1985: 8-9).

Para la historiografía hispanoamericana, ese giro se originó en el modernismo y su efecto fue el vanguardismo, lo cual no deja de ratificar y reiterar la condición cosmopolita que el modernismo hispanoamericano exhibió desde sus inicios. Foster, por su parte, en su enfoque global, reconoce que "resulta clara una estrategia posmodernista: deconstruir el modernismo no para encerrarlo en su propia imagen sino a fin de abrirlo, de reescribirlo" (1985: 10). Así también se puede reconocer que si el modernismo hispanoamericano, en su modernidad, asumió como recurso el cosmopolitismo, es decir, apertura a culturas y estilos de expresión diversa; la posmodernidad occidental re-escribió esa modalidad y acudió a la «globalización» en el siglo XX. Foster propone un modo de ver esta pluralidad y afirma: "Tal vez la mejor manera de concebir el posmodernismo sea, pues, la de considerarlo como un conflicto de modos nuevos y antiguos, culturales y económicos, el uno enteramente autónomo, el otro no del todo determinativo, y de los intereses invertidos en ello" (1985: 11). En seguida, señala la intención con la cual compiló la selección de su libro, y dice: "ahora existen posiciones estandarizadas acerca del posmodernismo: es posible apoyar a éste como populista y atacar al modernismo como elitista, o por el contrario, apoyar al modernismo como elitista—considerándolo cultura propiamente dicha—y atacar el posmodernismo como mero *kitsch*";[26] agrega que los textos seleccionados reflejan "que el posmodernismo se considera públicamente (sin duda con relación a la arquitectura moderna) como un giro necesario hacia la «tradición»"; asimismo que su intención fue "bosquejar brevemente un posmodernismo de oposición" (1985: 11). Explica asimismo que en la política cultural de finales del siglo XX existen dos tendencias en el posmodernismo: una, "que se propone deconstruir el modernismo y oponerse al *status quo*"; y otra "que repudia al primero y elogia al segundo: un posmodernismo de resistencia y otro de reacción"; y que los ensayos que recopiló "se ocupan principalmente del primero, de su deseo de cambiar el objeto y su contexto social" (1985: 11). En seguida explica la variedad de las tendencias del posmodernismo.

En cuanto a la expresión «antiestética» discutida en los ensayos que Foster presenta es "la misma noción de la estética, su red de ideas"; así como la concepción de que "la experiencia estética existe separada, sin «objetivo», más allá de la historia, o que el arte puede ahora producir un mundo a la vez (inter) subjetivo, concreto y universal, una totalidad simbólica" (1985: 16–17). Señala también: "Las aventuras de la estética constituyen uno de los grandes discursos de la modernidad: desde la época de su autonomía a través del «arte por el arte» hasta su posición como una categoría negativa necesaria, una crítica del mundo tal como es"; y agrega: "sin embargo, hemos de considerar que también este espacio estético se eclipsa, o más bien que su criticalidad es ahora en gran parte ilusoria" (1985: 17).

De los ensayos que Foster incluye en su compilación nos interesa el primero: "La modernidad, un proyecto incompleto", de Jürgen Habermas. Mientras los demás artículos se enfocan con énfasis específico sobre el posmodernismo, el primero examina la modernidad, materia de nuestro estudio; además, este artículo no fue incluido por su autor en el volumen *El discurso filosófico de la modernidad*, del que nos ocupamos más arriba.

---

26 Este término inglés fue traducido al castellano como expresión estética pretenciosa, pasada de moda o considerada de mal gusto.

Habermas, en el artículo inicial, se remonta a la antigüedad para señalar que en el siglo V aparece la forma latina de «modernus» para distinguir el presente del pasado romano, aunque muchos escritores limitan el concepto de «modernidad» al Renacimiento, lo que implica una visión muy estrecha y limitada. Aclara que "el término «moderno» apareció y reapareció en Europa exactamente en aquellos períodos en los que se formó la conciencia de una nueva época a través de una relación renovada con los antiguos y, además, siempre que la antigüedad se consideraba como un modelo a recuperar a través de alguna clase de imitación" (1985: 20). Sin embargo, la admiración por los clásicos antiguos se disolvió con la Ilustración y la idea del progreso, lo que dio lugar a otra forma de conciencia modernista. Señala que en el siglo XIX surgió del espíritu romántico "la conciencia radicalizada de modernidad que se liberó de todos los vínculos históricos específicos"; y explica: "Este modernismo más reciente establece una oposición abstracta entre la tradición y el presente, y, en cierto sentido, todavía somos contemporáneos de esa clase de modernidad estética que apareció por primera vez a mediados del siglo pasado" (1985: 20-21). Distingue que "hacia mediados del siglo XIX, emergió una concepción esteticista del arte que alentó al artista a producir su obra de acuerdo con la clara conciencia del arte por el arte"; más todavía, añade: "La autonomía de la esfera estética podía entonces convertirse en un proyecto deliberado: el artista de talento podía prestar auténtica expresión a aquellas experiencias que tenía al encontrar su propia subjetividad descentrada, separada de las obligaciones de la cognición rutinaria y la acción cotidiana" (1985: 29). Habermas, en su definición de la «modernidad estética», abarca también los movimientos que aparecen en las primeras décadas del siglo XX, es decir, al vanguardismo. Escribe: "La modernidad estética se caracteriza por actitudes que encuentran un centro común en una conciencia cambiada del tiempo"; sin embargo, la "conciencia del tiempo se expresa mediante metáforas de la vanguardia, la cual se considera como invasora de un territorio desconocido, exponiéndose a los peligros de encuentros súbitos y desconcertantes, y conquistando un futuro todavía no ocupado"; y concluye: "La vanguardia debe encontrar una dirección en un paisaje por el que nadie parece haberse aventurado todavía" (1985: 21).

En realidad, Habermas habla estrictamente de la vanguardia, la cual, si bien procede en el caso hispanoamericano del modernismo, asume el juego de la invención o «creación» de mundos como parodias de la realidad natural. El filósofo reitera que la modernidad "se rebela contra las funciones normalizadoras de la tradición; la modernidad vive de la experiencia de rebelarse contra todo cuanto es normativo" (1985: 22); y que el "espíritu de modernidad estética" se ha extendido a lo largo de la primera mitad del siglo XX. Refiere la prolongación de ese espíritu, cita a Octavio Paz, y afirma: "después de los setenta debemos admitir que este modernismo promueve hoy una respuesta mucho más débil que hace quince años. Octavio Paz, un compañero de viaje de la modernidad, observó ya a mediados de los sesenta que «la vanguardia de 1967 repite las acciones y gestos de la de 1917. Estamos experimentando el fin de la idea de arte moderno»", concluye Habermas (1985: 23).

De este modo podemos ver la conclusión del proceso que siguió la modernidad estética hispanoamericana, llevada a la culminación por un grupo de poetas de esta región nacidos en las décadas finales del siglo XIX: los modernistas, iniciadores de una modernidad que se prolongó hasta la primera mitad del siglo XX, como lo reconoció el filósofo alemán. Esos poetas modernistas no sólo llevaron a cabo el proceso de la modernidad; también originaron el posmodernismo o la posmodernidad, de acuerdo con las investigaciones y reflexiones del filósofo inglés e historiador de las ideas Perry Anderson, quien, como señalamos al principio de esta exposición, reconoció en los modernistas hispanoamericanos: *The Origins of Postmodernity*.

Pero, no se debe olvidar que los modernistas hispanoamericanos, desde su vivencia cosmopolita de finales del siglo XIX, también iluminaron la apertura a la posmodernidad, que implica otro concepto y otra palabra propiamente posmodernos: la «globalización», experimentada a plenitud en la segunda mitad del siglo XX.

II.
Secularidad, incertidumbre y conjetura

La incertidumbre modernista hispanoamericana, acaso no advertida en su momento por críticos e historiadores de la literatura como una expresión regional colectiva, fue claramente reconocida por los propios escritores y poetas del mismo movimiento.

Uno de los primeros fue el mexicano Manuel Gutiérrez Nájera (1859-1895) que desde su oficio de colaborador de periódicos, poeta, narrador, ensayista y cronista, manifestó ese desasosiego anímico e intelectivo. Pero la publicación de sus escritos, especialmente textos en prosa reunidos en volúmenes, sólo fue posible en el siglo XX, y aún continúa esa tarea en el siglo XXI, demostrando la extraordinaria producción de este escritor que no llegó a vivir 40 años.[1] Además de difundir sus escritos dispersos en publicaciones periodísticas, fundó con el mismo fin y en colaboración con el veracruzano Carlos Díaz Dufoo (1861-1941), el semanario *Revista Azul*, suplemento dominical del periódico *El Liberal*, de la Ciudad de México, en 1894, un año antes de su fallecimiento por causas de salud. La incertidumbre de Gutiérrez Nájera se manifestó en su edad juvenil como un reconocimiento del escepticismo de su tiempo respecto a la pérdida de creencias de una sociedad heredera del dogmatismo medieval, como lo fueron las colecti-

---

[1] No desconocemos la publicación de sus *Cuentos frágiles* (México, 1883), publicado en vida de su autor, ni los dos volúmenes póstumos de sus *Obras. Prosa* (México: Palacio Nacional, 1898 y 1903), con una "Introducción" de Luis. G. Urbina.

vidades hispanoamericanas, sometidas a la doctrina teocrática cristiana impuesta en el siglo XVI por los invasores europeos.

En 1878, a sus 19 años, este joven poeta, de espíritu crítico y sin duda autocrítico, descartó los poemas que había escrito hasta entonces. Uno de los textos poéticos fechados ese año, no recogido ni en la edición de Justo Sierra (en 1896) tras la muerte del poeta, ni autorizado por su viuda para la selección publicada en 1897, es el titulado «En el Colegio de la Paz». Desde su primer verso el texto anuncia la llegada de una tempestad sobre la tierra, desplegando sombras y arrasando "con tiaras y cetros por alfombra" (1953: I, 205).[2] No se trata de un fenómeno atmosférico ni de otro tipo de catástrofe originada por un error de juicio, ni de una mera manifestación sentimental respecto a la naturaleza o al cosmos; sino de la concepción o percepción de la realidad por un pensamiento que manifiesta abatimiento y destrucción. Su representación del mundo reconoce el escepticismo en desacuerdo con el pensar tradicional escolástico y dogmático, construido sobre especulaciones metafísicas, primeras causas o principios suprasensibles y sobrenaturales; especulaciones que ya no eran aceptadas tan fácilmente como en el pasado tradicional. Se manifestaba por la caída de las creencias, de "tiaras" (triple corona de papas, obispos y reyes) y "cetros" (varas de oro o plata de eclesiásticos). Se trataba de un nuevo pensamiento que clausuraba las especulaciones metafísicas, causando confusión. Los cuatro versos finales de la primera estrofa son explícitos en referir la desvalorización de las creencias religiosas: "Ya el astro de la fe se había apagado; / un *nimbus* era el lontananza oscuro, / una inmensa hecatombe lo pasado / y un vértigo de abismo el futuro" (1953, I: 205).

Tras la extinción o apagamiento de la fe religiosa, los orígenes del mundo quedaban cubiertos por nubes oscuras, la tradición del pasado se aniquilaba y el porvenir provocaba una sensación de inseguridad y miedo; cundía el trastorno del sentido y la turbación del pensar. El texto, había sido escrito para un público femenino joven y específico: las muchachas estudiantes del Colegio de la Paz. Era una alocución a la mujer adolescente y futura madre en una época de profundos cambios

---

2   Este poema fue recogido por Francisco González Guerrero, editor, en Manuel Gutiérrez Nájera, *Poesías completas*. México: Porrúa, 1953. 2 vols.

en el pensar causado por el positivismo de la época, cuando la razón objetaba las creencias cristianas tradicionales que los europeos habían impuesto y arraigado con violencia en la conciencia hispanoamericana desde el siglo XVI.

Había pasado algo más de medio siglo de la Independencia política de estos países que, sabemos, fueron décadas de caos y crisis social. En este tiempo se empezaba a lograr la ansiada emancipación mental de los países de la región respecto a la tradición. Para el joven poeta que apenas alcanzaba sus 20 años, el cambio de esa atmósfera intelectual era muy evidente. Criado en un ambiente tradicional, bajo la influencia de una madre "muy amante y muy piadosa", como escribió Sierra en el prólogo de la edición de poemas que preparó, el alma de Manuel no era más que una prolongación del alma materna. "Los místicos suspiros de su madre pasan a través de su arpa (*La Cruz, María, Dios, La Fe de mi infancia*)", agrega el prologuista que cita los títulos de los poemas religiosos (1896: v).[3] Señalaba también Sierra: "la sociedad católica que atravesaba una crisis aguda de descomposición y recomposición, a consecuencia del triunfo definitivo del liberalismo, miró en Gutiérrez Nájera a su *niño sublime*" (1896: vi; cursivas propias).[4] El poema que nos ocupa, aunque dirigido a las estudiantes de una escuela femenina, era una exhortación a la futura mujer-madre a luchar en esas circunstancias (como lo hizo su madre) por cultivar el pensamiento tradicional, es decir, cuando las ideas, concepciones e interpretaciones del mundo reconocían el privilegio de lo sensible y empírico, y abandonaban la

---

3   Cita de Justo Sierra, *Obras de Manuel Gutiérrez Nájera. Poesía*. México: Tip. Oficina Impresora del Timbre, 1896.

4   Luis G. Urbina, en su libro sobre *La vida literaria en México*, ha escrito de este poeta: "Hijo de familia burguesa y piadosa, Gutiérrez Nájera solazó su infancia con la lectura de libros ortodoxos y místicos: Juan de Ávila, ambos Luises, San Juan de la Cruz, Santa Teresa, Malón de Chaide. Sus padres quisieron que aprendiese latín, y en casa, sin haber ido a la escuela, fue un cura su profesor. De esta aurora intelectual quedan vestigios en la obra entera de Manuel. No olvidará ya, en adelante, ni a los poetas místicos ni a los poetas latinos" (219-220). Véase Urbina, *La vida literaria en México. Creer Crear*. Madrid: Imprenta Sáez Hermanos, 1917.

fijación dogmática en lo sobrenatural que devenía cada vez más claramente en un vacío metafísico.

El poeta atribuía la causa a que la mujer había "huido" del hogar, tradicionalmente "santuario" para los hijos, quienes tras ver ese hogar "abandonado y solitario" exclamaban: "Dios ha muerto" (1953, I: 206). De este modo, el joven poeta introducía en 1878 la idea filosófica de «la muerte de dios», o, para la historia del pensamiento latinoamericano de la modernidad: la cesación de la tradición teológica iniciada en los países de la región en el siglo XVI con las invasiones europeas en América.[5] El poeta exhortaba a la mujer a recuperar esa tradición mediante la educación de los hijos: si el hombre es "monarca soberano", la mujer es la "piedra angular en el presente" porque el porvenir es "obra" de sus manos. Una de las estrofas finales dice: "Vuelve a tu hogar, allí tus pequeñuelos / imparte la purísima enseñanza / y nárrales la historia de los cielos / y dales una égida: La Esperanza" (1953, I: 207).

Sin duda, Gutiérrez Nájera percibe una época desencantada de su tradición religiosa y desesperanzada ante su porvenir: suspensa entre su pasado y su futuro. Esa percepción desilusionada no exenta de un sentimiento de incertidumbre no sólo está referida a su tiempo. En años anteriores la tuvo respecto a sí mismo, en un reconocimiento de su propio escepticismo y duda. Tal es el caso de «Luz y sombra», que lleva la fecha de 1876. Su discurso se desarrolla mediante la enumeración heterogénea, que el modernismo introduce en la estructura textual, y se identifica como el "ave errante" y solitaria que cruza "áridos desiertos", como "hoja que rueda" arrebatada por un huracán, que se hunde tras la montaña, entre otras imágenes; luego, afirma en la estrofa decimotercera y final de la sección II: "La duda con sus garras destroza mi creencia/.../ hay sombras en mi alma, hay luto en mi conciencia" (1896: 5). El estado emocional que se manifiesta en este poema tiene pues un conflicto racional: la pérdida de la credibilidad en doctrinas religiosas de la tradición en la que él nació, lo cual implica el derrumbe de la seguridad y certidumbre que proporcionaba esa creencia. Esta

---

5   Conviene recordar que este motivo fue señalado años después por Friedrich Nietzsche (1844-1900) en dos de sus obras: *Die fröhliche Wissenschaft* (1882; *La gaya ciencia, o El gay saber*) y *Also sprach Zarathustra: Ein Buch für Alle und Keinen* (1883-1885; *Así habló Zaratustra*).

nueva concepción no sólo era personal sino común en esa época inaugural de la *modernidad*.

2.1 Poética de la incertidumbre

La poesía de Gutiérrez Nájera, particularmente de sus primeros años, representa una poética de la incertidumbre, relacionada especialmente con la devoción religiosa de su niñez. El escritor, abogado y político mexicano Justo Sierra (1848-1912), compañero de luchas de Benito Juárez, escribió, como ya señalamos, el "Prólogo" para la primera edición de *Poesía* (1896) del extinto poeta. Además de afirmar que "el alma de Manuel en sus primeros gorjeos no es más que una prolongación del alma materna; son versos de nido... colgado en la alta ventana de colores de la Iglesia" (v)[6]; reitera y aclara que las manifestaciones de catolicismo del joven poeta no son indicios de lo que será el escritor en el futuro. Explicaba que esos "fervores de creyente, más aún, de devoto, muy sinceros, aunque algo convencionales, y en los que, a vuelta de una que otra estrofa gallarda y rica, se advierte el afán de conformarse a los modelos venerados de la poesía sagrada con visos de erótica y romántica",... "fue el encanto de la generación del segundo tercio de este siglo"; y agregaba: "estos arrebatos de adoración católica apenas indican la futura personalidad poética de Gutiérrez Nájera" (1896: v).

En 1915, el escritor, diplomático y editor venezolano Rufino Blanco Fombona (1874-1944), integrante del modernismo literario, publicó en la "Biblioteca Andrés Bello" que él dirigía en Madrid, una selección de la obra poética de Gutiérrez Nájera, bajo el título *Sus mejores poesías*. En su valoración de la obra del poeta, adjunta al final de la selección con el título "Ligera apreciación sobre Gutiérrez Nájera", señala también en el joven mexicano un sentimiento religioso, desligado, sin embargo, de lo teológico, eclesiástico y clerical: "un suave misticismo persistente, ajeno a los dogmas, un noble sentimiento religioso; esa es la palabra, religioso—no clerical, ni teológico, sino religioso" (1915:

---

6   Estas citas del «Prólogo», así como las de los textos poéticos que serán incorporados a esta exposición, corresponden a Manuel Gutiérrez Nájera, *Poesía*. Edición y «Prólogo» de Justo Sierra (México, 1896).

270).⁷ Esta valoración de Blanco Fombona es la que mejor define el temperamento y la ideología del poeta. Su religiosidad era mucho más trascendente que la institucional de la iglesia romana que buscaba sobre todo el poder y la dominación del ser humano, para someterlo a la obediencia de sus mandatos. Para Gutiérrez Nájera, el sentimiento religioso era sobre todo terrenal, era un sentimiento humano que surgía en el espíritu del ser hacia su vida, plena de dificultades en el mundo y el vacío metafísico del mismo, limitado a su propia naturaleza, ajena a toda imaginación fabulosa de un mundo sobrenatural. Sin embargo, una revisión más amplia de los textos poéticos de Gutiérrez Nájera permite comprobar que muy pronto, el joven poeta advirtió que la influencia de su hogar o sus lecturas místicas fueron perdiendo fuerza ante su reflexión propia de escritor, pero sobre todo lector ávido del pensamiento moderno de su tiempo, para enfrentarse al mundo y sus varias interpretaciones o descripciones.

Realizaremos una revisión de esos cambios de pensamiento, siguiendo el orden cronológico de su escritura, tal como lo siguió Sierra en la ordenación de los textos de *Poesía* (1896). De ese modo, comprobamos que el primer poema del volumen, «Para entonces"», de 1887, fue elegido por Sierra como texto inicial o portada simbólica y representativa del conjunto. El segundo, inicia la serie de textos ordenados cronológicamente, a partir de 1876, cuando el joven poeta cumplió 17 años. Inicia esta etapa cronológica «Luz y sombra", cuyo tema es el reconocimiento de la pérdida de las creencias religiosas de su niñez. "La duda con sus garras destroza mi creencia", "hay sombras en mi alma, hay luto en mi conciencia" (1896: 5). Este texto además anuncia con su tema otro poema que escribirá dos años más tarde ("La fe de mi infancia", 1878). Si en el poema de 1876 afirma: "No sabes cual se llora al contemplar perdida / aquella fe sublime que guió nuestra niñez" (1896: 5); dos años más tarde dirá: "¡Feliz aquel que sus creencias funda / En esta inmaculada fe cristiana" (1896: 55). Con el primer texto, producido por el "luto en su conciencia", estaría instalando, en la primera

---

7   Referimos el volumen Gutiérrez Nájera, Manuel. *Sus mejores poesías. Elegías, odas breves y otros poemas*. Editor Rufino Blanco-Fombona. Madrid: Soc. Española de Librería, 1915.

etapa de su escritura, un pensamiento desencantado, en duelo por la pérdida de certeza, que bien puede ser denominada escritura que origina una *poética de la incertidumbre*. Es importante subrayar que a temprana edad este intelectual se enfrenta a lo que será un escepticismo, producto de su mente reflexiva, capaz de comprender la autonomía de su pensamiento, de su conciencia, respecto a la conciencia familiar y tradicional que todavía conservaba el modo de pensar de la institución que impuso el coloniaje español, que era simplemente europeo, aferrado a sus concepciones medievales escolásticas. No se trataba de un emocionalismo irracional que caracterizó a gran parte del romanticismo en lengua castellana, puesto que el conflicto del joven pensador Gutiérrez Nájera es racional, lo que no quiere decir «racionalista». En consecuencia, es importante continuar el análisis de este pensamiento desde sus inicios y volver al año 1876, es decir a sus poemas escritos cuando alcanzó sus 17 años y reflexionó sobre las creencias que recibió de su familia que generosamente continuaba la doctrina del colonialismo en Hispanoamérica.

Esta «poética de la incertidumbre» tiene, sin duda, trascendencia metafísica que no se origina únicamente en la subjetividad del joven pensador, sino en su discurrir sobre el sistema doctrinario que heredó la cultura regional durante tres siglos de coloniaje, que no procedió de ningún sistema filosófico sino de un conjunto de dogmas, producidos y escritos por los «teólogos» y «doctores» inspirados o iluminados de la escuela cristiana medieval. Carente de sistema filosófico, esta escuela conocida también como «patrística», confiada en lo que llamaba «revelación», como recurso «divino» del conocimiento, menospreció la filosofía, a la que consideró sólo una «sirvienta de la teología» (*ancilla theologiae*). Es decir, la patrística, al encarnar la teología y sus supuestos poderes de revelación divina, decidió que la filosofía era su sirvienta o su esclava. Más aún, con esa actitud, la teología, desde la Edad Media, quiso ser madre de la desigualdad humana en todos sus sentidos, que todavía pervive en el siglo XXI.

Como bien explica el filósofo italiano Nicolás Abbagnano (1901–1990), en su *Historia de la filosofía*, frente a esa tradición religiosa que debe ser el fundamento y la norma para pensar, "el hombre no puede ni debe confiar en sus propias fuerzas. Aun en esto le ayuda y debe ayudar la tradición religiosa suministrándole, por medio de los órganos de la Iglesia, una guía iluminadora y una garantía contra el error" (1994, I: 304). Es decir, provocar el desconcierto con el despliegue de una imaginación sobrenatural y ultramundana, para ofrecer guía de consuelo para el mundo real, ignorado, aunque declarado «valle de lágrimas». El joven Gutiérrez Nájera, contrariamente a la norma fundamentalista de la tradición, confió en la fuerza de su razón y raciocinio, ajeno a la interferencia institucional eclesiástica; y realizó su propio pensar, distinto y distante de los dogmas inculcados en su niñez. Fue así como logró muy temprano su emancipación mental, y la desalienación que exhortaron los precursores hispanoamericanos de la independencia política a fines del siglo XVIII. De este modo también, el joven poeta mexicano se enfrentaba al desencanto respecto a la tradición, y a la incertidumbre que derivará en el escepticismo que caracterizó a los mejores pensadores y escritores de finales del siglo XIX, fundadores de la *modernidad* latinoamericana.

Ese desacuerdo era definido por una conciencia inmersa en la historicidad. Su vivencia existencial, desencanto e incertidumbre, tenía origen en el pensamiento pasado, del que debía alejarse, aunque su percepción a cambio hallara solo el vacío de todo sentido; es decir, la incertidumbre ante la ausencia de toda explicación, incertidumbre que al cabo se mostrará como un no-saber. Su vivencia reflexiva y racional del presente, en duda, fluctuante irresolución, se originó en el reconocimiento de su pensar pasado inmerso en una ficción irracional. Gutiérrez Nájera es pues así uno de los fundadores de la modernidad regional y, de modo especial, de la *modernidad* del pensamiento poético latinoamericano.

Detrás de la propia experiencia personal del joven escritor se debe reconocer el pensar moderno cultivado por la filosofía de la Ilustración que, sin duda, fue conocida por los modernistas hispanoamericanos a través de su lectura cosmopolita, cuyos amplios límites sería difícil señalar. Los escritos del joven Gutiérrez Nájera así lo demuestran, porque en ellos están referidas las ideas de los pensadores de la Ilustración inglesa como Thomas Hobbes (1588-1679), John Locke (1632-1704), George Berkeley (1685-1753), David Hume (1711-1776), enfrentados al tema común y principal del entendimiento (o, en términos filosóficos, al problema gnoseológico); asimismo, conocían el pensar de los enciclopedistas franceses. En su artículo "Canas al aire", de 1879, el joven mexicano cita a los tres últimos ingleses citados, además del alemán Gottfried Wilhelm Leibniz (1646-1716), entre otros antiguos y modernos, para afirmar su perplejidad ante las consecuencias del nuevo saber que implicaba la ilustración y el enciclopedismo. Escribió: "a fuerza de saber hemos llegado a no entendernos" (2007: 60).[8] Emmanuel Kant (1724-1804) había llamado la atención en 1784 sobre los riesgos del conocer en su tiempo con su advertencia: *¡Sapere aude!* ("Atrévete a saber").[9] Pero sobre este tema de la Ilustración y el Enciclopedismo y sus reflejos en la obra de Gutiérrez Nájera volveremos más adelante. Lo citamos ahora porque los ingleses, con excepción de Berkeley, convirtieron la duda en método filosófico para tratar el problema del entendimiento y comprensión del mundo.

Gutiérrez Nájera, en 1893, escribió con el pseudónimo El Duque de Job el texto titulado «Las que curan» (en *Meditaciones morales*), para expresar un pensamiento elaborado desde su juventud, gracias a la asociación de experiencias e ideas originadas por sus propias vivencias. En ese texto dice que el hombre "siempre ha menester de una amiga que le adivine y que le guíe y que le ame incorpóreamente, como Beatriz al Dante. Ésa no es hermana de la caridad, en el sentido material que se da a esta frase, sino hermana de la verdadera caridad, hermana del amor. Ésa levanta del campo de batalla nuestros sentimientos heridos y los cuida y alivia"; y agregaba: "Ésa es la amiga buena. Ésa es la madre de todas las esperanzas que quedaron huérfanas" (2007: 357).

En semejante «orfandad», coetánea de este poeta y sus compañeros modernistas, sólo quedaba la mujer, como amiga y amada, ante la ausencia de padres; es decir, un espíritu femenino. Un fino erotismo será desarrollado paulatinamente, como demuestran los textos modernistas en los que es referido el cuerpo del ser amado con respeto, a diferencia de la denigración de la escolástica tradicional que consideró a la

---

8   La cita corresponde a Gutiérrez Nájera, *Obras XIV. Meditaciones morales (1876-1894)*. Ed. B. Clark de Lara. México: Universidad Nacional Autónoma de México, 2007.

9   Cita de "¿Qué es la Ilustración?", en Emmanuel Kant, *Filosofía de la historia* (México, 1979: 25).

humanidad solo «carne», además, «enemiga» del alma. La literatura modernista rescata el cuerpo humano en su desnudez y belleza. Y no referimos solo a los escritores varones, lo cual implicaría desconocer a la extraordinaria modernista uruguaya Delmira Agustini (1886–1914). En el primer libro que esta poeta publica a sus 21 años, en 1907, titulado *El libro blanco (Frágil)* definió su propia musa con los siguientes términos: «Perfumando sus labios en la miel de la fruta / Y dorando su cuerpo al fuego de los soles. / Vivió como una ninfa: desnuda, en fresca gruta, / engalanando espejos de lagos tornasoles».[10] Hemos expuesto en otro lugar que el erotismo modernista, paradigmáticamente expuesto por la poesía de Agustini, se orienta por un sentimiento de profunda religiosidad humana. El encuentro amoroso se reviste también de una práctica ritual por la cual los amantes participan de la índole sagrada de la unión erótica.[11]

Lo que en el pasado incumbía a la religión, ahora, en el pensamiento estético de los modernistas, incumbe al sentimiento humano y a la poesía. El arte puede orientar a la humanidad en la incertidumbre. Reúne y une poesía, arte y otro modo de *religar* al ser humano y el mundo, que no deja de ser otra *religión*. De ese modo, no abandonó el sentimiento religioso, aunque rechazó la modalidad del pasado: un fundamentalismo logrado sólo por la especulación y que favorecía más a la institución jerárquica de las iglesias o las sectas. El sentimiento religioso empezó a desarrollarse desde una perspectiva diferente, orientada por un humanismo nuevo.

Dentro de este contexto y de la primera etapa de la escritura de Gutiérrez Nájera no se pueden desconocer los temas que plantea, y que son representados por la duda, ante el cambio de pensamiento que no sólo es individual o personal sino que corresponde a la época, por lo menos en el área occidental del mundo; duda, además, que se relaciona no sólo con una reflexión nueva, moderna, de temas filosóficos, emancipados de la tutela del pensar religioso escolástico y dogmático

---

10   Delmira Agustini, *El libro blanco (Frágil)*. Montevideo: Bertani Editor, 1907.

11   Véase, Rivera-Rodas, *Picón Salas: Historia de la cultura y cosmopolitismo*. Caracas: Fundación Celarg, 2011; principalmente los ensayos «Estética y voluptuosidad modernista» y «Conciencia erótica y modernismo».

que sometió el entendimiento humano mediante recursos emocionales urdidos por teólogos, despertando asimismo reacciones contra ese tutelaje. Junto a la afirmación de su duda vital, este joven poeta buscaba la «luz» que podría emerger de las creencias. En el artículo titulado «El crucifijo»: escribió: "en medio de estas estrecheces, de estas mezquindades, de estas angustias de la vida diaria, sediento de beber la luz clarísima que despiden las creencias religiosas, no voy a hundirme en las revueltas bibliotecas, ni a buscar fe en las disputas escolásticas de los siglos medios, ni a argüir sobre la naturaleza del Verbo con los filósofos antiguos; no, me basta poner mi razón en recogimiento religioso" (2007: 47). Duda y nueva religiosidad, son dos temas frecuentes y expresados en dos textos específicos: «La cruz» y «La duda», ambos escritos en 1877, un año después del texto que acabamos de analizar. El segundo, dedicado a su incertidumbre, está integrado por once estrofas octavas. Inicia su primera estrofa con un rechazo de la duda, que dice "¡Aparta, sombra horrible, / Aparta de mi frente / Tus alas, que la cubren / Con fúnebre crespón!". La estrofa octava explica sus razones: "De sombras has llenado / Mi alma y mi conciencia; / En lánguido gemido / Trocaste mi cantar; / Con tu hálito de averno / Mataste mi creencia, / Y horrible panorama / Me obligas a mirar!".

También en 1877 publica «Los *Ensueños* de Pedro Castera». Se trata de una réplica a Heberto Rodríguez, quien afirmaba la existencia de copias en el poemario *Ensueños* (1875) del escritor mexicano Castera (1838–1906). Gutiérrez Nájera respondía que aun registrando "los empolvados arsenales de mi memoria, no encuentro un solo poeta cuyos cantos se copien y reflejen en los *Ensueños* de Castera"; en seguida preguntaba si acaso el modelo copiado era el poeta alemán Heine (1797–1856), y afirmaba: "Pero Heine es la duda, el escepticismo, la sátira personificada. Sus cantos son gotas desprendidas del océano de hiel que en su pecho se agitaba. No se puede leer a Heine sin que el espíritu herido prorrumpa en un lamento. Aquella cadena de sarcasmos horroriza"; y añadía una comparación: "Pedro Castera no pulsa el puñal acerado de la duda; no se ríe con la risa irónica del escéptico; no azota con el látigo terrible del sarcasmo; Pedro Castera, no es, pues, ni por un solo momento comparable con el terrible poeta de Alemania" (1995: 168).

El 16 de junio de 1895, Gutiérrez Nájera dedicó un artículo a Luis Urbina (1868-1934), en la *Revista Azul*, que dirigía. En ese texto titulado «Luis G. Urbina» se refirió a la poesía de su tiempo con estos términos: "Difícil es salvarse de este pesimismo ambiente en que vive la moderna poesía. La ciencia, a pesar de haberse embellecido tanto, no ha determinado aún su fórmula poética"; y más adelante agregaba: "La misma poesía materialista es tal poesía sólo en cuanto se acoge a la naturaleza y la describe: es poesía por el panteísmo inconsciente que traduce en bella forma. Pero la poesía moderna, la gran poesía, o es creyente como la de Hugo, o escultural y fría como la de Leconte de Lisle o pesimista" (1995: 437). El poeta mexicano claramente se refiere a tres estilos poéticos de su tiempo: romanticismo, parnasianismo que se oponía al primero, y al tercero que lo definía pesimista.

Por otra parte, reconocía una cuarta corriente, el naturalismo, al que prefería llamarlo «materialista». Así lo hizo en el artículo publicado el 13 de mayo de 1894 en *El Universal* sobre la comedia *La última campaña*, de Federico Gamboa (1864-1939), representante del naturalismo en México. Gutiérrez Nájera escribió que en la representación teatral de esa obra no vio personajes "perdidos y perdidas" sino "muy buenas gentes, todas muy simpáticas"; por el contrario, vio: "Suelta y franca naturalidad, en vez de lo que se encaprichan en llamar naturalismo los que por tal entienden lo nauseabundo y pornográfico sin arte y sin tendencia" (1995: 527).

2.2 Arte moderno y arte materialista

De este modo, Gutiérrez Nájera se enfrentaba a las corrientes naturalistas, contemporáneas al modernismo, que ofrecían según el poeta una modalidad materialista. Ciertamente, el naturalismo, al limitar sus representaciones al aspecto material de la realidad, prescindiendo de sus posibles cualidades esenciales, no dejaba de reflejar el pensamiento de las corrientes positivistas que tuvieron notable influencia en los países hispanoamericanas en la segunda mitad del siglo XIX. Esa influencia se convirtió en un nuevo dogmatismo rechazado por el poeta mexicano. En su artículo «El arte y el materialismo», texto extenso publicado en varias ediciones de *El Correo Germánico*, en agosto y septiembre de 1876, se refirió a una modalidad de arte de sus días incapaz de poder alzar vuelo, "sujetas sus alas por la férrea cadena de la esclavitud, anhelando en vano sacudir su yugo y lanzarse en pos de las regiones de la luz y de la vida, mancha la blancura nítida de sus alas con el cieno de la tierra, y contemplando sólo los repugnantes cuadros que el mundo le presenta, cae en la profunda y tenebrosa sima del más terrible materialismo" (1995: 53). Más adelante reiteraba el estado de ese "arte esclavizado ... obligado a mirar siempre la tierra" y añadía: "esa es la materialización del arte, y la deificación de la materia. Y esto es lo que combatimos y combatiremos siempre"; explicaba que mientras el "idealismo rebaja la materia para engrandecer el espíritu; el materialismo rebaja el espíritu para engrandecer la materia. Parece imposible que haya hombres sensatos que opten por este último término" (1995: 58). La reflexión de este modernista se orientaba por un pensamiento estético pues consideraba que la finalidad del arte es "la consecución de lo bello, y que éste no puede encontrarse en el orden de la materia sino en el del espíritu" (1995: 58). Gutiérrez Nájera define con notable acierto el carácter de la experiencia estética, que es sobre todo subjetiva y no real. Pero, de la estética de la modernidad nos ocuparemos en el capítulo IV de esta exposición.

Con ese enfrentamiento del «idealismo y lo físico», o de «espíritu y materia», el escritor mexicano se refería al positivismo de su tiempo, cuya doctrina estaba interesada en los aspectos somáticos de la realidad natural observados desde una perspectiva científica. Esta doctrina influyó en el arte y la literatura naturalistas cuyo fin era la verdad mediante la experimentación como método y siguiendo los planteamientos del escritor francés Émile Zola (1840-1902), considerado el iniciador del naturalismo.

El pensamiento positivista ha sido explicado por el filósofo polaco e historiador de las ideas Leszek Kołakowski (1927-2009), en *La filosofía positivista. Ciencia y filosofía* (Madrid, 1988). Afirmaba que, a diferencia de las doctrinas metafísicas tradicionales que suponían los fenómenos y objetos físicos percibidos; existían otros "modos de manifestación de una realidad que no puede revelarse directamente al conocimiento ordinario. Esta suposición justificaba el uso de palabras como «sustancia», «forma sustancial», «cualidad oculta», etc."; y agregaba con énfasis: "El positivismo recomienda el rechazo de estas distinciones que inducen a error" (1988: 15).

Las formas que no se revelan ante la percepción («esencias» o «substancias») se deben a los límites del conocimiento que no pueden ser excedidos. Cualquier intento de avance se reduce a especulaciones filosóficas. Kołakowski continúa con su explicación: "Los materialistas y los espiritualistas riñen sobre palabras, porque los unos y los otros suponen injustamente que entienden algo que es imposible entender. Los progresos del saber nos conducen constantemente ante un muro detrás del cual hay algo, pero ignoramos qué"; luego reitera: "Los argumentos de los materialistas y de los espiritualistas son equivalentes: los unos saben que los hechos de conciencia pueden ser descritos como movimientos mecánicos; los segundos saben que las manifestaciones de la materia son sólo accesibles en forma de hechos de conciencia" (1988: 117). También señala que, en el positivismo del último cuarto del siglo XIX, se observa en el pensamiento científico "una «vuelta a la naturaleza» es decir, una vuelta a una «visión natural» del mundo oscurecida por los prejuicios aceptados sin espíritu crítico y acumulados en la ciencia durante siglos" (1988: 129).

En lo que concierne a la literatura occidental, en el mismo periodo se puede advertir un giro hacia los datos empíricos, reales y concreto, eludiendo tendencias metafísicas, idealizadoras o subjetivas; una modalidad que pretendía superar no solamente el romanticismo de principios del siglo XIX, sino también exceder al realismo que apareció después. El escritor francés Émile Zola, admirador de su compatriota médico, biólogo teórico Claude Bernard (1813–1878), fundador de la «medicina experimental», propuso una literatura originada en la experiencia empírica que dio lugar a la corriente del «naturalismo». En su artículo «La novela experimental», (*Le Roman expérimental*, 1880), Zola proponía un "método experimental" para la novela y el drama, por lo cual exhortaba a recrear la realidad natural. Escribió: "El retorno a la naturaleza, la evolución naturalista que arrastra consigo el siglo, empuja poco a poco todas las manifestaciones de la inteligencia humana hacia una misma vía científica"; más aún, señalaba que esa literatura debía ser "determinada por la ciencia" (2002: 41).[12] También explicaba su noción del "método experimental" y decía: "toda la operación consiste en tomar los hechos en la naturaleza, después en estudiar los mecanismos de los hechos, actuando sobre ellos mediante las modificaciones de circunstancias y de ambientes sin apartarse nunca de las leyes de la naturaleza"; al cabo de ese proceso se encontraría "el conocimiento del hombre, el conocimiento científico en su acción individual y social"; y concluía: "Es innegable que la novela naturalista, tal como la comprendemos en este momento, es una experiencia auténtica que el novelista hace sobre el hombre, ayudándose con la observación" (2002: 48-49).

El filósofo francés Raymond Bayer (1898-1959), autor de *Historia de la estética* (México, 1974) señaló que el naturalismo, en cierto modo es reacción contra el romanticismo surgido en el siglo XIX. Añadió que su carácter nuevo fue "el predominio de la ciencia. Los escritores abandonan el ideal de la belleza para dedicarse a buscar el método de las ciencias, de la filosofía y de la historia"; y que en la poesía "tiende a ser intelectual y se hace menos personal" (1974: 296).

Por su parte, el filósofo italiano Sergio Givone (1944) en su *Historia de la estética* (Madrid, 1990) hizo una comparación entre dos tipos de escritores coetáneos en la segunda mitad del siglo XIX: naturalistas y simbolistas. Escribió que los primeros "dirigen la intención desenmascaradora y reveladora de la literatura a las «cosas mismas», a la vida tal y como es, a la existencia en toda su desnudez y crudeza"; por otra parte, los simbolistas, al contrario, sustraen la pura forma literaria de las mezclas ilícitas con lo viviente y encuentran allí, "en la forma, el sentido-por-sí mismo, el sentido de la obra, el sentido que vive con vida propia"; y en conclusión: "tanto unos como otros se reconocen en la afirmación de que el arte alcanza lo que de otro modo sería inaprehensible" (1990: 101). Proporciona otra importante información que dice: "Del horizonte del positivismo surge una disciplina filosófica—la sociología del arte—que se opone declaradamente al romanticismo y que, al mismo tiempo, toma de él la idea de que el arte refleja y reve-

---

12   La cita corresponde a Zola, *El naturalismo*. Ed. L. Bonet. Barcelona, 2002.

la eso que para los románticos era el «espíritu del tiempo» y que los positivistas llaman el «contexto histórico»"; escribe además que "el positivismo no sólo no comparte sino que de hecho critica la concepción del arte que las nuevas tendencias artísticas estaban imponiendo"; y respecto a la «experiencia» sobre la cual el romanticismo "afianzaba su primado", el positivismo "tiende a considerarla un simple efecto o, en todo caso, el espejo de la realidad" (1990: 101–102).

Por lo expuesto hasta aquí, se puede comprender mejor la actitud de Gutiérrez Nájera respecto a las corrientes naturalistas del arte y de la literatura bajo el influjo positivista. Para este joven escritor, esa doctrina obligaba a una expresión artística alejada de la espiritualidad y del idealismo. Su reflexión al respecto constituye el ensayo ya citado «El arte y el materialismo». Sin embargo, la historia del arte ha mostrado que el espíritu moderno se caracteriza por su aceptación de ciertos principios de la «Ilustración» o del «Iluminismo» del siglo XVIII respecto al rechazo de la sujeción tradicional de ser humano a dogmas metafísicos y sobrenaturales. Kołakowski señaló que "la Ilustración poseía su propio positivismo", y lo explicó con los siguientes términos: "El positivismo de las Luces fue una tentativa por situar al hombre en su medio biológico y social natural, una tentativa por hacer a todos los hombres iguales a través de la teoría sensualista del conocimiento" (1988: 61). Y que esa "voluntad de volver a lo natural, de limpiar la experiencia de todas sus «excrecencias» superfluas, emparenta la filosofía empiriocriticista al espíritu de las ideologías modernistas, que se separan de los ideales de la racionalización del mundo y tienden a encontrar de nuevo el lugar natural del hombre en el mundo" (1988: 129).

Los modernistas hispanoamericanos, en su busca de una nueva visión del mundo, se enfrentaron precisamente con proposiciones positivistas tan extremas como los dogmas medievales, lo cual no dejó de incrementar su incertidumbre. Positivista extremo fue el francés Auguste Comte (1798–1857). Kołakowski lo señaló y escribió: "Comte cae, a veces, en un dogmatismo extraordinariamente estrecho que le obliga a rechazar disciplinas enteras del saber existente o en proceso de creación, porque las acusa de ser fundamentalmente inútiles o «metafísicas»" (1988: 71).

No obstante, el pensamiento de Comte llegó a México mediante uno de los principales mexicanos positivistas, Gabino Barreda (1818–1881), médico y filósofo, que entre 1848 y 1851 residió en París, conoció a Comte, cuya filosofía asumió y la trasplantó en su país. Otro ensayista mexicano, Antonio Caso (1883–1946) escribió de Barreda: "Era nuestro mesías positivista" que iba a "instaurar sobre la ciencia el progreso de México"; también anotó: "Ni teología católica, fundamento del régimen colonial español, ni metafísica jacobina, inspiradora de revoluciones interminables, sino ciencia, ciencia positiva, hechos explicados por hechos más generales, síntesis harmoniosas de fenómenos naturales indiscutibles: tal sería el alimento espiritual de las nuevas generaciones de la República" (1915: 320–321). Dijo asimismo que la filosofía de Comte "implicaba una nueva fe: la Religión de la Humanidad;" … "y con ella como Biblia sagrada, se emprendería el magno esfuerzo" (1915: 322).[13] Por su parte, Leopoldo Zea (1912–2004), otro pensador mexicano, escribió que la doctrina de Comte "es un nuevo poder espiritual, una vez que ha sido descartada la iglesia católica. Un poder espiritual que guíe al estado, que oriente a la sociedad, al poder material" (1944: 11).[14]

En la región sudamericana, el crítico e historiador uruguayo Alberto Zum Felde (1889–1976), en su *Proceso intelectual del Uruguay* (tomo 2, Montevideo, 1930), se ocupó de la confluencia del modernismo y del positivismo en el pensamiento y las letras de su país. El primer tema que discute en el segundo volumen titula «El Positivismo y el Modernismo». Reconoce asimismo en la obra de su compatriota José Enrique Rodó (1871–1917), especialmente en *Ariel* (1900), una reacción y rechazo similar al que Gutiérrez Nájera manifestó en sus artículos sobre «El arte y el materialismo». Zum Felde, reconoció en el Uruguay de finales del siglo decimonónico la presencia de la psicología y la estética "propias del decadentismo finisecular", pero aclaró que obraron en un pequeño núcleo. Escribió: "Así como fue vasto, y casi general entre la intelectualidad uruguaya el influjo del Positivismo filo-

---

13   Las citas corresponden a Antonio Caso, *Filósofos y doctrinas morales*. México, 1915.

14   La cita corresponde a Leopoldo Zea, *Apogeo y decadencia del positivismo en México*. (México, 1944).

sófico y del Realismo literario, fue reducido y de penetración más lenta y difícil el influjo modernista"; y reiteró que el "ambiente intelectual montevideano, muy saludable y de mucho nervio cívico todavía, sólo después del 900 se mostró propicio al cultivo del bacilo decadente" (1930: 25).

Conviene aclarar que con el término «modernista», el crítico uruguayo se refiere a las corrientes literarias francesas de ese momento. Afirma: "El *modernismo* que hacia el 95 nos llegó de Europa,—o por mejor decir, de Francia—era un estado un tanto mórbido de la cultura occidental, que, aquí en el Plata, no respondía a ningún factor interno, a ninguna experiencia propia, siendo por tanto, como mero reflejo, el lujo intelectual de una minoría" (1930 26; cursivas propias). También afirmó que la *Revista Nacional*, de su país, que fue "índice del estado intelectual de aquel último lustro del Ochocientos", no presenta, "mayores síntomas de modernismos, ni literarios ni ideológicos. Sólo se percibe, a través de ella, el vasto influjo del positivismo realista, en la literatura y en las ciencias sociales"; explicó que esa revista, "dado su programa ecléctico, no responde en su dirección a tendencias determinadas. Algunas producciones poéticas, dentro de las nuevas modalidades, aparecen en ella firmadas por escritores extranjeros: Rubén Darío, Leopoldo Díaz, Jaimes Freyre, Lugones; ninguna por uruguayos" (1930: 27). Valora también la índole "puramente espiritual, aunque necesariamente relacionado con la época" del libro *Ariel*, de Rodó, que "aportó, a su manera, un elemento de idealidad moral y estética,—al frío y seco positivismo científico de la hora"; y concluye: "La Hora histórica del Espíritu era, en efecto, para América, de puro positivismo. Nada había sino ruinas o sombras, fuera de la ciencia experimental y de las teorías que pretendían formular un concepto científico del mundo" (1930: 92).

Todavía a principios del siglo XXI, el escritor cubano Pablo Guadarrama (1949), en su amplio estudio que abarca a la región, *Positivismo y antipositivismo en América Latina* (La Habana, 2004), escribió que el positivismo "fue la filosofía que mayor significación tuvo en la segunda mitad del siglo XIX latinoamericano. Sus repercusiones se dejaron sentir de modo diferente en los distintos países de la región hasta los primeros años del siglo XX"; más aún: "Esta fue la filosofía que mayor impacto tuvo en distintas esferas de la vida filosófica, científica, educativa, política, jurídica, artística e incluso religiosa"; y reiteró con énfasis: "Repercutió de un modo *sui géneris* prácticamente en todos los espacios del mundo espiritual latinoamericano de la época" (2004: 7; cursivas propias). Informó además que la filosofía positivista "se pone de moda a mediados del siglo XIX, y su influencia llega con rapidez a América, tanto a los Estados Unidos como a los países del sur del continente" (2004: 9). Guadarrama ratifica que las transformaciones provocadas por el positivismo latinoamericano se dieron "en todos los planos: filosófico, político, ideológico, jurídico, artístico e impregnaron, prácticamente, toda la vida cultural latinoamericana de ese período que, para algunos, empezó a mediados del siglo XIX" (2004: 13).

2.3 Modernismo y ausencia de certeza

Una experiencia común expresada por los escritores del modernismo hispanoamericano fue el convencimiento de que la existencia empírica del ser humano acontecía entre una ineludible ausencia de certezas respecto al conocimiento del mundo, y del ser humano, más allá de las formas sensibles y fenoménicas. Esa experiencia, además, implicaba no poder referir lingüísticamente y representar con certidumbre, por el lenguaje, la realidad inmanente del mundo percibido. Si bien era posible aprehender por los sentidos humanos los aspectos aparentes de las cosas, se desconocía sus esencias de índole inmaterial, porque no siendo existencias físicas su percepción era imposible, tanto como sus referentes y su figuración. Esta manera de pensar no era propiamente modernista, puesto que correspondía al saber impuesto por la ciencia precedente.

El crítico español Juan Valera, como se sabe, escribió dos cartas a Rubén Darío tras la lectura del libro *Azul...* (1888), fechadas el 22 y 29 de octubre de 1888, y recogidas en su libro *Cartas americanas. Primera Serie* (1889). Al concluir la primera, Valera se refería a las características de la "literatura de última moda", en la que incluía al libro de Darío. Señalaba y describía dos caracteres fundamentales: el primero: "Que se suprima a Dios o que no se le miente sino para insolentarse con Él ya con reniegos y maldiciones ya con burlas y sarcasmos"; el segundo: "Que en ese infinito tenebroso e incognoscible perciba la imaginación, así como en el éter, nebulosas o semilleros de astros, fragmentos y escombros de religiones muertas, con los cuales procura formar algo como ensayo de nuevas creencias y de renovadas mitologías"; en su conclusión referida a *Azul...* añadía: "Estos dos rasgos van impresos en su librito de usted. El pesimismo, como remate de toda descripción de lo que conocemos, y la poderosa y lozana producción de seres fantásticos, evocados o sacados de las tinieblas de lo incognoscible, donde vagan las ruinas de las destrozadas creencias y supersticiones vetustas" (1889: 224-225).

Valera percibía claramente la secularización del pensamiento de Darío, que implicaba un rechazo a la escolástica dogmática. Este rechazo fue común en los más brillantes modernistas hispanoamericanos. Claro está que el crítico español disentía de semejante cambio y ausencia de religiosidad en la literatura hispanoamericana. El testimonio de Valera, muy destacado en su tiempo, definía bien el pensamiento y el lenguaje de los escritores de la modernidad, que reveló en el lenguaje castellano una crisis de sentido.

Esa incertidumbre insostenible de los escritores hispanoamericanos de finales del siglo XIX fue el desenlace de dos procesos de rechazo de la tradición. El primero, repudio del colonialismo teocrático impuesto en el siglo XVI por las milicias y los predicadores del cristianismo español a través de la esclavitud. El segundo, la Ilustración europea del siglo XVIII, que en su impugnación de las creencias tradicionales debilitó mediante la razón la escolástica dogmática, y provocó en los hispanoamericanos su reafirmación no solo en las luchas por la independencia política de las naciones, sino también por la emancipación mental de la teocracia española. El razonamiento se impuso a la creencia, y el conocimiento empírico del mundo natural a las fábulas de un mundo sobrenatural y metafísico.

Gutiérrez Nájera, en un artículo dedicado a «Luis G. Urbina», escrito en 1890 y publicado en *La Revista Ilustrada*, de Nueva York, en enero de 1891[15], expone la dificultad de superar el ambiente de pe-

---

15 Véase Vernon A. Chamberlin and Ivan A. Schulman, *La Revista Ilustrada de Nueva York*. History, anthology, and Index of literary selections. University of Missouri Press, Columbia, 1976; p. 21.

simismo en que vivió la poesía moderna. Escribió que la ciencia, "a pesar de haberse embellecido tanto, no ha determinado aún su fórmula poética"; y que las "tentativas de poesía científica, realizadas por Sully Prudhomme, han sido estériles y viven por la enérgica vitalidad que el talento del autor supo infundirles, por sus cualidades literarias, no por el fondo científico en que se arraigan"; por otra parte, afirmó que la "filosofía experimental tampoco ha producido poetas: es una interrogación que no puede cerrarse... una interrogación sin consonante"; y respecto a lo que denominó «poesía materialista» escribió: "es tal poesía sólo en cuanto se acoge a la naturaleza y la describe: es poesía por el panteísmo inconsciente que traduce en bella forma. Pero la poesía moderna, la gran poesía, o es creyente como la de Hugo, o escultural y fría como la de Leconte de Lisle o pesimista" (1995: 437).[16]

Isaac Goldberg, en su enfoque de los escritos de Gutiérrez Nájera y uno de sus pseudónimos, El Duque Job, dijo que éste es "al mismo tiempo, un hombre que sufre, no con la paciencia implícita en el nombre bíblico, sino con todas las torturas de un alma moderna anegada en un mar de dudas" (1922: 39). Define al poeta "hombre sumido en el vórtice de la duda moderna"; y a su espíritu como alma "inquieta, destrozada por la duda, presa de un vicio dominante, que destilaba su ansia de saber en melodiosa belleza—espíritu vagabundo cogido entre un mundo que se desvanecía y una era naciente" (1922: 44). Agregó el siguiente comentario: "Hasta el pesimismo puede ser embellecido merced a los símbolos con que se nos presenta, convirtiéndose así, a pesar suyo, en fuente de vida e inspiración. Tal es la expresión de la duda de Gutiérrez Nájera" (1922: 48). En otras páginas, y respecto a Rubén Darío, escribió: "El pesimismo del poeta alcanza a veces tales profundidades que hasta llega a dudar de si la vida vale la pena de vivirla" (1922: 190). Ya hemos señalado los rasgos psicológicos que Blanco-Fombona reconoce en su libro *El modernismo y los poetas modernistas* (1929): pesimismo, refinamiento verbal, exaltación de la sensibilidad, espíritu rebelde, desafío tácito... (1929: 27-28).

---

16 Esta cita corresponde a la reedición del artículo «Luis G. Urbina» en Gutiérrez Nájera, *Obras I. Crítica literaria, ideas y temas literarios, literatura mexicana*. México: Universidad Nacional Autónoma de México, 1995.

Ahora bien; además de la duda y crisis de sentido frente a la cosmovisión postulada por la tradición escolástica referente al mundo natural y otro supuestamente sobrenatural y metafísico, los poetas modernistas reconocían también lo que ya definimos como la «*falibilidad de la poesía*», ardua tarea por desentrañar lo indescifrable mediante el lenguaje.[17] En ese afán el poeta era presa del desaliento al no alcanzar la palabra que exprese, a un tiempo y en estricta correspondencia, la expresión y la inmanencia de las cosas. Convencido de este principio poético, Rubén Darío escribió, con una mezcla de certidumbre respecto a esta falibilidad y frustración a la vez, el último soneto de sus *Prosas profanas y otros poemas* (1896), cuyo primer verso manifiesta: «Yo persigo una forma que no encuentra mi estilo, / botón de pensamiento que busca ser la rosa». Refería la dificultad de acertar con la expresión precisa para reconocer el mundo desde su propia experiencia. Ese poema que testimonia semejante fracaso expresó el auténtico conflicto de la expresión que busca la relación del signo y su referente. El botón de la flor a punto de abrirse halla su frustración; capta a un tiempo la inminencia de realización y su fracaso. No puede ser más auténtica esta crisis para el pensamiento de Darío. Vamos a ocuparnos de ese tema en la siguiente sección.

2.4 Realidad mundana y crisis de sentido

Este problema fue estudiado, desde la filosofía, por el pensador y sociólogo alemán Ernst Cassirer en su *Filosofía de la Ilustración*. Se trata de conjuntar la naturaleza y el conocimiento; es decir—escribe—: "colocar la naturaleza y el conocimiento en sí mismos y de explicarlos por sus propias condiciones. Es menester evitar en ambos casos el recurso a un supramundo"; esto es evitar toda referencia a una metafísica religiosa, puesto que entre "conocimiento y realidad, entre sujeto y objeto no debe mezclarse ninguna instancia extraña. El problema debe ser puesto sobre el terreno de la experiencia y resuelto en él" (1972: 117). Cassirer se refería al curso de la secularización impulsado por el pensamiento racional frente al pensamiento mitológico-religioso. Escribió que el

---

17 Véase Rivera-Rodas, *La poesía hispanoamericana del siglo XIX. Del romanticismo al modernismo.* (Madrid. Alhambra, 1988, p. 263)

proceso de secularización del pensamiento, "que representa la tarea esencial de la filosofía de la Ilustración, comienza en este punto y con especial intensidad. No es posible resolver el problema lógico y gnoseológico de la relación del conocimiento con su objeto recurriendo a motivos religiosos y metafísicos, que no harán más que oscurecerlo" (1972: 118).

A diferencia de las ciencias naturales que recibirán un impulso para su desarrollo desde la Ilustración, en las artes y la literatura, la invalidación de las corrientes religiosas para el conocimiento de la realidad mundana provocó ciertamente una crisis de sentido, que implicaba la ausencia de parámetros para el entendimiento del mundo. El rechazo de la extensa tradición de creencias religiosas condujo a los poetas modernistas a la busca de certezas mediante un complejo proceso inestable de conjeturas, dudas, incertidumbres, desconfianza. Entonces, la secularidad derivó en incertidumbre: una ausencia radical de certeza.

El sociólogo inglés y destacado teórico contemporáneo Anthony Giddens (1938), en su obra dedicada a la *Modernidad e identidad del yo* (Barcelona, 1995), precisó que la modernidad "es un orden postradicional en el que, no obstante, la seguridad de tradiciones y costumbres no ha sido sustituida por la certidumbre del conocimiento racional"; de ahí que la duda sea "un rasgo que impregna la razón crítica moderna, penetra en la vida de cada día y en la conciencia filosófica y constituye un aspecto existencial del mundo social contemporáneo"; más aún, agregó: "La modernidad institucionaliza el principio de la duda radical y recalca que todo conocimiento adopta la forma de hipótesis, de afirmaciones que pueden muy bien ser ciertas, pero que en principio son siempre susceptibles de revisión y pueden ser abandonadas en algún momento" (1995: 11).

Sobre la base de esa duda radical, mutación del conocimiento en opinión, que, además, puede ser analizada y reexaminada, es decir, sobre esta ausencia de certeza, Giddens introdujo el concepto de «experiencia secuestrada», que lo define con los términos siguientes: "Este fenómeno está directamente ligado al carácter internamente referencial de la vida social y el yo. Con la maduración de la modernidad, los sistemas abstractos tienen un peso cada vez más omnipresente en la coordinación de los diversos ámbitos de la vida diaria" (1995: 191).

También señala los efectos de este fenómeno sobre los ámbitos específicos de la moral y la estética, y escribe: "El secuestro de la experiencia es en parte el resultado impuesto de una cultura en la que, según se cree, los campos de la moral y la estética han de quedar suprimidos por la expansión del conocimiento técnico" (1995: 210).

Por su parte, el teólogo y sociólogo austriaco Peter Ludwig Berger (1929-2017) y el sociólogo alemán Thomas Luckmann (1927-2016), en el libro que publicaron con el título *Modernidad, pluralismo y crisis de sentido. La orientación del hombre moderno* (Alemania, 1995), explican la ausencia de certeza del tiempo que nos ocupa como una pérdida de sentido que se inició con la Ilustración y los movimientos posteriores que se empeñaron en "un nuevo orden basado en la libertad y la razón" (1997: 70). Este nuevo orden dio lugar, a su turno, a un pluralismo de pensamiento y modalidades de existir, que es asimismo una «crisis de sentido». Explican que "la tolerancia es considerada como la virtud «ilustrada» por excelencia, ya que sólo gracias a ella los individuos y las comunidades pueden vivir unos junto a otros, establecer relaciones mutuas y, al mismo tiempo, orientar su existencia hacia valores diferentes"; sin embargo, agregan: "Esta forma moderna de pluralismo constituye, no obstante, la condición básica para la proliferación de crisis subjetivas e intersubjetivas de sentido" (1997: 61). Y adelante reiteran: "El factor más importante en la generación de crisis de sentido en la sociedad y en la vida de los individuos tal vez no sea el secularismo supuestamente moderno, sino el pluralismo moderno. La modernidad entraña un aumento cuantitativo y cualitativo de la pluralización" (1997: 74).

Así como Giddens denomina «experiencia secuestrada» a los efectos de la ausencia de certeza en el conocimiento, Berger y Luckmann los refieren con los términos de «pluralismo y crisis de sentido». Escriben: "El pluralismo moderno socava ese «conocimiento» dado por supuesto. El mundo, la sociedad, la vida y la identidad personal son cada vez más problematizados. Pueden ser objeto de múltiples interpretaciones y cada interpretación define sus propias perspectivas de acción posible"; y agregan: "Ninguna interpretación, ninguna gama de posibles acciones puede ya ser aceptada como única, verdadera e incuestionablemente adecuada"; en tales circunstancias, "a los individuos les asalta a menudo la duda de si acaso no deberían haber vivido su vida de una manera absolutamente distinta a como lo han hecho hasta ahora" (1997: 80).

Un factor más debe ser considerado, que, aunque propio de la época tuvo consecuencias especialmente complejas en las décadas finales del siglo XIX, tiempo en que se origina la modernidad estética hispanoamericana. El sociólogo Giddens se ocupó del mismo, implícito en el fenómeno que denominó «secuestro de la experiencia»: ese factor fue el positivismo. Escribió: "El pensamiento positivista se ha convertido, de una u otra forma, en un hilo conductor fundamental de la reflexividad moderna. El positivismo intenta suprimir los juicios morales y los criterios estéticos en los procesos de transformación que ayuda a poner en marcha y que también interpreta y analiza" (1995: 199).

El filósofo mexicano Leopoldo Zea, que ha dedicado varios volúmenes al estudio del positivismo en México y Latinoamérica, destacó las dos ideologías que provocaron grandes conflictos en el pensar de la región y que afectaron fundamentalmente al momento histórico que revisamos. En su libro *Dos etapas del pensamiento en Hispanoamérica. Del romanticismo al positivismo*, escribió: "Después de la escolástica ninguna otra corriente filosófica ha llegado a tener en Hispanoamérica la importancia que tuvo el positivismo" (1949: 43). Mediante la escolástica, la invasión española del tiempo de los reyes católicos impuso la esclavitud mediante el cristianismo. Iniciada la Independencia política de la región, varias corrientes filosóficas fueron importadas para romper el cerco mental dentro del encierro, aunque después no lograron mayor importancia. En cambio, escribe Zea, "el positivismo pretendió ser algo más: la doctrina filosófica que reemplazaría a la escolástica"; y reitera: "La filosofía positiva trató de ser, en nuestra América independiente, lo que la escolástica había sido en la colonial: un instrumento de orden mental. Quienes enarbolaron esta doctrina trataron de realizar algo que no había sido posible hasta entonces a pesar de la emancipación política: la emancipación mental" (1949: 44).

En México, el humanista e historiador mexicano José María Vigil (1829–1909), fue un crítico del positivismo, fundó en 1882 la *Revista Filosófica*, en momentos en que se enfrentaban diversos pensamientos. Ahí publicó su artículo "La anarquía positivista", en el que afirmó de esta doctrina: "lejos de producir resultados *positivos,* no puede engendrar más que lo que estamos viendo: una anarquía intelectual que deja la puerta abierta al ateísmo, al escepticismo, al materialismo, a todos los sistemas negativos que representan el estado patológico de la filosofía" (1882: 58; cursivas propias).

Pablo Guadarrama reiteró que no se puede desconocer la presencia del positivismo en el contexto histórico latinoamericano del siglo XIX, porque "resulta imposible prescindir del análisis de la huella de esta corriente filosófica en la vida cultural latinoamericana de esa época, del mismo modo que no se puede ignorar el papel de la escolástica en los siglos precedentes" (2004: 1). Explicó que esta filosofía tuvo especial significación "en la segunda mitad del siglo XIX latinoamericano. Sus repercusiones se dejaron sentir de modo diferente en los distintos países de la región hasta los primeros años del siglo XX. Esta fue la filosofía que mayor impacto tuvo en distintas esferas de la vida filosófica, científica, educativa, política, jurídica, artística e incluso religiosa" (2004: 7). Señaló, asimismo, que "el positivismo no llega solo por la vía filosófica. Abarcó todas las esferas de la vida, además la política, la educación, la literatura, la historia, el derecho y otras muchas manifestaciones de la vida cultural" (2004: 51). Respecto al positivismo en México, Guadarrama señaló que sus "insuficiencias y errores motivaron la reacción antipositivista de los discípulos de Justo Sierra, como José Vasconcelos, Antonio Caso o el dominicano Pedro Henríquez Ureña, agrupados en el llamado «Ateneo de la Juventud», a principios de la primera década del siglo XX"; y agregó que si bien estos fueron primero positivistas, "poco a poco, con la influencia del mismo Justo Sierra, se dedicaron a estudiar a Nietzsche, a Henry Bergson, así como a conocer las obras filosóficas que se producían en América Latina, incluida la de ellos mismos" (2004: 56–57).

Al cabo de las reflexiones filosóficas expuestas hasta aquí, resulta cada vez más claro el ambiente cotidiano de duda e incertidumbre registrado en la obra de los escritores de la modernidad hispanoamericana. Más aún, resulta innegable la perspicacia de Gutiérrez Nájera, enfrentado desde muy joven a una incertidumbre metafísica. A sus 17 años confrontaba polémicas provocadas por positivistas, como lo vimos en su artículo titulado "El arte y el materialismo" (1876).

Podemos concluir que la incertidumbre fue consecuencia de la secularidad. La nueva percepción mundana y temporal vislumbrada a finales del siglo XIX, no fue solamente percibida por filósofos y pensadores sino por personas dedicadas al lenguaje, entre ellas los poetas modernistas hispanoamericanos. Esto lo subrayó Giddens, que advirtió: "La relación plena entre modernidad y duda radical es una cuestión que, una vez expuesta, no sólo supone un trastorno para los filósofos, sino que es *existencialmente turbadora* para el individuo común" (1995: 34; cursivas propias). Su evaluación del racionalismo del siglo XVIII es clara y evidente. Escribió: "el proyecto de la Ilustración de sustituir la tradición arbitraria y las pretensiones especulativas de conocimiento por la certeza de la razón acabó en un completo fracaso. La reflexividad de la modernidad no actúa en condiciones de certeza progresiva sino de duda metódica"; la incertidumbre disponía únicamente de contingencias; Giddens agrega: "Las autoridades más fiables sólo son fiables «hasta nuevo aviso»; y los sistemas abstractos que impregnan en tan considerable proporción la vida diaria, más que ofrecer guías o recetas de acción fijas, proporcionan una multiplicidad de posibilidades" (1995: 109).

Ya vimos que el crítico español Valera, en sus cartas a Rubén Darío tras la lectura del libro *Azul...* (1888), incluyó a los modernistas entre la "literatura de última moda", "que suprime a Dios o que no se le mencione", y que la imaginación era un "éter nebuloso con fragmentos y escombros de religiones muertas" (1889: 224–225). Valera percibió, aunque dolorosamente, la secularización del pensamiento de Darío y los modernistas hispanoamericanos.

Esa incertidumbre de finales del siglo XIX fue el desenlace de dos procesos de rechazo de la tradición. El primero, ya lo señalamos: repudio del colonialismo teocrático impuesto en el siglo XVI. El segundo, la Ilustración del siglo XVIII, que en su impugnación de las creencias religiosas tradicionales debilitó el dogmatismo, y reforzó las luchas por la independencia política de las naciones hispanoamericanas. El razonamiento se impuso a la creencia.

2.5 Cielos vacíos y orfandad humana

El 19 de octubre de 1880, Gutiérrez Nájera publicó en *El Nacional*, de México, el relato "Los suicidios", en el que retoma el motivo de la ausencia de dios, o el vacío del cielo cristiano.[18] Ya no se trata de una experiencia individual, sino colectiva, padecida por "los terrores de la duda", que a su vez los simboliza con el pavor del "moderno Hamlet" (1883: 129). En efecto, el narrador manifiesta que los suicidios no eran actos aislados sino una epidemia: una peste ocasionada por el dolor, la duda y el escepticismo. Con esta comparación, señala la causa de "los suicidios" (en plural), título de la primera versión del texto de 1880, que corresponde a los *Cuentos frágiles* (1883). El narrador observa una grave crisis en las creencias de la tradición teocrática impuesta por la corona española y el Vaticano en los pueblos de América Latina y el Caribe.[19] Las consecuencias de ese pasado repercutían en la razón crítica de los escritores hispanoamericanos, que asimismo rechazaban atropellos similares en su región de otros países europeos. La reflexión y sensibilidad de Gutiérrez Nájera advirtieron claramente ese cambio en el juicio y la racionalidad regional de su tiempo. El texto de 1880, es decir, la primera versión de "Los suicidios", anunciaba sin saberlo la modernidad propia de Hispanoamérica, que ha sido ratificada después por los grandes escritores del modernismo.[20]

---

18   Cito el relato de la edición de *Cuentos frágiles* (1883: pp. 127–133); aparece también en la edición de *Obras. Prosa* I (1898: pp. 49–51). En la edición de 1958, *Cuentos completos y otras narraciones*, lleva el título cambiado por "Carta de un suicida". Gutiérrez Nájera empleó la versión de 1880 en su volumen de 1883.

19   Solo hay que recordar que los reyes católicos de España, apenas recibieron el informe de Cristobal Colon sobre su primer viaje de 1492, solicitaron en abril de 1493 la propiedad de los territorios de los que no tenían mucha noticia y que creían eran parte de la India; pedido que lo hicieron a su compatriota valenciano Rodrigo Borgia (1431–1503), que ocho meses antes, el 11 de agosto de 1492, había llegado, auxiliado por intrigas y corrupción, a la silla principal del Vaticano y la ocupaba con el apodo de Alejandro VI. De ese modo se imponía en los pueblos americanos la teocracia pontifical.

20   La versión de este texto incluida en el volumen de *Cuentos completos* (1958) no refiere el escepticismo de la época como «epidemia» que sí reconoce la versión empleada aquí. En cambio, dice: "La epidemia que ahora nos

El narrador—que como personaje es un periodista—decide publicar la carta de un suicida anónimo, que guardaba "en el más secreto cajón" de su bufete (1883: 129). El escrito había sido enviado por el suicida a un amigo confidente a quien lo nombra simplemente "Caballero". Refiere su desencanto por la pérdida de su creencia, con la cual había vivido dichoso, y "soportaba la vida" como un "camino de la muerte", tras el cual alcanzaría el cielo; compara su desengaño con el que pudo haber experimentado Colón si "después de haberse aventurado en el mar desconocido, le hubiera dicho la naturaleza: ¡América no existe!" (1883: 131). La carta apela al amigo y continúa: "Imagínese Ud. la rabia mía, cuando después de aceptar el sufrimiento, por ser éste el camino de los cielos, supe con espanto que el cielo era mentira" (1883: 131–2). Recuerda en estas circunstancias un relato del escritor alemán Richter: "¡Ay, recordé entonces a Juan Pablo Richter!".

Esta referencia, aunque esté en el interior de la ficción de "Los suicidas", obliga a detenernos brevemente para enfatizar que en 1880 Gutiérrez Nájera da testimonio de su conocimiento del novelista alemán Jean-Paul Richter (1763–1825), conocimiento logrado en su amplia lectura cosmopolita. Richter es uno de los primeros autores europeos que expone la idea de la «muerte o ausencia de dios», idea que se convertirá en un motivo recurrente en la obra del escritor mexicano (así como en la filosofía europea). La referencia a esa idea relacionada con el suicidio no dejaba de ser para Gutiérrez Nájera una necesidad de advertir y prevenir sobre las consecuencias del escepticismo y la incertidumbre que habían empezado a cundir en ese período de la modernidad hispanoamericana.

---

devora es más terrible aún que la que diezmaba a los infelices florentinos, cuando se publicó el desvergonzado libro de Bocaccio. El suicidio ya no es un hecho aislado: es una peste. No sé qué extraña concatenación, qué misteriosa complicidad liga estos crímenes; pero no vienen solos, el uno sigue al otro, se dan alcance, como si el suicidio fuera una enfermedad contagiosa, a modo de la fiebre. Precisa averiguar cuál es el Ganges que produce estos miasmas ponzoñosos", enunciados iniciales del segundo párrafo (1883: 128). Este discurso explica, por otra parte, que el autor haya preferido dar el título, en plural, de "Los suicidios".

La carta del suicida continúa su relato: tras enterarse con rabia y frustración que el cielo era mentira, el suicida recuerda también la descripción de Richter de un cementerio cubierto por sombras, donde se abrían las tumbas para dar paso a los espíritus errantes, mientras dormían los niños en sus sepulcros. En esas circunstancias, el relato de Gutiérrez Nájera refiere que se alzó Cristo en el tabernáculo, y continúa: "¿Hay Dios?—preguntaban los muertos. Y Cristo contestaba: ¡no! Los cielos están vacíos; en las profundidades de la tierra solo se oye la gota de lluvia, cayendo como una lágrima"; luego el narrador agrega: "Despertaron los niños, y alzando las manecitas exclamaron: —¡Jesús, Jesús!, ¿ya no tenemos padre? Y Cristo, cerrando sus exangües brazos, exclamó severo:—Hijos del siglo: vosotros y yo, ¡todos somos huérfanos!" (1883: 132).[21]

Aun considerando que dentro de la ficción de este relato la carta del suicida es un texto apócrifo, y fingidamente pertenece a un autor desconocido, no se puede dejar de reconocer que contiene la primera versión o traducción libre al castellano del «Sueño» de Richter. Por otra parte, también es necesario discernir entre las intenciones de la escritura o su traducción y los efectos pragmáticos causados sobre los lectores hispanoamericanos de su momento. Ambos, la intención y el efecto, corresponden al campo de la pragmática textual que se halla fuera de la ficción, en el plano de la realidad social. En cuanto a la intención de la escritura y traducción, ni a Richter ni a Gutiérrez Nájera les interesaba divulgar un pensamiento que contradecía la tradición cristiana; por el contrario, la determinación de ambos fue advertir y prevenir sobre las consecuencias sociales de un pensamiento que proponía la «ausencia o muerte de dios». El mismo Richter calificó de

---

21 El novelista alemán Richter fue en su juventud estudiante de teología, lo cual era muy común en la Alemania de ese tiempo; pero es reconocido también por su humor. Es probable que Gutiérrez Nájera leyó su relato en versión francesa bajo el título de "Un songe" (Un sueño) en la muy divulgada obra *De l'Allemagne*, de Mme. la Baronne de Staël Holstein, Seconde Édition, Paris: H. Nicolle, 1813, 3 vols., t. II, p. 336–340. Esta edición se realizó simultáneamente a la primera edición en inglés: "A Dream": *Germany*, Baroness Staël Holstein, Translated from the French. London: John Murray, 1813, 3 vols., t. II, p. 346–349.

"osada" su ficción, y se excusó con un claro reproche a las corrientes metafísicas de su época que elaboraban ideas y las aceptaban con tan escaso sentimiento como cuando también las rechazaban, convirtiéndolas en meros vocablos para el juego del intercambio, como coleccionistas avaros de monedas.

Por su parte, Gutiérrez Nájera tenía el propósito de evitar suicidios, como lo afirma en las versiones de 1880 y 1883: "No sé qué extraña concatenación, qué misteriosa complicidad liga estos crímenes; pero no vienen solos, el uno sigue al otro, se dan alcance, como si el suicidio fuera una enfermedad contagiosa, a modo de la fiebre" (1883: 128). Richter criticaba los sistemas filosóficos europeos que se habían lanzado a las abstracciones metafísicas, particularmente teológicas, mientras que la preocupación de Gutiérrez Nájera era evitar un serio problema social que él veía derivar de la pérdida de fe religiosa. El efecto de ambos relatos no podía mostrar las intenciones de sus autores, de ahí que su recepción fue muy diferente; el texto fue leído como se lee una noticia desconocida y no esperada: absoluto desconcierto ante una comunicación que hablaba de la ausencia o muerte de dios; una noticia que contrariaba creencias mantenidas por siglos por los discursos dogmáticos cristianos. El relato de Richter fue rechazado y acusado de "ateísmo" en su tiempo, como lo señaló la misma Staël Holstein (1813, II: 335).[22]

Como se ve, la intención de los discursos es muy diferente al efecto de estos. Y los dos escritores, el alemán y el mexicano, estaban muy conscientes de ello. Un mero cambio de representación en el sistema cristiano de creencias provocaba, para muchos lectores, su derrumbe. Ciertamente. De ahí que es oportuno recordar, en lo que respecta a la región hispanoamericana, que los discursos cristianos fueron los mismos que a partir del siglo XVI destruyeron otras creencias y que aún persisten en destruir otras religiones que existen en el mundo. El efecto del relato de Richter llegó a Hispanoamérica gracias a la lectura incansable, inconmensurable, cosmopolita e inteligente de Gutiérrez Nájera, en momentos en que surgía en la región un movimiento que

---

22 Staël Holstein cita un comentario de Bayle, quien habría opinado que el ateísmo del relato de Richter no protegía del "miedo a un eterno sufrimiento" (1813, I: 335)

objetaba la tradición a la que había sido sometida desde el siglo XVI. Surgía otra época: la *modernidad*, aunque a través del recurso cosmopolita que, a causa de su internacionalismo, desconocía la idea de patria y, sobre todo, de identidad.

2.6 Madre muda y padre desconocido

Otro modernista, el cubano José Martí (1853–1895) publicó en 1883, en la *Revista de Cuba* (La Habana), el artículo titulado «El poema del Niagara», a propósito de la composición poética denominada con el mismo nombre e incluida en el libro *Ritmos* (Nueva York, 1880) del poeta venezolano Juan Antonio Pérez Bonalde (1846–1892).

La lectura del «El poema del Niagara», del venezolano, tuvo un efecto pragmático de profunda reflexión en el escritor cubano. Tanto la extensión del artículo, como su estilo orientado por el flujo de la conciencia reflexiva, revelan la impresión honda provocada por esa lectura. Martí observaba sus propios días con profunda consternación: "¡Ruines tiempos, en que los sacerdotes no merecen ya la alabanza ni la veneración de los poetas, ni los poetas han comenzado todavía a ser sacerdotes!" (1919: 150).[23] Reflexionaba que "para mayor ejercicio de la razón, aparece en la naturaleza contradictorio todo lo que es lógico; por lo que viene a suceder que esta época de elaboración y transformación espléndidas" … "es para los poetas—hombres magnos—, por la confusión que el cambio de estados, fe y gobierno acarrea, época de tumulto y de dolores" (1919: 151). El escritor cubano calaba tanto en la secularización del pensamiento hispanoamericano de finales del siglo XIX como en su incertidumbre. Caracterizó con precisión los rasgos de ese pensamiento; más aún, caracterizó ese tiempo como una «época de tumulto y de dolores», a la cual se enfrentaba el raciocinio humano con dificultades ante la carencia de certezas y sentido comprensible. Afirmaba con énfasis: "Nadie tiene hoy su fe segura. Los mismos que lo creen, se engañan. Los mismos que escriben fe se muerden, acosados de hermosas fieras interiores, los puños con que escriben" (1901: 152). Su visión se amplía a la totalidad de los seres humanos de ese tiempo:

---

23 Cita de José Martí, *Páginas escogidas*. Introducción de Max Henríquez Ureña. Paris: Garnier Hermanos, 1919.

"Todos son soldados del ejército en marcha. A todos besó la misma maga. En todos está hirviendo la sangre nueva. Aunque se despedacen las entrañas, en su rincón más callado están airadas y hambrientas, la Intranquilidad, la Inseguridad, la Vaga Esperanza, la Visión Secreta" (1919: 152).

Martí orienta su estilo por el flujo de su conciencia y afirma que la posibilidad de elaborar un "nuevo estado social" no parece posible y "hace insegura la batalla por la existencia y más recios de cumplir los deberes diarios que, no hallando vías anchas, cambian a cada instante de forma y vía, agitados del susto que produce la probabilidad o vecindad de la miseria"; además, el espíritu se siente fragmentado, "partido", en "amores contradictorios e intranquilos"; y concluía: "no parece posible, en este desconcierto de la mente, en esta revuelta vida sin vía fija, carácter definido, ni término seguro" (1919: 153).

En semejante intranquilidad e inseguridad, Martí deposita su esperanza en las expectativas de renovación, que en este caso corresponde a la modernidad hispanoamericana, sobre la cual medita en la lectura de «El poema del Niagara». Sin embargo, esa actitud nueva o distinta implica una pérdida de sentido en la comprensión del mundo; apunta al abandono del sentido tradicional de entender la realidad en una doble construcción: una objetiva y cotidiana, y otra sobrenatural y metafísica e inexplicable, a la que debía someterse la primera. Obviamente, el desplome de las creencias medievales del pasado implicó el derrumbe de toda certeza en términos de sentido, capacidad de reconocer la realidad circundante, inmediata y única, y de relacionarse con ella.

Martí detiene su reflexión sobre el motivo de la soledad del ser humano y su relación única con la naturaleza, considerada por diversas culturas «madre», precisamente por el desamparo humano, y su necesidad de indagar ante la carencia de saber. Alude al mito del «árbol del conocimiento», o «árbol de la sabiduría» del bíblico y fabuloso Jardín del Edén, y agrega que en el poema está "el hombre, decidido a gustar todas las manzanas, a enjugar toda la savia del árbol del Paraíso y a trocar en hoguera confortante el fuego de que forjó Dios, en otro tiempo, la espada exterminadora"; también está "la naturaleza, madre de senos próvidos, esposa que jamás desama, oráculo que siempre responde, poeta de mil lenguas, maga que hace entender lo que no dice, consoladora que fortifica y embalsama" (1919: 160).

El ser humano sólo tiene ante sí la naturaleza, a la que se dirige como a la «madre», e interroga fervorosamente sin respuesta, porque ella permaneces silenciosa, afásica, aun cuando el hijo indaga por el «padre», eternamente desconocido. Martí continúa su comentario: "Lo que el Niágara cuenta; las voces del torrente; los gemidos del alma humana; la majestad del alma universal; el diálogo titánico entre el hombre impaciente y la naturaleza desdeñosa; el clamor desesperado de hijo de gran padre desconocido, que pide a su madre muda el secreto de su nacimiento"; ese lamento es "el grito de todos en un solo pecho" ... "del hombre rebelde e ignorador y la naturaleza fatal y niveladora..." (1919: 161).

El crítico literario José Olivio Jiménez (1926–2003), también cubano, dedicó al texto de Martí el artículo titulado «Una aproximación existencial al 'Prólogo al *Poema del Niágara*', de José Martí», en los *Anales de Literatura Hispanoamericana* (Madrid, 1973). Adviértase de Jiménez no comenta el poema de Pérez Bonalde, sino el escrito de Martí. Se trata de un comentario que revisa otro comentario; o, si se quiere, de una crítica sobre otra crítica; es decir, el ejercicio de una meta-crítica.

Jiménez escribió que "este ensayo contiene un agudo diagnóstico (y el primero cronológicamente en nuestra lengua) del drama existencial del hombre moderno y de su estar en el mundo"; es decir, el hombre moderno "por aquellas fechas, empezaba ya a cuestionarse de angustiosa manera a sí mismo en busca de alguna razón última y valedera, y casi desesperadamente por parte del agónico protagonista de esa búsqueda, o sea, el hombre"; que el hombre decimonónico "vio surgir los brotes últimos del idealismo ... y la réplica obstinada y antiespiritualista del positivismo"; además, "vio también nacer, y en este nacimiento hay que fijar el alumbramiento de la conciencia moderna, una desconfianza creciente ante la filosofía de las ideas y la filosofía de las cosas, instalando al hombre mismo en el centro de su preocupación"; alude al filósofo y teólogo danés Søren Kierkegaard (1813–1855), de quien dice: "es el primer espíritu acuciado por esa preocupación, dirigida ya derechamente hacia el hombre"; y concluye que el existencialismo posterior y contemporáneo "(en sus dos variantes esenciales: la arreligiosa y la trascendente o con especificidad cristiana) se nutrirá con mayor o menor inmediatez de una serie de matizaciones, amplificaciones y rectificaciones del angustiado danés; quien muere, y es uno de los tantos azares que ya no sorprenden en la vida de Martí" (1973: 408).

Para Jiménez, en este ensayo Martí habla "de la vida, pero movido a ello por la poesía: fue un poema lo que le llevó a meditar sobre la época que aquel poema representaba"; además, dice que el poema une "ambas, vida y poesía, como lo hizo él mismo en su trabajo literario"; y arma "una teoría estética de sus reflexiones sobre el vivir, es todo un programa de poesía existencial, de poesía de la existencia" (1973: 440).[24]

2.7 PÉRDIDA DE SENTIDO Y SECULARIDAD

Por lo expuesto hasta aquí, la incertidumbre de los modernistas hispanoamericanos, iniciadores de la modernidad, se fundaba en la pérdida de sentido ante el derrumbe de las creencias escolásticas respecto a la explicación del mundo real, único y natural, en el que vive el ser humano. Ese desplome se produjo ante la aparición del pensamiento de la Ilustración que proponía una opción nueva, la razón, frente a la creencia ciega de las predicaciones cristianas medievales. A partir de ese desplome, los seres pensantes debían hallar un nuevo sentido para conocer y explicarse el mundo, tarea difícil en las etapas sucesoras del Iluminismo o Ilustración. Ambos términos, por la implicación de su significado, alumbraban el camino de la razón que podía dar luz y ser luminoso para abandonar la oscuridad de los dogmas. Pero esa faena

---

24 El texto de Martí sobre el *Poema del Niágara*, de Pérez Bonalde, está incluido también en una antología de prosa modernista seleccionada por Miguel Gomes bajo el título *Estética del modernismo hispanoamericano* (Caracas, 2002). En la introducción al volumen, el antologador no analiza ni define la «estética del modernismo» que anuncia en el título del volumen. Empero, su lectura del Prólogo del cubano sobre el poema del venezolano, le permite reconocer que en la obra de los modernistas hispanoamericanos "la verdad se relativizaba hasta extremos sorprendentes" (2002: xiii).

no era fácil; por el contrario, era ocupación dificultosa, ardua y compleja, porque se trataba de hallar una nueva explicación del mundo, lo cual ocasionaba solo incertidumbre.

Pasará un siglo antes que las disciplinas filosóficas y sociológicas pudieran dar claridad a semejante vicisitud. Como ya señalamos, en 1995 aparecerá en Alemania el libro de Peter Berger y Thomas Luckmann: *Modernidad, pluralismo y crisis de sentido. La orientación del hombre moderno*. Berger fue teólogo luterano y sociólogo austriaco; Luckmann, un destacado filósofo alemán. Ambos ratificaban que la incertidumbre respecto a la realidad natural, incluyendo al ser humano, fue debido al desmoronamiento de las ideas religiosas de las creencias monoteístas, puesto que las politeístas fueron superadas a principios de la era común que tiene vigencia en nuestros días. Esto lo explican afirmando que la "relación dialéctica entre la pérdida de sentido y la nueva creación de sentido, o entre la erosión de sentido y su reconstitución, puede observarse más claramente en el caso de la religión"; explican que durante "la mayor parte de la historia humana era imposible concebir una sociedad sin una religión única que abarcara todo y a todos"; y añaden: "Los dioses de mis antepasados eran naturalmente mis propios dioses y mis dioses eran ciertamente también los dioses de todos los miembros de mi tribu o de mi pueblo" (1997: 63–64).[25]

Los autores afirman que la Ilustración "y los movimientos posteriores acogieron este proceso como el preludio de la creación de un nuevo orden basado en la libertad y la razón"; explican que los "tradicionalistas franceses y otros pensadores conservadores han denunciado que este mismo proceso no es más que decadencia y declinación. Independientemente de si la modernidad y sus consecuencias son acogidas o rechazadas, existe un consenso generalizado en cuanto a estos hechos"; ese consenso, en lo referente al mundo occidental moderno, "implica que el origen de la crisis moderna de sentido se encuentra en la declinación del cristianismo" (1997: 70–71). Desde el punto de vista de la sociología de la religión—afirman—, "la modernidad conduce en

---

25   Dos años después de la edición original en alemán (1995), apareció la versión castellana: Berger, Peter L. y Thomas Luckmann, *Modernidad, pluralismo y crisis de sentido. La orientación del hombre moderno* (Barcelona, 1997).

forma inevitable a la secularización, entendida ésta como la pérdida de influencia de las instituciones religiosas en la sociedad y como la pérdida de credibilidad de las interpretaciones religiosas en la conciencia de la gente"; agregan que de ese modo emerge "una especie históricamente novedosa: «la persona moderna», que cree que puede manejarse en su vida personal y en la existencia social prescindiendo de la religión" (1997: 71). Sin embargo, reconocen que "este tipo de existencia secular" no constituye "una absoluta novedad", porque probablemente "siempre ha habido personas que han encontrado su felicidad en este mundo prescindiendo de las Iglesias—antes y después de que éstas surgieran"; al cabo, "la ecuación entre modernidad y secularización debe ser considerada con escepticismo" (1997: 72)

Por otra parte, el especialista estadounidense en literatura hispanoamericana Ned Davison (1926), coetáneo de Berger y Luckmann, escribió que los «artistas modernistas» "insisten en la existencia de realidades no descritas por la ontología del tiempo, y ven en el arte el acceso a estos otros dominios más ocultos—mundos del espíritu"; agrega que "el artista y el poeta están dotados de la visión especial necesaria para compenetrar estos mundos"; y concluye: "el arte es un camino al conocimiento".[26]

El filósofo estadounidense John Dewey (1859–1952), uno de los mayores pensadores de la filosofía pragmática, ha dedicado varios estudios a la "busca de la certeza" en la filosofía, las ciencias y la vida cotidiana, y señaló que en la ausencia de conocimiento no queda otra opción que la creencia. Dewey escribió con énfasis: "*Creemos* cuando nos falta el conocimiento o la seguridad completa. Por esto la búsqueda de la certeza ha consistido siempre en un esfuerzo para trascender la creencia".[27] Refirió objetos existenciales y no-existenciales para explicar que la ciencia física trata de los primeros, mientras que la matemática y la lógica de los segundos. Luego afirmó: "En la primera, algunas cosas, a saber, datos sensibles, son los objetos de una aprehensión infalible, mientras que, por otra parte, ciertas esencias o subsistencias de natu-

---

26 Citamos de Davison, Ned. *El concepto de modernismo en la crítica hispánica.* (Buenos Aires, 1971), p. 73.

27 Dewey, John, *La busca de la certeza: un estudio de la relación entre el conocimiento y la acción.* (México, 1952), p. 23 (cursivas propias).

raleza inmaterial, ya que no son existenciales o físicas, constituyen los objetos de un conocimiento racional no menos seguro", y agregó: "La incertidumbre sólo *es* propia de las combinaciones que el pensamiento reflexivo forma con los objetos últimos y simples" (1952: 267; cursiva propia).

El ensayista colombiano y crítico de la literatura hispanoamericana Rafael Gutiérrez Girardot (1928–2005), estudioso además de la filosofía alemana y catedrático por varias décadas en Alemania, en su libro *Modernismo. Supuestos históricos y culturales* (Bogotá, 2004) reconoció la importancia de este movimiento dentro de la literatura escrita en lengua castellana, incluyendo a la española, en la secularización del pensamiento y del lenguaje. Afirmó que "el Modernismo recuperó acontecimientos culturales europeos anteriores, y que por su tradición no pudo percibirlos con la hondura y el tormento con que el pensamiento alemán lo hizo"; pues el «acontecimiento» referido a "la «muerte de Dios» tuvo el carácter de «crisis religiosa», de pérdida de la fe, de duda religiosa, de temor del ateísmo" (2004: 75; énfasis propios). Asimismo, dijo que como consecuencia de esa crisis religiosa surgió un movimiento que evolucionó hacia lo temporal y terrenal: "el proceso de secularización se inicia con la Ilustración en el siglo XVIII, continúa a comienzos del siglo XIX ... y se extiende con el... positivismo en Latinoamérica durante la segunda mitad del siglo" (2004: 77).

El análisis de Gutiérrez Girardot no solo se concentra exclusivamente en el modernismo hispanoamericano sino dentro del contexto de los sucesos acaecidos en el pensamiento de los países occidentales de América y Europa. Reitera: "Efectivamente, la secularización del siglo XIX (la del XX lleva a otros extremos) fue no sólo una «mundanización» de la vida, una «desmiracularización» del mundo sino a la vez una «sacralización» del mundo"; y agregó: "nada muestra tan patentemente esta sacralización del mundo como los «principios de fe» que rigieron estas dos tendencias y las metas que se propusieron: la fe en la ciencia y en el progreso, la perfección moral del hombre, el servicio a la Nación" (2004: 79–80; énfasis propios).

Dentro de ese entorno internacional y occidental, el crítico colombiano se refiere específicamente al género poético y escribe: "En este horizonte de secularización se forma la lírica moderna. Y la secularización del lenguaje es una de sus características más sobresalientes" (2004: 81). Señala a Rubén Darío y sus *Prosas profanas*, específicamente el poema «*Ite, missa est*», del cual afirma: "El poema *Ite, missa est* de Darío es un ejemplo de un campo de experiencias en el que se manifiesta más claramente la secularización-sacralización: el erótico", lo cual explica con los siguientes términos: "El poeta como sacerdote de una misa erótica, la mujer ardiente como hostia y el acto de amor como la consagración: en estas imágenes se ha profanizado la misa y se ha sacralizado el eros, es decir, se ha secularizado una ceremonia religiosa" (2004: 82).

Volviendo al artículo de Martí sobre "El Poema del Niágara" de Pérez Bonalde, el crítico uruguayo Ángel Rama afirmó este ensayo de Martí es un "texto que puede ser considerado el *Manifiesto de la modernidad* en Hispanoamérica", porque ofrece "una precisa descripción de la confusión contemporánea, viéndola en una perspectiva sociológica nítida" (1985: 25; cursiva propia). Por otra parte, el poeta, escritor y crítico literario cubano Roberto Fernández Retamar (1930–2019), de acuerdo con Rama, planteó una perspectiva definitiva tanto para el texto de Martí como para la modernidad regional. Afirmó que Martí, con su reflexión y las circunstancias en que se hallaba el pensamiento regional, descubre y proyecta *otra* modernidad: una modernidad propia que emerge de una experiencia histórica vivida. Agregó que Martí, viviendo desterrado por casi tres lustros en los Estados Unidos, llegó "a apreciar como ningún otro pensador de su ámbito las virtudes y los riesgos de la que sería conocida como la modernidad capitalista en aquella nación"; y agregó: "Ello lo llevó a proyectar *otra* modernidad, alternativa, cuya primera elaboración apareció en su trabajo de 1882 «El *Poema del Niágara*»" (2001: 400; cursivas propias).[28]

Otro poeta modernista que se enfrentó a la «madre naturaleza», con una actitud similar a la que señala Martí en Pérez Bonalde, fue el colombiano José Asunción Silva (1865–1896), en su poema titulado «La respuesta de la tierra». El silencio de la «madre muda» ante los interrogantes del poeta es señalada como una manifestación de cruel-

---

28 Véase Fernández Retamar, *Introducción a José Martí*. (La Habana, 2001).

dad. El texto afirma: "indiferente y muda, tú, madre sin entrañas. / de acuerdo con los hombres no sufres y no lloras". Sin embargo, a pesar de la mudez materna, el bardo continúa enunciando sus interrogantes: "¿Qué somos? ¿A do vamos? ¿Por qué hasta aquí vinimos? / ¿Conocen los secretos del más allá los muertos? / ¿Por qué la vida inútil y triste recibimos? / ¿Hay un oasis húmedo después de estos desiertos? / ¿Por qué nacemos, madre, dime, por qué morimos? / ¿Por qué? —Mi angustia sacia y a mi ansiedad contesta". Al cabo, ante el mutismo de la madre tierra, el poeta concluye con un comentario: "La tierra, como siempre, displicente y callada, / al gran poeta lírico no le contestó nada" (1908: 125).[29]

Los hispanistas estadounidenses Evelyn Picon Garfiel (1940-2000) e Iván Schulman (1931–2020), en el libro que conjuntamente escribieron, «*Las entrañas del vacío*» (México, 1984), señalaron actitudes comunes en Silva y Darío. Afirmaron: "En poemas como «Respuesta de la tierra» de Silva y «Lo fatal» de Darío se patentiza la desazón ante los enigmas de una existencia huérfana de raíces, sumida en el presente vertiginoso, recelosa ante el incógnito futuro" (1984: 60).

El ensayista uruguayo José Enrique Rodó (1871–1917) también reflexionó sobre la incertidumbre de su época. Y lo hizo muy tempranamente, cuando decidió escribir una serie de opúsculos titulados *La vida nueva*. La serie alcanzó tres publicaciones. La primera apareció en 1897, con una breve presentación de sus propósitos, en la que advirtió: "*La vida nueva* será una colección de opúsculos literarios en los que me propongo reunir todas aquellas páginas mías que expresan, ya una impresión de mi conciencia de espectador en el gran drama de la inquietud contemporánea"; así como la "modificación de mi pensamiento propio que obedezca al actual impulso renovador de las ideas y de los espíritus". Se trataría de testimonios conscientemente percibidos y vividos en su tiempo; en otras palabras, el proyecto recogería la experiencia histórica vivida.

En el segundo ensayo titulado «El que vendrá», escrito en 1896, a sus 25 años, afirma: "Las sombras de la Duda siguen pesando en nuestro

---

29 Véase José A. Silva, *Poesías*. Precedidas de un prólogo por D. Miguel de Unamuno. (Barcelona, 1908).

espíritu"; y define específicamente lo que no es y lo que sí es esa duda: "la Duda no es, en nosotros, ni un abandono y una voluptuosidad del pensamiento, como la del escéptico que encuentra en ella curiosa delectación y «blanda almohada»; ni una actitud austera, fría, segura, como en los experimentadores; ni siquiera un impulso de desesperación y de soberbia, como en los grandes rebeldes del romanticismo"; en cambio, continúa: "La Duda es en nosotros un ansioso esperar; una nostalgia mezclada de remordimientos, de anhelos, de temores; una vaga inquietud en la que entra por mucha parte el ansia de creer, que es casi una creencia..."; y concluye afirmándose en la única certeza que tiene: la expectación; escribe: "Esperamos; no sabemos a quién. Nos llaman; no sabemos de qué mansión remota y oscura. También nosotros hemos levantado en nuestro corazón un templo al dios desconocido" (1897: 27).[30]

La experiencia vivida de esa duda es ciertamente una praxis histórica en el tiempo propio. Sabemos que estos modernistas, como lo hemos reiterado continuamente, rechazaron el pasado y la tradición. Como consecuencia de ese rechazo el presente constituía para ellos un vacío de certeza, y lo único que les quedaba eran las expectativas desconocidas del futuro. Este fue precisamente el estado intelectivo y anímico de los modernistas; así como también fue la circunstancia de la modernidad y su incertidumbre. Ante la duda quedaba la expectación de alguna certeza futura.

No debe sorprender que Picon Garfield y Schulman titularan sus estudios de esta época «*Las entrañas del vacío*» *ensayos sobre la modernidad hispanoamericana,* volumen en el que afirman: "El desmoronamiento de tradiciones—iniciado en la Colonia—y el sentimiento consciente por parte del escritor de la pérdida de éstas produce un vacío cultural e ideológico que a su vez da origen a una literatura de ambigüedad, angustia, enajenación, antítesis kinética, y metamorfosis constante"; agregan más adelante: "Se trata del arte de una crisis—el del modernismo y el de la modernidad—en que el escritor se arroga el papel de historiador de su experiencia y agente de su aventura creado-

---

30   Véase José Enrique Rodó, *La vida nueva I.* (Montevideo, 1897).

ra" (1984: 11–12).³¹ Esta actitud, precisamente acabamos de ver en el escrito de Rodó: historiador de su propia experiencia.

Más adelante, sostienen que desde el modernismo hispanoamericano, "la modernidad se concibe como estética proteica, descubridora de los persistentes conflictos de tres ámbitos fundamentales en pugna: el político, el socio-económico, y el cultural"; y en referencia al vanguardismo, sucesor del modernismo, agregan: "Como producto de una creciente burguesía y de una acelerada diversidad de los estratos sociales complejos y móviles, hay una serie de modernidades estéticas igualmente variadas, intrincadas y mudables que han surgido durante los últimos cien años" (1984: 57–58). Más explícitamente reiteran que la estética moderna "se justifica por su invención, su traducción de las realidades plurales, y su experiencia actualizadora", … "que llenan el vacío abierto por las preguntas sin respuestas del lirismo modernista, luego por la narrativa breve y dislocada de la vanguardia y finalmente por las estructuras inconclusas de la obra abierta: tres aperturas hacia lo desconocido" (1984: 68).

Sin duda, el vanguardismo hispanoamericano se produce a partir de la experiencia del modernismo, tema que será estudiado en el capítulo «V. Incertidumbre, invención y juego» de esta exposición.

---

31   Véase Picon Garfield y Schulman, *«Las entrañas del vacío» ensayos sobre la modernidad hispanoamericana.* (México, 1984).

III.
Falibilidad del lenguaje: poesía, filosofía, semiótica

EL PROPÓSITO MAYOR DE los modernistas hispanoamericanos fue lograr una estética cuya representación literaria mostrara tanto la apariencia como refiriera la sustancia de las cosas; es decir, la materia sensible de estas, como lo no-sensible, oculto en las mismas. Tratar de hallar esta forma latente y revelarla en una representación patente, manifiesta, visible, fue un esfuerzo común en los mejores poetas de esa corriente. Esa aspiración, ligada a un deseo de conocimiento nuevo del mundo que al cabo no fue lograda, se sumó a la incertidumbre, pero también enfrentó al lenguaje y su condición falible. La modernidad hispanoamericana se negaba a aceptar el sentido teocrático que prevaleció también en el lenguaje que describía el mundo y las cosas, descripción que llegó a la región primero con las predicaciones y después con los libros dogmáticos durante la invasión española a partir del siglo XVI. Ese «sentido» escolástico y medieval comienza a ser invalidado por los modernistas por su condición ficticia, puesto que las cosas no eran como lo creía la tradición enraizada en el sistema de la cristiandad medieval.

Rubén Darío, enfrentado a la realidad natural, había definido que «toda forma es un enigma», («Coloquio de los Centauros», *Prosas profanas*, 1896). El sentido impuesto por la tradición había dejado de existir y solo quedaba aceptar que las cosas son un enigma. Por eso también, dos décadas después, el vanguardismo, heredero del modernismo, consciente paradójicamente de su historia literaria, renuncia a hablar de la realidad según los referentes convencionales, inventa y fija sus propios referentes: los fenómenos del mundo y sus apariencias o, en otras palabras, la *materia* percibida de los objetos de la realidad, sin alcanzar a distinguir la *substancia*. Al no hallar la expresión adecuada para la forma substancial, renuncia a ese ente desconocido de la forma externa. Ese *no-ser* (la apariencia sensible de los objetos) resulta, al cabo, también indecible, ya que, siendo la forma no referida, era asimismo inexpresable. Sin embargo, ese ente desconocido podía ser potencia de una infinidad de referentes, aunque siempre fallidos.

Ya los modernistas se habían referido a las cosas mediante una *pluralidad referencial*. La escritura de la modernidad oscila de ese modo en su aventura creadora entre la finitud y la infinitud. En el desconocimiento de la forma no-sensible del objeto, la palabra no sale del lenguaje, se hace intransitiva: no conoce su referente. Así también lo hará el vanguardismo heredero de la «intransitividad» de la palabra cultivada por el modernismo.[1]

Darío había señalado reiteradamente que las cosas (sensibles) tienen un «ser vital», «una cifra», «un enigma» (no-sensible) para cuya compresión se desconocían las claves, por lo cual resultaba difícilmente entendible o interpretable. En el «Coloquio de los Centauros», Quirón lo había señalado: "Las cosas tienen un ser vital: las cosas / tienen raros aspectos, miradas misteriosas; / toda forma es un gesto, una cifra, un enigma; / en cada átomo existe un incógnito estigma; / cada hoja de cada árbol canta un propio cantar / y hay un alma en cada una de las gotas del mar".

El crítico argentino Arturo Marasso (1890–1970), que ha dedicado un volumen a la obra del poeta nicaragüense, es, asimismo, quien más extensamente ha dedicado su investigación a este poema de Darío, pero no tanto al análisis de su sentido y su perspectiva moderna, como a su amplia relación contextual con el pensamiento y la literatura de autores clásicos griegos y latinos. Escribió que "El *Coloquio* fue elaborándose en el transcurso de meditados estudios, animando el mundo mítico, convirtiéndose en expresión de sutiles aspectos del pensamien-

---

[1] Estos aspectos del lenguaje modernista han sido tratados en Rivera-Rodas, *La poesía hispanoamericana del siglo XIX. (Del romanticismo al modernismo)*. Madrid: Alhambra, 1988, pp. 255 y ss.

to, de inquietudes filosóficas. De ahí que eligiera personajes a los centauros y sobre todo a Quirón", de quien afirma: "Quirón, hijo de Cronos y Filira, el más justo de los centauros, como le llama Homero, fue médico, filósofo, benéfico maestro"; más aún, "glorificación del espíritu que enseña y anima, es Quirón, según Píndaro, consejero de Apolo, centauro inspirado y profético, diferente de las fuerzas tumultuosas y desordenadas, de los centauros que descienden del hijo monstruoso de Ixión y de la Nube" (1946: 74).[2] Señaló también que "Darío tomó los personajes de su poema con la historia que de cada uno nos traen *Las Metamorfosis*. Se ve la reminiscencia de Ovidio no sólo en el *Coloquio* y en aisladas alusiones, sino en casi todo el tesoro mitológico del autor de *Prosas profanas*" (1946: 96).

Ciertamente, en la referida obra del poeta romano Publio Ovidio Nasón (43 a.e.c.–17 d.e.c.) personajes importantes son los centauros. Sin embargo, estos personajes mitológicos proceden del mundo griego, aunque ajustados a la cultura latina. Pero lo que nos interesa del *Coloquio* es la relación de la «materia» y la «forma» de las cosas, que menciona el texto de Darío. El filósofo francés e historiador del pensamiento medieval y escolástico Étienne Gilson (1884–1978) en su notable obra *La filosofía en la Edad Media. Desde los orígenes patrísticos hasta el fin del siglo XIV* (Madrid, 1965), señaló que Platón definió que "si bien cada orden de sustancias tiene su materia propia—el cielo y los elementos, por ejemplo—, hay una materia prima común que, en cuanto pura potencialidad respecto de toda forma, es común a todos los seres compuestos, sean cuerpos celestes o terrestres, sustancias corpóreas o sustancias espirituales"; además, señaló, que esta noción "no llegó a ver Aristóteles" (1965: 464).

No hay duda de que el *Coloquio de los Centauros* se remonta a la época griega, como ya lo señaló Marasso, pero, su autor estaba interesado, sobre todo, en emplear un lenguaje apropiado para referir el ente de las cosas, preocupación filosófica que a partir del pensamiento platónico se extendió a lo largo de la Edad Media, particularmente en la escolástica dogmática. El crítico argentino leyó el poema de Darío

---

2   La cita corresponde a Marasso, *Rubén Darío y su creación poética*. (Buenos Aires, 1946).

como una manifestación ocultista, por su énfasis en el misterio de las cosas y su empeño por penetrar en las formas de la materia. Marasso continúa: "Darío, amante de lo raro, en una época en que las desviaciones del orfismo antiguo tienen nombres modernos ha dejado en el *Coloquio,* especie de enciclopedia en miniatura de sus ideas, estos aspectos de literatura ocultista" (1946: 97). No obstante, reconoció cualidades estéticas propias del poeta modernista en los mismos motivos; escribió: "En el enigma de la vida y la muerte, está la luz, la afirmación vital, la desnudez casta y divina de la belleza. Y ante el trueno del océano al mediodía, al alejarse el tropel de centauros, ante la realidad del mundo visto tal como es, se presenta nuevamente para nosotros el misterio del espíritu universal" (1946: 103).

Precisamente ese «misterio del espíritu universal» es preocupación mayor, no sólo para Darío, sino para los más destacados modernistas hispanoamericanos; preocupación además, como ya señalamos, origen de su incertidumbre. Marasso reitera el desconocimiento que el poeta expone en el referido poema, reafirma su convicción respecto al contexto del que procede la concepción de Darío, y escribe: "El *Coloquio* parece un friso griego donde se han trabajado ciertas *figuras* y dejado intencionalmente otras como *esbozos*. En Darío convive el poeta clásico que pudo acercarse a los artífices de la realidad transformada en belleza, con el modernista, para el cual, en un sentido muy circunscripto «cada palabra tiene alma»" (1946: 106; cursivas añadidas).

El crítico argentino reconoce en el texto de Darío, por una parte, «figuras», es decir, imágenes, representaciones, terminadas y precisas; por otra parte, «esbozos», o sea, bocetos, bosquejos, no definidos del todo, no concluidos. Su lenguaje estético es, asimismo, exacto, conciso, concreto; pero también impreciso, indefinido, indeterminado y vago. En la segunda modalidad cabe reconocer la relación del poeta modernista con los objetos percibidos («vistos», «mirados») y la dificultad de «traducirlos», «referirlos» o «mencionarlos». Esta nueva visión corresponde a la modernidad. Muy distinta de la *mimesis* clásica y tradicional, segura de sus facultades para reproducir las cosas percibidas, y auxiliada por la presunción logocentrista.

La modernidad contrariamente reconoce y enseña la imposibilidad de esa tarea debido a la doble índole de las cosas: su realidad aparente y su inmanencia; esencia y apariencia. En términos de Darío, el «ser vital» es lo que pervive y permanece en las cosas, lo que subsiste: lo sustancial. Estas solo muestran «aspectos». Apariencias, presencias físicas, materialidad, que no dejan de ser «raras», «enigmáticas» porque encierran un sentido oculto, y no muestran lo que esconden. Por esto las apariencias, además, pueden manifestarse múltiples, plurales respecto a lo singular del ser vital. Cada cosa, en su índole ontológica es una, pero tiene varios aspectos. El reconocimiento de esta doble índole del mundo natural—lo aparente y lo esencial—es el principio que sustenta la poesía de Darío y de otros modernistas como el mexicano Enrique González Martínez (1871-1952).

De ese modo, la modernidad introduce en su escritura el recurso de la pluralidad referencial: busca la expresión una y otra vez, en empeño inacabable e inacabado; escritura siempre inútil, fallida, de insuperable falibilidad, en su afán de alcanzar y expresar la realidad esencial. En esa búsqueda, su discurso deviene angustioso y la escritura inicia un proceso de disociación que oscila entre ser y no-ser, lo otro y lo mismo, la infinitud y la finitud. ¿Cómo, por la percepción de la materia, conocer la forma de la substancia? O, en términos de Darío, cómo entender el «ser vital» de las cosas.

3.1 Símbolo y conciencia simbólica

Esta índole doble de la realidad no deja de reforzar la actitud estética de Darío con la cual está inextricablemente relacionada. Porque siendo las cosas apariencia y esencia, el mundo, desde un punto de vista semiótico, es concebido como enunciado meramente significante que esconde su significado. El poeta se enfrenta de ese modo a una cadena de significantes que representa en parte al plano de la expresión de ese signo, a través del cual, empero, no siempre se puede alcanzar el plano del significado. Para la conciencia modernista, el mundo captado sólo en parte es expresado por símbolos, puesto que su conocimiento y expresión se realiza a través de un instrumento convencional, el lenguaje (*logos*), que además de convencional es arbitrario en sus relaciones entre el objeto y la palabra. En esta circunstancia aparece la duda del poeta que puede ser explicada siguiendo el modelo triangular de la estructura del signo: el significado no logra cumplir su función (referencial) completa y acertada en la correlación con el significante y su referente (el mundo). De ahí que el modernismo acuda a la escritura elaborada con símbolos, cuya noción moderna debe ser señalada aquí, aunque brevemente.

El antropólogo francés, filósofo y crítico de arte Gilbert Durand (1921–2012), en su libro *La imaginación simbólica* (Buenos Aires, 1971) hace ver que las representaciones percibidas reflejan también las sensaciones del sujeto que observa las cosas. Escribió que la conciencia humana "dispone de distintas gradaciones de la imagen—según que esta última sea una copia fiel de la sensación o simplemente indique la cosa—, cuyos extremos opuestos estarían constituidos por la adecuación total, la presencia perceptiva, o bien por la inadecuación más extrema, es decir, un signo eternamente separado del significado"; agrega que ese signo lejano "no es otra cosa que el símbolo" (1971: 10). Más adelante define lo que considera la «imaginación simbólica»; es decir, "cuando el significado es imposible de presentar y el signo sólo puede referirse a un *sentido,* y no a una cosa sensible"; y agrega: "Dicho de otra forma, se puede definir el *símbolo,* de acuerdo con A. Lalande, como *todo signo concreto que evoca, por medio de una relación natural, algo ausente o imposible de percibir*" (1971: 12–13; cursivas propias).[3]

Durand amplía su explicación a un aspecto importante del simbolismo, es decir al ámbito de su preferencia. Escribe que "el dominio predilecto del simbolismo" es "lo no-sensible en todas sus formas; inconsciente, metafísico, sobrenatural y surreal. Estas «cosas ausentes o imposibles de percibir», por definición, serán de manera privilegiada los temas propios de la metafísica, el arte, la religión, la magia" (1971: 14). Más aún, proporciona una nueva definición del símbolo que dice: "El símbolo es, pues, una representación que hace aparecer un sentido secreto; es la epifanía de un misterio. La parte visible del símbolo, el «significante», siempre estará cargada del máximo de concretez" (1971: 15). Añade más adelante que "esa parte de lo invisible e inefable que construye un mundo con representaciones indirectas de signos

---

3   Durand refiere en su cita al filósofo francés André Lalande (1867–1963), autor de *Vocabulaire technique et critique de la philosophie* (2 vols. Paris, 1927). Versión castellana: *Vocabulario técnico y crítico de la filosofía*, Buenos Aires: El Ateneo, 2ª. ed., 1966.

alegóricos siempre inadecuados constituye igualmente una especie de lógica muy particular" (1971: 16).

El filósofo alemán y renovador de la hermenéutica Gadamer, en el primer volumen de *Verdad y método. Fundamentos de una hermenéutica filosófica* (España, 1977) señaló que la historia de los conceptos de «símbolo» y «alegoría» "se ha ido alterando a lo largo de la edad moderna" (1977: 109). Explicó que el moderno concepto de símbolo "no se entendería sin esta subsunción gnóstica y su trasfondo metafísico. La palabra «símbolo» sólo pudo ascender desde su aplicación original como documento, distintivo o credencial hasta el concepto filosófico de un signo misterioso, y sólo pudo acercarse a la naturaleza del jeroglífico"; y agregó: "el símbolo no es una mera señalización o fundación arbitraria de signos, sino que presupone un nexo metafísico de lo visible con lo invisible" (1977: 111).

3.2 Falibilidad del lenguaje

Darío, en su convencimiento de la dificultad de expresar la verdad de las cosas, no dejaba de señalarlas enigmas, secretos, incógnitas, arcanas: misterio. Frente a la indeterminación del ser vital de las cosas, los modernistas solo disponían de las apariencias captadas por las percepciones inestables; es decir, por una aprehensión mudable, variable y múltiple. De ahí que en su escritura predominen los símbolos, como imágenes sensoriales expresadas mediante una *pluralidad referencial*.[4] Solo así los modernistas intentan superar las deficiencias de la expresión. Esta «pluralidad referencial» es un recurso ante la falibilidad del lenguaje poético. La palabra elegida corre siempre el riesgo de no ser precisa respecto a lo percibido. Las cosas tienen un ser inmanente que es muy difícil referirlo. La «pluralidad referencial» de la escritura simbólica modernista no es sino un procedimiento para introducir sugerencias en el lenguaje poético, conjeturas, y tratar de representar la experiencia estética vivida tanto por la percepción como por la sensación, y sus implicaciones (evocación, recuerdo, parecido), que no son más que formas y representaciones suplentes.

---

4 Véase, Rivera-Rodas, 1988, p. 265.

Así, Darío, en el poema «Blasón» (*Prosas profanas y otros poemas*, 1896) mostró al olímpico cisne, que con el pico "lustra el ala eucarística y breve / que abre al sol como un casto abanico". El ala, como abanico; pero el cuello del ave es representado por tres figuras: "En la forma de un brazo de lira / y del asa de un ánfora griega / es su cándido cuello que inspira / como prora ideal que navega". Es decir, el cuello del ave como brazo de lira, asa de ánfora y proa. Otro ejemplo es el soneto «Siempre» que inicia el libro *Castalia bárbara* (Buenos Aires, 1899) del boliviano Ricardo Jaimes Freyre (1866–1933). Ambos poetas, el nicaragüense y el boliviano, siendo compañeros en Buenos Aires, fundaron la *Revista de América* (1894). El poema «Siempre» refiere una "Peregrina paloma imaginaria / que enardeces los últimos amores", a la que el poeta dirige la siguiente exhortación en las estrofas finales: "Vuela sobre la roca solitaria, / peregrina paloma, ala de nieve / como divina hostia, ala tan leve / como un copo de nieve; ala divina, / copo de nieve, lirio, hostia, neblina, / peregrina paloma imaginaria".

No se puede dejar de reconocer, como ya fue señalado en otra parte, una característica de la semántica modernista: la *sugerencia plurivalente*.[5] Esta peculiaridad también se diferencia del estilo empleado por el movimiento anterior, el romanticismo, al que le bastaba enunciar; el modernismo solo puede sugerir, pero a través de una cadena de significantes por la que trata de presentar y hacer patente, manifiesto, el significado singular que se esconde a la percepción.

Gadamer, en su renovada explicación de la expresión simbólica, señala que el símbolo "aparece como aquello que, debido a su indeterminación, puede interpretarse inagotablemente, en oposición a lo que se encuentra en una referencia de significado más precisa y que por lo tanto se agota en ella, como ocurre en la alegoría; esta oposición es tan excluyente como la de artístico e inartístico" (1977: 112–113). Pero sobre todo explica que la "inadecuación de forma y esencia es esencial al símbolo en cuanto que éste apunta por su propio significado más allá de su mismo carácter sensorial. De esta inadecuación surge el carácter fluctuante e indeciso entre forma y esencia que es propio del símbolo" (1977: 117).

---

5   *Ibidem*, p. 267.

En consecuencia, lo que se simboliza requiere alguna representación, ya que por sí mismo es insensible, infinito e irrepresentable; en este sentido "un símbolo no sólo remite a algo, sino que lo representa en cuanto que está en su lugar, lo sustituye. Pero sustituir significa hacer presente algo que está ausente. El símbolo sustituye en cuanto que representa, esto es, en cuanto que hace que algo esté inmediatamente presente", en términos de Gadamer (1977: 205). Sin embargo, el filósofo también advierte que el conocimiento "no se hace claro y distinto a través de estos símbolos porque el símbolo no significa una forma conspicua de estar dado, este conocimiento es «ciego» en la medida en que el símbolo aparece en el lugar de un verdadero conocimiento y muestra tan sólo la posibilidad de que éste llegue a producirse" (1977: 500).

La obra de los modernistas hispanoamericanos permite reconocer que, en su modalidad poética introdujeron cavilaciones metafísicas, a causa de la herencia dogmática recibida a la que se enfrentaban, herencia precisamente especulativa de lo sobrenatural. En esta confrontación el discurso poético también ocupa un espacio común con los discursos religiosos, cuyas creencias y especulaciones deben acudir a recursos simbolistas. Gadamer ya advirtió del "tenso conflicto" entre "la tradición religiosa y poética" que caracteriza al desarrollo del espíritu occidental "en manifiesta conexión con el despertar de la ciencia y la filosofía"; conflicto, además, "que acabó conduciendo a la diferenciación y separación de ambas tradiciones" (1998: 139–152).[6]

3.3 Poesía y filosofía

El rechazo de las formas substanciales instituidas por la tradición, y la busca de las mismas mediante una experiencia propia de la modernidad, mediante una percepción vivida, permite señalar en los poetas modernistas una actitud empírica, y reconocer esa misma confrontación desde otra perspectiva del empirismo frente a dogmatismo.

El filósofo y escritor francés Henri Bergson (1859–1941), que recibió el Premio Nobel de Literatura en 1927, en su libro *Materia y memo-*

---

6   Cita de Gadamer, *Estética y hermenéutica*, en el que dedicó un estudio a la «Experiencia estética y experiencia religiosa» (Madrid: 1998).

ria (*Matière et Mémoire*, 1896), se ocupa, como dice el subtítulo de "la relación del cuerpo con el espíritu", pues distinguía "profundamente la materia del espíritu"; más aún, agregaba: "la misma observación psicológica que nos ha revelado la distinción de la materia y del espíritu nos hace asistir a su unión" (1900: 238).[7] En su enfoque de la relación entre la materia y la forma (cuerpo y substancia) reconoce que "[e]mpirismo y dogmatismo están acordes en el fondo, en partir de los fenómenos de este modo reconstituídos, y difieren solamente en que el dogmatismo se une más a esta forma, y el empirismo a esta materia" (1900: 242).

Esto sucede en el lenguaje modernista que, tras desconocer las formas esenciales manifestadas por la tradición dogmática, sólo dispone de la materia de los objetos de la realidad a los que acude a fin de reconocer en ellos, por experiencia propia, sus cualidades inherentes. En ese esfuerzo no logra reconocer las relaciones entre materia y substancia, tras rechazar las que estableció la tradición dogmática, lo que causa su incertidumbre.

Bergson continúa: "El empirismo, en efecto, sintiendo vagamente lo que hay de artificial en las relaciones que unen los términos entre sí, se atiene a los términos y descuida las relaciones"; todavía más: "Su error no es levantar muy alto la experiencia, sino por el contrario, sustituir a la experiencia verdadera, a la que nace del contacto inmediato del espíritu con su objeto, una experiencia desarticulada, y por consecuencia desnaturalizada sin duda, arreglada en cada caso para la mayor facilidad de la acción y del lenguaje" (1900: 242).

El modernismo descarta, efectivamente, la experiencia de la tradición dogmática, e intenta sustituirla con otra propia, sin lograrlo. Este malogro intensifica la incertidumbre en la modernidad, que puede ser entendido también en términos de Bergson y su explicación del empirismo: "Precisamente porque este moldeamiento de lo real se ha operado en vista de las exigencias de la vida práctica, no ha seguido las líneas interiores de la estructura de las cosas; por esto no puede satisfacer el empirismo al espíritu en ninguno de los grandes problemas, y,

---

7   Cita de Bergson, *Materia y memoria. Ensayo sobre la relación del cuerpo con el espíritu.* (Madrid, 1900).

aun cuando llegue a la plena conciencia de su principio, se abstiene de sentarlo" (1900: 242-243).

En semejante frustración, ninguna de ambas actitudes (empírica o dogmática) logra imponerse sobre la contraria, porque el dogmatismo "descubre y separa las dificultades sobre las cuales cierra los ojos el empirismo; pero, a decir verdad, busca la solución en el camino que ha trazado el empirismo"; ambas fuerzas se equiparan porque el dogmatismo termina aceptando "esos fenómenos separados, discontinuos, con los cuales se contenta el empirismo, y se esfuerza sencillamente en hacer una síntesis que, no habiendo sido dada en una intuición, tendrá siempre necesariamente una forma arbitraria"; la explicación final del filósofo es que ambas conductas construyen su metafísica, y advierte: "hay muchas metafísicas igualmente probables, que se refutan por consecuencia las unas a las otras, y la última palabra corresponderá a una filosofía crítica que tiene por relativo todo conocimiento y el fondo de las cosas por inaccesible al espíritu" (1900: 243). En otro de sus libros, Bergson, *El pensamiento y lo movible* (1936) reitera la condición metafísica del "verdadero empirismo" que intenta "acercarse lo más posible al original mismo, profundizar su vida y, por una especie de *auscultación espiritual*, sentir palpitar su alma; y este empirismo es una verdadera metafísica"; pero explica: "La tarea resulta en extremo difícil, pues todos los conceptos ya hechos, empleados por el pensamiento en sus operaciones ordinarias, resultan inservibles" (1936: 143; cursivas propias).

En las décadas finales del siglo XIX, los modernistas experimentaron la «falibilidad del lenguaje» en su empeño de referir las cosas en su plenitud, porque hallaban lo esencial de las mismas encubierto, velado, oculto. Esa experiencia los condujo a elaborar como única opción expresiva: el recurso de la «pluralidad referencial».

Otro filósofo francés, Gastón Bachelard (1884-1962) en su conocido libro *La poética del espacio*, señaló también la importancia de esa experiencia que solo puede realizarse, o ser, en la actualidad del momento presente. Además, propuso una «filosofía de la poesía». En la «Introducción» al volumen escribió que mientras la reflexión filosófica se realiza sobre un pensamiento científico largamente considerado en su relación con otras ideas, "la filosofía de la poesía debe reconocer que el acto poético no tiene pasado, que no tiene al menos un pasado próximo, remontándose al cual se podría seguir su preparación y su advenimiento" (1965: 7–8).

Por otra parte, el filósofo alemán Martin Heidegger (1889–1976), en *El arte y la poesía* (México: 1958), eliminó la diferencia entre objeto y substancia (o materia y forma), respecto a la que dijo que pensar que esa distinción corresponde al "dominio de las meras cosas es sólo una suposición" (1958: 51). Aplicó, por otra parte, esa estructura conceptual a la estética, porque "podría hacernos pensar más bien que la materia y la forma son determinaciones nacidas de la esencia de la obra de arte y que de aquí se trasladaron regresivamente a la cosa"; y plantea una pregunta: "¿En dónde tiene su origen la estructura materia-forma, en lo cósico de la cosa o en lo que tiene de obra la obra de arte?" (1958: 52). Señaló que "la inclinación a hacer de la estructura materia-forma la composición de todo ente recibe todavía un especial estímulo" dogmático, pues "sobre la base de una creencia bíblica, se representa de antemano la totalidad de los entes como creación", y agregó que la "filosofía de esta creencia puede ciertamente afirmar que toda operación creadora de Dios es distinta del hacer de un artesano" (1958: 54).

Heidegger no está de acuerdo con la concepción dogmática, pues considera que es producto de una «filosofía extraña», que, si bien puede ser considerada una «visión del mundo» medieval que se impuso en la edad moderna, es, además, un atropello al ser de la cosa. Escribió: "la interpretación teológica del ente, tomada a préstamo de una filosofía extraña, una vez establecida, puede quedar de todos modos como la visión del mundo según materia y forma"; lo cual "sucedió en el tránsito de la Edad Media a la Moderna. La metafísica de ésta descansa en la estructura materia-forma, acuñada en la Edad Media"; más aún, "la interpretación de la cosa según materia y forma, ya quede en su forma medieval o se haga kantiana trascendental, se convierte en familiar y evidente. Pero por esto no es menos un atraco al ser cosa de la cosa" (1958: 54–55).

La explicación de Heidegger permite apreciar mejor la herencia que recibieron los poetas modernistas de la metafísica dogmática respecto a la doble estructura de las cosas: materia-forma, o materia-sustancia. Para estos poetas, la contemplación de los objetos en su materialidad resultaba inacabada, insuficiente y parcial. Esa contemplación no lograba alcanzar la forma o sustancia de las cosas, por lo que quedaba al fin truncada, defectuosa, fragmentaria. Sin embargo, conviene recordar los estudios del filósofo francés e historiador de la filosofía medieval Étienne Gilson, citado más arriba, quien recordó que la doble estructura de las cosas ya apareció en Platón. Por otra parte, el contexto del «Coloquio de los Centauros», de Darío, muestra claramente su origen en la antigüedad griega, procedencia de la metafísica escolástica y medieval.

Los modernistas hispanoamericanos se entregaron a la busca de la verdad respecto a la índole de las cosas; pero la verdad permanecía oculta, velada. En consecuencia, ignorada e inalcanzable, tanto para el conocimiento como para el lenguaje; sin embargo, aunque escondida, esa sustancia estaba latente.

Heidegger se ha ocupado de la «verdad» a partir de la palabra que usaban los griegos: ἀλήθεια (*aletheia*), y la definió "como la desocultación del ente" (1958: 83). Este proceso, aparentemente simple, es relacionado por el filósofo con el advertir o entender la expresión lingüística que refiere ese conocimiento para manifestarlo adecuándolo a la cosa. Escribió: "Sin embargo, para que el conocer y la proposición que da forma al conocimiento y lo enuncia puedan ajustarse a la cosa, y antes, para que la cosa misma pueda vincularse a la proposición, la cosa misma debe mostrarse en cuanto tal"; y en seguida interroga: "¿Cómo puede mostrarse, si por sí misma no puede escaparse de la ocultación, si no se encuentra en estado de desocultación?"; y agrega: "La proposición es verdadera cuando se ajusta correctamente a lo desocultado, es decir, a lo verdadero" (1958: 84). Afirmó también que siempre entendemos la verdad sólo como corrección, "no presuponemos la desocultación de los entes, sino que es esta desocultación la que nos determina a pensar en una tal esencia, de manera que en nuestras representaciones quedamos a la zaga de la desocultación"; y advierte: "No sólo debe estar descubierto de alguna manera aquello por lo que se rige un conocimiento, sino que también debe presentarse ya como totalidad en lo descubierto todo el reino en el que se mueve este regirse por algo, y asimismo aquello para quien se manifiesta el ajuste de la proposición a la cosa" (1958: 85).

Las reflexiones de Heidegger iluminan para comprender mejor el empeño de los poetas modernistas por conocer el ente de las cosas, a fin de incluirlo en las representaciones estéticas de la simple apariencia de estas. Pretensión difícil de realizar como ellos mismos lo comprendieron ante la falibilidad del lenguaje. El discurrir del filósofo alemán resulta muy pertinente a los esfuerzos de estos poetas. Si bien reconoce que "el ente está en el ser", también advierte: "Hay mucho en los entes que el hombre no es capaz de dominar. Sólo se conoce poco. Lo conocido es aproximado, lo dominado inseguro. El ente nunca es, como podría parecer a la ligera, nuestra obra ni menos sólo nuestra representación" (1958: 86). Más adelante reitera: "El ente se nos niega con excepción de aquel punto único, y en apariencia mínimo, con el que damos con la mayor facilidad cuando sólo podemos decir del ente que es. La ocultación como el negarse no es primero y únicamente el límite del conocimiento, sino el comienzo de la iluminación de lo alumbrado" (1958: 87).

Heidegger continúa su explicación sobre el fenómeno del «encubrimiento», aunque ahora como «disimulo» y «ocultación». Escribe: "el ocultarse no es el simple negarse, sino que el ente aparece, pero ofreciéndose como diferente a lo que es. Este ocultarse es un disimulo. Que el ente como falsa apariencia puede engañarnos, es la condición para que nos podamos equivocar, y no al contrario"; y ofrece el siguiente comentario: "La ocultación puede ser un negarse o un disimularse. Acerca de la ocultación no tenemos la seguridad de que sea lo uno o lo otro. La ocultación se oculta y se disimula ella misma" (*Ibidem*).

En fin, junto a los términos empleados por Heidegger (encubrimiento, ocultación, disimulo), se podría añadir otro: enmascaramiento. Tales términos operan la tarea de encubrimiento del ser de las cosas. El mismo filósofo refiere la dificultosa circunstancia de todo empeño por conocer la verdad del ente de las cosas, y afirma: "La esencia de la verdad, es decir, la desocultación, está dominada por un rehusarse en el modo de la doble ocultación"; y explica: "La verdad es en su esencia no-verdad. Sea esto dicho para mostrar con énfasis, quizá paradójico, que a la desocultación como iluminación pertenece el rehusarse en el modo de la ocultación" (1958: 88).

Por su parte, Gadamer, en el segundo volumen de *Verdad y método II* (1992) incluyó su ensayo titulado «¿Qué es la verdad? (1957)», en el que reconoce las reflexiones de Heidegger sobre la «verdad», y advierte: "No fue Heidegger el primero en averiguar que *aletheia* significa propiamente desocultación", y en seguida añade: "Pero él nos ha enseñado lo que significa para la concepción del ser que la verdad tenga que ser arrebatada del estado de ocultación y encubrimiento. Ocultación y encubrimiento son correlativos"; y señala dos elementos que encubren la verdad: la condición propia de la naturaleza que no revela su condición y el lenguaje acorde con esa condición; porque las cosas "se mantienen ocultas por naturaleza; «la naturaleza tiende a ocultarse» ... Igualmente, el encubrimiento es propio de la acción y del lenguaje humano. Porque el lenguaje humano no expresa sólo la verdad, sino la ficción, la mentira y el engaño"; y reitera con énfasis: "Hay, pues, una relación originaria entre el ser verdadero y el discurso verdadero. La desocultación del ente se produce en la sinceridad del lenguaje" (1992: 53).

Desde la perspectiva de los modernistas hispanoamericanos cabían varias preguntas a dicha afirmación: ¿existe realmente esa «relación originaria» entre el «ser verdadero» y el «discurso verdadero»? ¿Cuándo y dónde fue pronunciado el discurso verdadero de esa relación originaria? No pudo haber sido en el régimen de la tradición, por supuesto. En consecuencia: ¿Cuál fue la procedencia de ese supuesto discurso verdadero?

Gadamer añade que siempre podemos esperar que "algún otro corrobore lo que damos por verdadero aunque no lo podamos demostrar", porque no siempre la vía de la demostración puede ser considerada el "modo correcto de hacer conocer la verdad a otro. Todos traspasamos constantemente la frontera de lo objetivable en la que se mueve el enunciado por su forma lógica"; y concluye: "Utilizamos de continuo formas de comunicación para realidades no objetivables, formas que nos ofrece el lenguaje, incluido el de los poetas" (1992: 55).

En otro artículo, Gadamer discierne sobre los temas siguientes: «La naturaleza de la cosa y el lenguaje de las cosas» (1960). Y desde su posición ubicada en la segunda mitad del siglo XX escribe: "En un mundo cada vez más técnico hablar de una dignidad de las cosas resulta cada vez más incomprensible. Las cosas van desapareciendo, y sólo el poeta les guarda una última fidelidad. Pero el hecho de que aún se pueda hablar de un lenguaje de las cosas nos recuerda lo que son las cosas en realidad: un material que se usa y se consume"; y explica que la expresión «lenguaje de las cosas» no es una verdad mitológica, porque esa expresión evoca "el recuerdo latente del propio ser de las cosas que siempre pueden ser lo que son. Ambas expresiones, pues, vienen a decir en cierto sentido lo mismo, la misma verdad" (1992: 73). Aclara que ambas expresiones, «la naturaleza de la cosa» y «el lenguaje de las cosas», se emplean a veces "casi indistintamente" y se caracterizan "por su oposición común, esa conciencia implica no obstante una diferencia que no es casual. Es una tarea filosófica poner de manifiesto la tensión que cabe detectar en los secretos matices de las dos expresiones" (*Ibidem*).

Estas citas de Gadamer no solo resultan pertinentes sino importantes para observar que los modernistas hispanoamericanos, desde su concepción estética se enfrentaron a problemas, motivos y temas, que la filosofía de la segunda mitad del siglo XX discutió y trató de dirimir, como lo ha demostrado este filósofo. De ahí que en otro volumen, *Estética y hermenéutica* (Madrid, 1998), el mismo filósofo escribió que si se reconoce que el concepto, "y con él el saber filosófico, es la pauta de toda verdad, lo que en ello se implica es que la palabra de la poesía, en virtud de su conceptualidad interna, queda especialmente cerca del concepto filosófico"; y en seguida añadió: "La jerarquía de las artes no es arbitraria, sino que, a su modo, contribuye a fundamentar la pauta para la verdad que aquí vale" (1998: 104–105).

Los modernistas hispanoamericanos perseguían su propia verdad. La misma incertidumbre respecto a la tradición que expresaban con frecuencia implicaba la busca de la verdad no hallada en las creencias heredadas del pasado. El lenguaje transmitido no solo resultaba remoto, sino ajeno, inadecuado e impropio. Necesitaban construir su propia expresión y representaciones, para evitar subordinarse al pensamiento medieval.

En el mismo volumen, Gadamer incluye el ensayo titulado «De la contribución de la poesía a la búsqueda de la verdad», en el que afirma enfáticamente: "la lengua poética tiene una relación peculiar, muy propia, con la verdad. Eso se muestra, en primer lugar, en que no se adecua en todo tiempo a cualquier contenido; pero también, en segundo, en que siempre que tal contenido adquiere la figura de la palabra poética, experimenta una especie de legitimación"; y reitera: "Es el arte del lenguaje el que decide, no sólo sobre el éxito o el fracaso de la poesía, si no también sobre su pretensión de verdad" (1998: 111).

Sin embargo, este filósofo en otro ensayo titulado «Filosofía y poesía» logra una mayor cercanía entre ambas disciplinas. Esa aproximación la logra a través del lenguaje específico de cada una de ellas, pues—escribe—"la palabra poética es tan capaz como la filosófica de estar, de erguirse..., y de declararse a sí misma con una autoridad propia en el desprendimiento del texto en el que se articula"; en cambio, y por otra parte, "el lenguaje, tal como lo encontramos en su uso diario, no es capaz de ello; pero también que no lo necesita"; y añade: "en todo caso no está por sí mismo, sino por algo que encontramos en la praxis de la experiencia vital o de la ciencia"; en la vida diaria las palabras "no «están» por sí mismas. Es sólo el contexto de la vida el que—habladas o escritas—las hace cumplirse plenamente" (1998: 174).

Gadamer, en su *Estética y hermenéutica*, destaca al precursor de la filosofía fenomenológica, Edmund Husserl, por su intento de enfrentar nociones equívocas de carácter naturalista y psicologista del siglo XIX, y por desarrollar el procedimiento conocido como la «reducción eidética» o «puesta entre paréntesis» o «epojé» griega. Explica que ese recurso es "un método para la autocomprensión de la esencia de la filosofía" que Husserl "llamó *reducción eidética*: la experiencia de la realidad contingente queda metodológicamente excluida"; y agrega que la "puesta entre paréntesis de la «posición de realidad», la llamada *epoché*, siempre ha ocurrido ya allí donde se hace la experiencia del arte" (1998: 175). Para Gadamer, tanto la filosofía como la poesía se enfrentan con "el misterio del lenguaje" y explica: "Ambos modos de discurso, el poético y el filosófico, comparten pues un rasgo común: no pueden ser «falsos». Pues no está dada ninguna regla exterior a ellos con la que medirlos, a la que ellos pudieran corresponder. Y, sin embargo, son cualquier otra cosa que arbitrarios"; y agrega: "En ambos casos, esto no ocurre porque falte una correspondencia con la cosa, sino que la palabra se queda «vacía». En el caso de la poesía, eso significa que, en vez de sonar por sí misma, la palabra hace sonar, ya sea otra poesía, ya sea la retórica de la vida cotidiana" (1998: 181). Gadamer percibe que desde el siglo XIX predomina "entre filosofía y poesía una cercanía enigmática..., sin encontrar siempre aprobación" (1998: 173).

Husserl, a finales del mismo siglo introdujo en el estudio de las percepciones la «reducción fenomenológica» para alcanzar las esencias de las experiencias vivenciales, dejando lo restante fuera de consideración. En ese mismo periodo surgió el movimiento modernista hispanoamericano con su interés de lograr el conocimiento de la esencia de las cosas, prescindiendo de los juicios previos urdidos por la tradición. Ese interés nos obliga a repasar brevemente el método de reducción fenomenológica.

3.4 «Reducción eidética» y modernismo

Husserl, en la «Introducción» a su libro *Ideas relativas a una fenomenología pura y una filosofía fenomenológica*, definió la fenomenología pura o trascendental "no como una ciencia de hechos, sino como una ciencia de esencias (como una ciencia «eidética»); como una ciencia que quiere llegar exclusivamente a «conocimientos esenciales» y no fijar, en absoluto, «hechos»" (1962: 10). Estos deben ser desconectados y colocados entre paréntesis.

Explicó que en lugar de vivir ingenuamente en la experiencia y de investigar teóricamente aquello de que se tiene experiencia, la naturaleza trascendente, "llevemos a cabo la «reducción fenomenológica»"; es decir, en vez de dejarnos determinar por tesis trascendentes, pongamos todas estas tesis «fuera de juego», y dirijamos "la mirada de nuestra aprehensión e indagación teórica a la *conciencia pura en su absoluto ser propio*. Así, pues, esto es lo que queda como el «*residuo fenomenológico*» buscado, lo que queda a pesar de que hemos «desconectado» del mundo entero con todas sus cosas, seres vivos, hombres, comprendidos nosotros mismos" (1962: 115; cursivas propias). Y en seguida agrega: "No hemos perdido propiamente nada, sino ganado el íntegro ser absoluto, que bien entendido, alberga en sí todas las trascendencias del mundo, las «constituye» en sí" (1962: 115–116; énfasis propios). De ese modo, la reducción provee a la intuición bien ejercitada significaciones claras y únicas, «borrando», por decirlo así, las otras significaciones que en ciertas circunstancias ocurren primero por obra del hábito. Así también es posible que las significaciones claras y únicas "retengan con fijeza su significación conceptual en todo posible contexto de pensamiento actual y pierdan la capacidad de adaptarse a otros datos intuitivos a los que correspondan otras esencias que llenen dichas significaciones" (1962: 150).

Los poetas modernistas experimentaron a su modo un tipo de «reducción eidética», mediante la cual apartaron todo lo que no era dado como esencia por el lenguaje heredado de la tradición. Lo que apartaban eran precisamente las significaciones impuestas por los dogmas y fueros de la tradición medieval empeñada en manipular la conciencia del ser humano. Rechazar la tradición, fue prescindir de su visión del mundo y de las significaciones correspondientes en el lenguaje; separar sus juicios y significaciones; aislarla en el presente moderno, hacer caso omiso de sus proposiciones y dogmas. Por el contrario, fue concentrarse en su propia intuición y sus propios pensamientos ante la realidad inmediata. Más adelante nos ocuparemos de este procedimiento bajo el nombre de *estatuto prelingüístico* propuesto por el teórico literario y semiólogo mexicano José Pascual Buxó (1931–2019), en su ensayo «Lengua y realidad en la poesía de César Vallejo» (1981). Ahí afirma que el lenguaje poético moderno, "aprovechando las infinitas posibilidades de expresión latentes en la lengua", devuelve a la realidad "sus posibles estatutos prelingüísticos y conforme con ellos el lenguaje que los ha de expresar."[8] En 1984 publicó su libro *Las figuraciones del sentido. Ensayo de poética semiológica*, en el que amplió sus reflexiones sobre la lengua poética y la realidad.

Husserl, en sus *Investigaciones lógicas* (Madrid, 1976), distingue en la percepción una "mezcla de componentes perceptivos e imaginativos", por lo que es posible descomponer "el *contenido perceptivo puro* y un *contenido imaginativo complementario*" (1976: 657; cursivas propias). Así, la «reducción» es posible en el acto de percibir. De ahí que reitere: "La reducción de una percepción impura, por eliminación de los componentes simbólicos, da la intuición pura a ella inherente; sólo

---

8   Pascual Buxó, "Lengua y realidad en la poesía de César Vallejo", *Thesis. Nueva Revista de Filosofía y Letras* 3, núm. 8 (enero de 1981): 15–20

un paso más en la reducción, la eliminación de todo lo imaginativo, da el contenido total en percepción pura" (1976: 658).

En otras reflexiones de su libro, *La idea de la fenomenología. Cinco lecciones* (México, 1982), Husserl señaló que sólo por medio de la *reducción fenomenológica*, se puede obtener "un dato absoluto, que ya no ofrece nada de transcendencia"; y explicó: "Si pongo en cuestión el yo, el mundo y la vivencia del yo como tal, entonces la reflexión simplemente intuitiva vuelta sobre lo dado en la apercepción de la vivencia de que se trate, sobre mi yo, da el *fenómeno* de esta apercepción; por ejemplo, el fenómeno «percepción aprehendida como percepción mía»" (1982: 55; cursivas propias). La reducción fenomenológica que propuso tiene lugar a partir de la percepción, aspecto importante para este filósofo. Valga la relación con las preocupaciones de los poetas modernistas hispanoamericanos, empeñados por lograr las representaciones de sus percepciones propias, vividas y experimentadas, particularmente referidas al ser de las cosas que contemplaban; representaciones que, por otra parte, permitían elegir las palabras adecuadas.

Husserl reitera su explicación enfocándose más aún sobre la percepción, y afirma que para obtener "el fenómeno puro, habría entonces de poner otra vez en cuestión el yo e igualmente el tiempo, el mundo; y, así, sacar a luz un fenómeno puro: la *cogitatio* pura"; y en seguida añade: "Pero puedo también, mientras percibo, dirigir la mirada, viéndola puramente, a la percepción, a ella misma tal como está ahí, y omitir la referencia al yo o hacer abstracción de ella"; de este modo, "la percepción visualmente así captada y delimitada es una percepción absoluta, carente de toda transcendencia, dada como fenómeno puro en el sentido de la fenomenología" (*Ibidem*). Y en cuanto al efecto de la percepción en el entendimiento de quien percibe, anota y subraya: "*A todo fenómeno psíquico corresponde, pues, por la vía de la reducción fenomenológica, un fenómeno puro, que exhibe su esencia inmanente* (singularmente tomada) *como dato absoluto*"; y precisa: "Toda posición de una «realidad efectiva no inmanente», no contenida en el fenómeno aunque mentada en él y, al tiempo, no dada en el segundo sentido, está desconectada, o sea, suspendida" (1982: 55; cursivas propias).

Los modernistas, en su contemplación de la percepción vivida, frente al fenómeno puro y nuevo de su captación, separaban y alejaban los fenómenos y sus significaciones que la tradición había acumulado para explicar de acuerdo con sus propias fábulas, el «tiempo» y el «espacio».

Conviene recordar que el filósofo checo Jan Patočka (1907-1977), que continuó y diversificó el pensamiento de Husserl, definió la *epojé* como una renuncia a las creencias sobre la realidad del mundo, una reducción sin abstracción, a cambio de la experiencia vivida ante esa realidad. En su libro *El movimiento de la existencia humana* (Madrid, 2004), escribió: "Se trata justamente de este mundo concretamente vivido, del que no se cercena nada de su plenitud"; así, sometido éste a la reducción se muestra "como un mundo fundado en los rendimientos de la conciencia premundana. El medio de este análisis no es, pues, una argumentación abstracta, sino un análisis concreto de la experiencia" (2004: 246).

Los modernistas buscaban, precisamente, una «conciencia premundana» (anterior a las explicaciones escolásticas y dogmáticas) para enfrentarse a la realidad, porque no les interesaba volver o retomar los testimonios o razonamientos de la tradición, a los que consideraban juicios anticipados, previos, convenidos en el pasado; es decir: prejuicios. Ellos preferían someterse al examen inherente de la experiencia propia, para referirla de una manera distinta y nueva.

Patočka, por otra parte, señaló que la fenomenología, como filosofía, se niega a seguir dócilmente a las ciencias particulares, sus métodos y sus problemáticas habituales: "Su propósito es ante todo sacar a la luz los prejuicios que dominan tanto en la vida cotidiana como en el conocer natural, y en el curso de este esclarecimiento ella [la fenomenología] tiene que elaborar un planteamiento metódico propio así como unas problemáticas originales, fundando un dominio del saber enteramente autónomo" (2004: 251).

Desde la poesía hispanoamericana de finales del siglo XIX, el propósito de los poetas modernistas era superar los prejuicios dogmáticos y metafísicos respecto a las representaciones tanto del mundo natural como del ser humano. Patočka, en otro de sus libros, *Introducción a la fenomenología* (Barcelona, 2005), señaló la falta de "un procedimiento reflexivo y regresivo, porque en el conocimiento fenomenológico las obviedades se nos descubren y, mediante una reducción crítica, se deshacen"; y añadió explícitamente: "Este es el sentido de la fenomenología. La fenomenología no puede ser metafísica, sino que es una crítica de toda metafísica, de todos los sistemas que firmemente se han construido a sí mismos.... se trata de despertar nuestra alma de su olvido y de su tendencia a dar muchas cosas por obvias" (2005: 35).

Además, hace otra aclaración muy importante respecto a la «reducción» en el ámbito sensorial tratada por Husserl, señalada más arriba. Esa aclaración traza un trayecto de lo sensorial, a la lógica y al lenguaje. Patočka escribió: "El principio no se radica originalmente en la percepción. El principio husserliano se radica ya desde el comienzo en el ámbito de la lógica, en el ámbito del significado, en el ámbito del lenguaje dotado de sentido. Ahí es donde están sus raíces" (2005: 25).

Sus reflexiones iluminan y permiten entender, finalmente, los esfuerzos de los modernistas hispanoamericanos por encontrar el lenguaje poético adecuado a sus representaciones; es decir, el lenguaje estético que buscaban articular. El filósofo checo advierte: "Para nuestras vivencias particulares, para nuestras estructuras subjetivas carecemos originalmente de posibilidades expresivas, aprehensivas. El lenguaje y su aparato conceptual están vueltos originalmente hacia el exterior, hacia las cosas"; y en seguida explica: "Se trata aquí de aprehender el fenómeno básico que se podría describir así: en el encuentro con el mundo tenemos, por un lado, algo que afecta a nuestra propia vida, que le pertenece, y, por otro, tenemos algo exterior, fuera de nosotros. La enunciación *el alma son las cosas* pretende indicar que lo que tengo en mi experiencia o en mi conocimiento es, de alguna manera, espiritual" (2005: 39; cursivas propias).

En nuestro esfuerzo de explicar la falibilidad del lenguaje reconocida por los modernistas hispanoamericanos, la explicación de Patočka alumbra y permite afirmar que la experiencia referida por ellos no es otra que la «experiencia estética».

Por otra parte, ese mismo recurso puede ser entendido según la noción de «metalenguaje» expuesta por el filósofo, historiador y sociólogo francés Michel Foucault (1926-1984), quien en su libro *Las palabras y las cosas. Una arqueología de las ciencias humanas* (México, 1968) señaló que a partir del siglo XVIII el idioma pertenece al saber porque nos entrega todo un campo histórico que no había existido en épocas precedentes. Añade que de ese modo se hace posible "algo así como una historia del conocimiento. Pues si el lenguaje es una ciencia espontánea, oscuro para sí mismo y torpe—es a su vez perfeccionado por los conocimientos que no pueden depositarse en sus palabras sin dejar en ellas su huella y como el emplazamiento vacío de su contenido" (1968: 92). Ahí mismo explica que los idiomas en general constituyen un «saber imperfecto», pero son, sin embargo, "la memoria fiel de su perfeccionamiento. Inducen a error, pero registran lo que se ha aprendido. En su desordenado orden, hacen surgir ideas falsas; pero las ideas verdaderas depositan en ellos la marca imborrable de un orden que el solo azar no habría podido disponer"; y, remontándose a tiempos remotos, agrega: "Lo que nos dejan las civilizaciones y los pueblos como monumentos de su pensamiento, no son los textos, sino más bien los vocabularios y las sintaxis, los sonidos de sus idiomas más que las palabras pronunciadas, menos sus discursos que lo que los hizo posibles: la discursividad de su lenguaje" (*Ibidem*).

En otro de sus libros, titulado *De lenguaje y literatura* (Barcelona, 1996), Foucault se ocupa de dos propiedades de todo lenguaje. De una dice: "es la posibilidad de definir las propiedades de un lenguaje dado, la forma de un lenguaje, los códigos, las leyes de un lenguaje, en otro lenguaje"; a la otra la refiere con el término «metalenguaje»: "segundo lenguaje, en el que pueden definirse las formas, las leyes y los códigos del primer lenguaje", pero que "no es necesariamente diferente en sustancia del lenguaje primero"; y es posible hacerlo en una lengua cualquiera, así como "en un lenguaje simbólico inventado al efecto"; concluye que, por consiguiente, "se halla aquí, en esta posibilidad de retroceso absoluto con respecto al lenguaje primero, una posibilidad, a la vez, de sostener acerca de él un discurso enteramente discursivo y de estar, no obstante, por completo en el mismo plano que él" (1996: 84). Más adelante, afirma que, mediante la reflexión, "el ojo obtiene de su facultad de mirar el poder de volverse sin cesar más interior a sí mismo. ... Se dirige hacia un centro de inmaterialidad donde nacen y se anudan las formas no tangibles de la verdad: el corazón de las cosas que es su sujeto soberano" (1996: 136).

La reflexión de Foucault señala el recurso cierto e innegable de todo lenguaje para enfrentarse a su propia estructura, y lograr variantes significativas, como sucede con el lenguaje simbólico, pero que demanda, como muy bien señaló Patočka, una «conciencia premundana» para el análisis y reflexión de la experiencia vivida. Recordemos también al filósofo francés Ricoeur, citado más arriba por su *Hermenéutica y acción*, donde señaló que "es propio de la obra *descontextualizarse*, tanto desde el punto de vista sociológico como psicológico, y poder *re-contextualizarse* de otro modo" (2008: 176). Reconoció además un «poder subversivo» en el discurso poético, que lo explicó con los siguientes términos: "La estrategia de este discurso depende toda ella del equilibrio de dos momentos: suspensión de la referencia del lenguaje ordinario y apertura de una referencia de segundo grado, que es otro nombre para lo que designamos antes como mundo de la obra, mundo abierto por la obra" (2008: 178).

3.5 Reducción y pluralidad referencial

El concepto de la limitación del conocimiento y del lenguaje ha sido inherente a la doctrina modernista, que ha discernido entre lo que es, por una parte, la percepción sensorial de la realidad—por los sentidos y la sensibilidad—; y, por otra, la comprensión intelectiva—el esfuerzo por entender—esa misma realidad. El enfrentamiento con este conflicto ha sido causa de hondas reflexiones y origen de otro problema de naturaleza pragmática: experimentar casi siempre escindidas la percepción sensorial y el conocimiento intelectivo, y, en consecuencia, la expresión poética ante la incertidumbre y las dudas conceptuales. Ni se conoce plenamente lo que se percibe, ni se percibe plenamente lo que el conocimiento desea abarcar. Ni se expresa plenamente la experiencia de la percepción, como tampoco la experiencia del conocimiento. El lenguaje se reduce a la manifestación de conjeturas mediante pluralidades referenciales.

Rubén Darío, en el «Coloquio de los Centauros», *Prosas profanas* (1896), se refiere al efecto anímico de ese fenómeno como el «terrible misterio de las cosas». En el mismo poema afirma que «las cosas tienen un ser vital», porque «toda forma...es un enigma». Las cosas son, pues, formas aprehensibles por los sentidos, pero incomprensibles por la inteligencia. De ahí que esta doble índole de la realidad tenga, obviamente, su dualidad correlativa en el lenguaje que solo articula figuraciones. Estas ideas se hallan dispersas en la obra general del poeta nicaragüense, de manera especial en *Cantos de vida y esperanza* (1905). En el primer poema, que da nombre al volumen, el poeta afirma que "... la vida es misterio, la luz ciega / y la verdad inaccesible asombra; / la adusta perfección jamás se entrega, / y el secreto ideal duerme en la sombra". En «Filosofía» dice: "Sabed ser lo que sois, enigmas siendo formas." Y de manera implícita están esas ideas en «Caracol»: "y oigo un rumor de olas y un incógnito acento / y un profundo oleaje y un misterioso viento..."

El colombiano José Asunción Silva, en el poema «La voz de las cosas» anhela aprehender y contener en su escritura la sonoridad de los objetos. Escribe: "Si os encerrara yo en mis estrofas, / frágiles cosas que sonreís, / pálido lirio que te deshojas, / rayo de luna sobre el tapiz / de húmedas flores, y verdes hojas, / que al tibio soplo de mayo abrís;/ ¡si os encerrara yo en mis estrofas, / pálidas cosas que sonreís!"

Afanes similares pueden hallarse en la obra de otros poetas, como el mexicano Amado Nervo (1870–1919). Sólo en *Serenidad* (1914) se verá que esas ideas están en los siguientes poemas: «La montaña» (en el que dice: "y noto que me hacen signos inteligentes / las estrellas, arcano de las noches fulgentes, / y las flores, que ocultan enigmas de mujer"); en «Paz lunar» (afirma: "En lo más escondido de tu mente, / detrás de una enigmática barrera, / vive un ser misterioso..."); en «Yo no soy demasiado sabio» (se lee: "Esperemos, suframos, no lancemos jamás / a lo Invisible nuestra negación como un reto"); en «A qué» (dice: "Mas nunca entenderemos la esencia de las cosas"); en «Arcanidad» (reitera: "¡Qué necedad la de los que imaginan / escudriñar las cosas... si no vemos / jamás lo que en sí son las cosas!"); en «Cansancio» (concluye: "¡A qué pensar, a qué lanzar nuestro reproche / a lo Desconocido! / ¡Comamos y bebamos! / Quizá es preferible que nunca comprendamos / el enorme secreto que palpita en la noche!").

Otro poeta mexicano, Enrique González Martínez (1871–1952), particularmente a partir de *Los senderos ocultos* (1911), se ocupa de la índole desconocida de las cosas: "Busca en todas las cosas un alma y un sentido / oculto; no te ciñas a la apariencia vana". Su obra es el testimonio de una reflexión constante sobre la comprensión del ser y del mundo a través de la poesía. En ese afán descubrió la crisis del saber y del lenguaje. Paradójicamente, para su actividad intelectual ambos eran los únicos instrumentos para su tarea. Su reflexión reconoce la crisis del pensamiento occidental de la primera mitad del siglo XX que, por otra parte, define la crisis de la modernidad. Esto es, de la modernidad contemporánea que alcanzó su auge y sus límites en los años 1920-1950. En este período se acentúa la crisis de la modernidad en la obra de González Martínez y se manifiesta mediante dos enfoques referidos al contexto histórico: por una parte, época de desencanto fruto de profundos conflictos sociales que desencadenaron conflagraciones mundiales; por otra parte, en el nivel intelectivo, el afán metafísico de conocer y expresar el sentido de las cosas, que conllevó también otros dos grandes conflictos del pensamiento: anhelo de conocer y expresar. Veamos ambos contextos:

En el histórico, los conflictos sociales de su tiempo que afluyen en la crisis de la modernidad, latentes en su poesía, se advierten de un modo explícito con la publicación del volumen *Babel*, en 1949; lo cual no quiere decir que antes de esa fecha no estén presentes en su obra. El sentimiento de incertidumbre y desconcierto que experimenta ante el espectáculo de su tiempo expresa en «Vacilación», título del poema XI, que refiere el curso del ser humano: "y pasaron los hombres, abstraídos, / rodando a los escollos de la muerte, / venda a los ojos, cera en los oídos. /... / Todos, en caravana aterradora, / van mascullando voces sin sentido / en una absurda confusión sonora". Dentro de este contexto se enfrentó a los conflictos del conocimiento y de la expresión. Ambos problemas, los límites del saber y el lenguaje, fueron también problemas radicales para la filosofía de ese momento. En 1944, en el primer volumen de su autobiografía (*El hombre y el búho. Misterios de una vocación*) escribió: "Me seducen y me sedujeron siempre más los sistemas, las lecturas de pensadores que dejan el pensamiento sin atarlo, a merced propia, como si el despertar de la inquietud interior fuera su único objeto"; y añadía: "De ahí la impresión profunda y perdurable que me produjo la lectura de Platón, mi simpatía decidida por pensadores como Pascal, Novalis, Nietzsche—a quien amé mucho en un tiempo—, Bergson" (1944: 140). La reflexión crítica y la escritura poética, es decir, el pensar y registrar en la escritura ese pensar revelaron a González Martínez el problema de la relación del pensamiento y lenguaje.

Gadamer, en *Verdad y método II*, escribió que "las lenguas son modos de ver y de concebir el mundo" (1992: 197). Y más adelante explicó: "Pensamos con palabras. Pensar significa pensarse algo. Y pensarse algo significa decirse algo" (1992: 195-96). Por su parte, Habermas, en su libro *Pensamiento postmetafísico*, afirma que uno de los motivos más importantes de este pensamiento es su «giro lingüístico», que representa una ruptura con la tradición. Define este «giro lingüístico» como una cesura profunda que representa "el cambio de paradigma de la filosofía de la conciencia a la filosofía del lenguaje". Agrega que, si antes el signo lingüístico era considerado sólo un instrumento y elemento accesorio, ahora los significados lingüísticos cobran dignidad propia y las "operaciones constituidoras de mundo pasan de la subjetividad trascendental a los estudios gramaticales" (1990: 17).

Ya señalamos que Darío, en las «Palabras liminares» de *Prosas profanas* (1896), afirmó que «cada palabra tiene un alma», pues está integrada por el verbo y la idea. Reafirmó estos conceptos en la parte VI de sus «Dilucidaciones» de *El canto errante* (1907) y en la revisión general de sus propios criterios y actitudes realizada en *Historia de mis libros* (1913).[9] Estos conceptos básicos inducen a aceptar que los poetas modernistas debían superar las dificultades de conocer para expresar la realidad como tal; su intuición elaboraba sólo conjeturas, concepciones aproximadas de las cosas en base a la experiencia sensorial, limitada a lo aparente. Ese sentido de entrever las cosas en sus contornos indefinibles influyó, naturalmente, en la caracterización del estilo modernista.

Esos rasgos estilísticos fueron definidos acertadamente por el modernista boliviano Jaimes Freyre, el mismo año de publicación de las *Prosas profanas* de Darío. Entonces, escribió en la revista *La Quincena*

---

9   El concepto de la doble índole de la palabra fue estudiado por Eduardo Zepeda-Henríquez en «Filosofía del lenguaje en Rubén Darío», *Cuadernos hispanoamericanos*, 212-213 (agosto-septiembre, 1967), 279-284. Véase también Julio Ycaza Tigerino y Eduardo Zepeda-Henríquez, *Estudio de la poética de Rubén Darío* (Managua: Comisión Nacional del Centenario de Rubén Darío, 1967).

de Buenos Aires (1896) lo siguiente, en una nota preliminar con la que presentaba su poema «Castalia bárbara»: "... el estilo poético obedece exclusivamente al asunto y sigue las ondulaciones y los matices del pensamiento... Si el pensamiento es de suyo nebuloso y sus contornos indecisos, una expresión clara, natural y correcta sería absolutamente antiartística".[10]

El estilo sensorial de esta poesía es una prueba definitiva de ese enunciado. Para la mentalidad modernista, escéptica ante la posibilidad de comprender y expresar plenamente la realidad, ésta se reduce a percepciones, sinestesias y sensaciones, relacionadas por analogías y correspondencias, suposiciones, presunciones, figuraciones. La realidad, al no ser captada en su naturaleza real, permanece desconocida: ausente de la experiencia cognoscente y del lenguaje. El mundo material permanece para el sujeto sólo como una representación. Así, el modernismo posee, entre sus rasgos estilísticos, la conciencia de la percepción; y ostenta una actitud reflexiva profunda y compleja que busca desentrañar la esencia de las cosas; y, sobre todo, se aferra a la experimentación denodada en el lenguaje frente a la inmanencia de los objetos naturales.

Dentro de este contexto, la función de poeta será—como afirmó Darío en textos de 1896 y 1900, respectivamente—"oír el acento desconocido" e interpretar "las voces ocultas" de las cosas. Así lo escribió en el «Coloquio de los Centauros» (*Prosas profanas*). La actitud modernista, al acecho de lo desconocido de las cosas, puede verse también en las citas ya transcritas más arriba.

El poeta salvadoreño Roberto Armijo (1937–1997) en un artículo titulado «Rubén Darío y su intuición del mundo», se refirió al contexto ideológico (las ideas fundamentales) que caracterizó al pensamiento de los modernistas. Escribió que este "exquisito lírico se encuentra en el instante difícil en que sucumben otros grandes de sus contemporáneos"; explicó el ambiente intelectual de entonces de este modo: "Como él, perturbados por hechos inexplicables reaccionan refugiándose en su mundo; si a veces salen de su torre donde sueñan y sufren un tiempo hostil y bárbaro, lo hacen rápidamente y extrañados

---

10 Véase la revista *La Quincena* (Buenos Aires), 3 (1896), 336–340.

de vivirla, ya que se sienten ajenos a su desenvolvimiento; después vuelven a replegarse, a defenderse de lo que no entienden, odian y temen" (1968: 566).[11] En esa atmósfera ideológica, Armijo incluye creencias religiosas y afirma: "Nuestro poeta es consciente de la inseguridad, de la inestabilidad del hombre. Y acoge el valor de la culpa, el pecado original de la teología cristiana como causa de nuestro separamiento con Dios" (1968: 570). Más adelante agrega que Darío convierte la poesía en explicación, en soporte sustitutivo de la filosofía: "*De Platón tomó el ideario de su estética idealizante. De él mismo la porción pitagórica, animista.* Ya en *Prosas profanas* se leen poemas que encierran la inquietante, incisiva exploración del enigma. Estos versos prenuncian el ahínco escrutador que inspira el ansioso pensamiento del poeta" (1968: 575; cursivas propias).

Respecto a "las voces ocultas", Darío también las refirió en su poema «Atrio», soneto dedicado al poeta español Juan Ramón Jiménez (1881–1958) y publicado por éste en el preámbulo de su primer libro: *Ninfeas* (Madrid: Tipografía Moderna, 1900). La investigadora literaria y estudiosa cubana de la obra del poeta español, Graciela Palau de Nemes (1919–2019) escribió que este soneto es «profético» porque señala tres elementos que serán característicos de la poesía de Jiménez: el intelectualismo, el amor y el sentimiento religioso.[12] Sin desconocer dicha interpretación, se debe admitir también que tales elementos son cualidades propias del concepto que Darío tenía de la poesía en general. Respecto al primer elemento, la autora del artículo dice: "Darío alude a *la razón* del poeta como intérprete de *las voces ocultas,* presintiendo un intelectualismo que la incipiente poesía de Jiménez estaba aún muy lejos de poseer." Agrega más adelante que este aspecto será esencial "en la poesía juanramoniana: el reclamo a la inteligencia (no

---

11   Citamos de *Estudios sobre Rubén Darío,* compilación y prólogo de Ernesto Mejía Sánchez (México, Fondo de Cultura Económica-Comunidad Latinoamericana de Escritores, 1968). El artículo de Armijo originalmente apareció en *Repertorio Centroamericano*, 7–8 (San José, Costa Rica, mayo de 1967), pp. 20–28.

12   Véase el estudio de Palau de Nemes, «Tres momentos del neomisticismo poético del 'siglo modernista': Darío, Jiménez y Paz» en *Revista de Bellas Artes,* 19 (México: enero–febrero 1968), pp. 65–74.

olvidemos los famosos versos de Juan Ramón: '¡Inteligencia, dame / el nombre exacto de las cosas!')". Aquí también se puede subrayar que es asimismo cierto que el intelectualismo es consustancial al concepto de poesía de Darío y otros destacados modernistas.

En el prólogo del *Canto errante* (1907), Darío escribió: "El don de arte es un don superior que permite entrar en lo desconocido de antes y en lo ignorado de después...". El oficio del poeta, según esta afirmación, es pues una disciplina reflexiva. Lo inevitable del ente humano es «ser, y no saber nada». En esa oposición de ideas se centra el conflicto existencial que expone el poema «Lo fatal», de *Canto de vida y esperanza* (1905). No se puede dejar de observar en este texto la aparición de la imagen del poeta inmerso en la duda ante los fenómenos trascendentales de la existencia. Esa imagen caracteriza a Darío, que parece tener conciencia—angustiosa conciencia—de la primera verdad de las *Meditaciones* de Descartes; *cogito, ergo sum* (pienso, luego existo). Llama la atención que la crítica haya estudiado este poema más por sus aparentes «fuentes estilísticas» que por su significado dentro de la concepción general de su autor. Aunque, sin duda, tales trabajos han enriquecido el estudio del estilo del poema, no han dejado de empobrecer otros valores propios e intrínsecos de esta composición.[13] El crítico argentino Arturo Marasso afirmó que Darío escribió ese poema después de leer a Claudio Bernard.[14] A su vez otro crítico argentino, Emilio Carilla (1914–1995), rectifica con justicia ambas opiniones.[15] En el apéndice de su artículo, Carilla transcribe fragmentos de Nietzsche,

---

13 Me refiero al crítico español Amado Alonso (1896–1952) que vio en el poema influencias de Miguel Ángel: «Estilística de las fuentes literarias de Rubén Darío y Miguel Ángel», en *La Nación,* Buenos Aires, 25 de septiembre de 1932; republicado varias veces después y recogido en *Materia y forma en poesía* (Madrid: Gredos, 1955).

14 Marasso, *Rubén Darío y su creación poética* (La Plata: Universidad de La Plata, 1934), pp. 254–262.

15 Véase, Carilla, «Estilística de las fuentes literarias» en *Cuadernos Hispanoamericanos,* 180 (diciembre de 1964), 1–18.

Amiel, Baudelaire y Richepin que muestran ideas similares a las del poema «Lo fatal», de Darío.[16]

Sin embargo, un estudio que abarca con profundidad el estilo de la composición de referencia, a partir de lo dicho por A. Alonso, es el ensayo del hispanista estadounidense Michael P. Predmore (1938-2017), cuya lectura recomendamos.[17] También el artículo de Miguel Enguídanos que señala certeramente la importancia del poema como manifestación de las tensiones internas del poeta, aclarando que la «tensión» es un concepto fundamental de la filosofía del poeta y de su actitud hacia la vida.[18] Por su parte, el crítico argentino Rubén Benítez (1928) estudió las influencias de Schopenhauer en el poema de Darío, aunque agrega que "Darío ha triunfado sobre Schopenhauer, ha conseguido transmitirnos, no un pensamiento, sino una angustia personal que lo confirma" (1972: 512).[19]

Sorprendentemente, el poeta y crítico español Pedro Salinas (1891-1951), desde una perspectiva propia de su catolicismo místico, ha observado el poema «Lo fatal» dentro de la temática erótica de Darío. Escribió que "*Lo Fatal* es poema de completa autonomía de sentido, creo que solo cobra su altitud de significación cuando se le mira a luz de las poesías más exaltadas de la fase erótica pura" (1948: 165–166). Y agregó más adelante: "Eso es lo fatal. Que no puede deshacerse el poeta de su erotismo".[20]

---

16   Otra crítica argentina, Julieta Gómez Paz (1920–1995), opinó también que el poema de Darío es producto de una lectura de Rosalía de Castro. Véase: «Rubén Darío y Rosalía de Castro» en *Asomante*, 2 (1967), 44–49; recogido después en *El poema y su mundo* (Buenos Aires, Losada, 1968), pp. 31–37.

17   Véase su «A stylistic analysis of 'Lo fatal'», en *Hispanic Review*, 4 (1971), pp. 433–438.

18   Enguídanos, «Inner Tensions in the Work of Rubén Darío» en *Rubén Darío Centennial Studies*, editado por Miguel González-Gerth y George D. Schade (Austin, University of Texas, 1970), pp. 13–29.

19   Benítez, «Schopenhauer en 'Lo fatal' de Rubén Darío», en *Revista Iberoamericana*, 80 (julio-septiembre 1972), pp. 507–512.

20   Véase, Salinas, *La poesía de Rubén Darío* (Buenos Aires, Losada, 1948).

Para nosotros, la mente («la vida consciente») interroga y cuestiona el problema del ser y de las cosas, aunque sus esfuerzos son generalmente vanos. La esfera de la mente permanece aislada frente a la esfera de la realidad, también aislada en sí. Esta relación de la poesía con el conocimiento ha sido también tratada por el crítico nicaragüense Edgardo Buitrago (1924-2009), quien escribió que Darío "levanta a la poesía para hacerle recordar que sólo hay dos posibilidades para obtener el conocimiento: la de la ciencia y la de la poesía. O bien se observa, se analiza, se formula hipótesis y se comprueba por la experiencia (procedimiento científico). O bien se va más directamente, poniéndose el oído al propio corazón del mundo, recogiéndose de las propias cosas su mensaje (conocimiento poético)". Añade que con esta actitud "se trata de superar la crisis del cientificismo puro a que había llegado Europa en el siglo XIX".[21]

Predmore, en su artículo ya citado, hace ver claramente cómo Darío emplea en «Lo fatal» sintagmas temporales durante su reflexión. Visto ese contexto, el poeta evidentemente aparece encerrado en la esfera del tiempo interrogando cuestiones metafísicas del tiempo de origen y del porvenir ultraterreno, para las que no se hallan respuestas. Esa imagen refuerza el esquema idealista cartesiano ya señalado. Por otra parte, el motivo de la «vida consciente» ha tenido especial atención de los poetas modernistas. Amado Nervo, («Al cruzar los caminos», *El estanque de los lotos* [1919]) implora: "... Sólo pido una cosa: / ¡Que me libres, oh Arcano, del horror de pensar! / Que me libres, ¡Oh, Arcano!, del demonio consciente; /... / Sea yo como el árbol y las espigas y la fuente, / que se dan en silencio, sin saber que se dan". Adviértase la similitud de estos versos con los de «Lo fatal», en su referencia al árbol, la piedra de la fuente y los simples objetos. El problema de «Lo fatal» diseña, pues, el esquema del ser pensante frente al ser de las cosas, y, entre ambos, el abismo metafísico del no saber. El ser humano no puede trascender su propia naturaleza y alcanzar el conocimiento

---

21   Buitrago, Edgardo, «Consideraciones polémicas acerca de la vigencia y actualidad de Rubén Darío», en *Repertorio Centroamericano* (San José, Costa Rica, mayo de 1967), pp. 6-19.

del mundo; no puede salir de su propia psiquis: toda su experiencia se reduce a una mera experimentación subjetiva y psicológica.

De este repaso sucinto de algunos aspectos básicos de la doctrina modernista, se puede obtener una conclusión general: los objetos de la realidad sensibles permanecen inaccesibles en su esencia a las facultades humanas; es decir, en un estado de desconocimiento e incertidumbre; su condición es incognoscible. En consecuencia, el lenguaje poético, en su falibilidad, sólo puede alcanzar a inferir indicios, o referentes iniciales, múltiples y diversos. O, en otras palabras, acudir a la conjetura para representar nuevas significaciones con el lenguaje heredado: figuraciones inéditas en pluralidades referenciales. En fin, todo lo dicho de las cosas por la tradición queda sometida a la reducción eidética.

El filósofo francés Merleau-Ponty, en su libro *Filosofía y lenguaje* (Buenos Aires, 1969), resultado de lecciones dictadas en el Colegio de Francia, entre 1952-1960, se ocupó del lenguaje poético, y escribió que la poesía, comparada con un enunciado de la lengua común, no implica significantes sin significados o cuya significación esté ausente; la poesía "siempre tiene más de una significación" (1969: 22). El filósofo reconocía la existencia de significaciones plurales en el lenguaje poético. En otro libro, *El mundo de la percepción. Siete conferencias* (Buenos Aires, 2003), resultado de otro ciclo de «conversaciones» ofrecidas en 1948, se ocupó de «El arte y el mundo percibido». Respecto a la literatura, y específicamente a la poesía del francés Stéphane Mallarme (1842-1898), escribió que el poeta "reemplaza la designación común de las cosas, ..., por un género de expresión que nos describe la estructura esencial de la cosa y así nos fuerza a entrar en ella"; agregó que la poesía está "totalmente soportada por el lenguaje, sin referencia directa al propio mundo, ni a la verdad prosaica ni a la razón, por consiguiente, como una creación de la palabra que no puede ser completamente traducida en ideas" (2003: 66). Merleau-Ponty concluía su reflexión y explicación con los siguientes términos: "es precisamente porque la poesía ... no es primero significación de ideas o significante ...: tanto en el poema como en la cosa percibida, no es posible separar el fondo y la forma, lo que es presentado y la manera como se lo presenta a la mirada" (2003: 67). En otras palabras, y acudiendo a una paráfrasis de lo escrito por el filósofo: el poema es el testimonio de la experiencia estética producida en la percepción del objeto, cuya forma y sustancia son inseparables.

Este filósofo francés, identificado con la corriente fenomenológica, ya en los inicios de su reflexión, había manifestado su convicción de que "desde fines del siglo XIX", los científicos "se acostumbraron a considerar sus leyes y teorías no ya como la imagen exacta de lo que ocurre en la Naturaleza, sino como esquemas siempre más simples que el acontecimiento natural, destinados a ser corregidos por una investigación más precisa, en una palabra, como conocimientos aproximados" (2003: 13). Explicaba, además que mientras "la ciencia y la filosofía de las ciencias abrían así la puerta a una exploración del mundo percibido, la pintura, la poesía y la filosofía entraban resueltamente en el dominio que les era así reconocido y nos daban de las cosas, del espacio, de los animales y hasta del hombre visto desde afuera, tal y como aparece en el campo de nuestra percepción, una visión muy nueva y muy característica de nuestro tiempo" (2003: 14–15).

La conferencia final del ciclo de 1948 la dedicó Merleau-Ponty a discernir sobre las diferencias entre el «Mundo clásico y mundo moderno». Señaló que postura de los antiguos fue afirmar "la seguridad de un pensamiento que no tiene dudas de estar consagrado al conocimiento integral de la naturaleza y de eliminar todo misterio del conocimiento del hombre"; en cambio, "entre los modernos, en vez de este universo racional abierto por principio a las empresas del conocimiento y la acción, tenemos un saber y un arte difíciles, llenos de reserva y restricciones, una representación del mundo que no excluye ni fisuras ni lagunas, una acción que duda de sí misma..." (2003: 69).

No se puede dejar de mencionar en la definición que hace este filósofo el sentimiento de duda que reconoce en el pensamiento moderno europeo. Es semejante al sentir que manifestaron los escritores modernos hispanoamericanos: la incertidumbre de la que nos ocupamos a lo largo de esta exposición.

Merleau-Ponty reitera que los modernos europeos, científicos, filósofos y artistas, "no tienen ni el dogmatismo ni la seguridad de los clásicos, ya se trate de arte, conocimiento o acción. El pensamiento moderno ofrece un doble carácter de inconclusión y de ambigüedad que, si se quiere, permite hablar de declinación o decadencia" (2003: 69–70). Más aún, se refiere al caso de su compatriota René Descartes (1596–1650), a quien muchos pensadores europeos consideran 'padre de la filosofía moderna', pero que para Merleau-Ponty no lo es, pues escribió: "Nosotros concebimos todas las obras de la ciencia como provisionales y aproximadas, mientras que Descartes creía poder deducir, de una vez y para siempre, las leyes del choque de los cuerpos, de los atributos de Dios" (2003: 70). El filósofo reafirmó su posición moderna: "Tenemos razones para preguntarnos si la imagen que a menudo nos dan del mundo clásico es algo más que una leyenda"; además, interrogó si acaso los clásicos no conocieron "la inconclusión y la ambigüedad en que vivimos"; y concluyó: "lejos de ser un hecho de decadencia, la incertidumbre de nuestra cultura no es más bien la conciencia más aguda y franca de lo que siempre fue verdadero, por lo tanto, adquisición y no declinación" (2003: 75).

3.6 MODERNISMO Y SEMIÓTICA

El semiólogo mexicano, crítico y teórico de la literatura Pascual Buxó definió, en sus reflexiones sobre poesía moderna, una categoría muy similar a la reducción fenomenológica y a la que denominó: *estatuto prelingüístico*. En su libro dedicado a la obra del poeta peruano César Vallejo (1892–1938), explicó que a diferencia de la poesía clásica, a la que también definió «poesía retórica», la poesía moderna no se conforma con "alterar provisionalmente los códigos de la lengua de comunicación práctica", sino que intenta "dar noticia de una realidad anterior—o posterior—a su cristalización lingüística"; pues aprovechando las innumerables posibilidades de expresión latentes en la lengua, devuelve a la realidad "sus posibles *estatutos prelingüísticos* y conforme con ellos el lenguaje que los ha de expresar"; lo cual implica "oponerse a muchas de las convenciones culturales heredadas y a los textos paradigmáticos con que ellas se nos imponen"; más aún, de ese modo se "tratará de crear una nueva lengua sobre los escombros de la primera, de inventar no sólo nuevos signos y establecer insólitos campos léxicos, sino nuevas relaciones sintácticas en las que se transgredan o se inviertan las que privan en la gramática normal" (1992: 14–15; cursivas agregadas).[22]

A lo largo de esta exposición hemos señalado la oposición de los poetas modernistas hispanoamericanos a las convenciones culturales heredadas. Y aunque Pascual Buxó no dedicó estudios específicos sobre el modernismo, reconoció el origen de la poesía de Vallejo en esa corriente. De *Los heraldos negros* (1918), primer libro de Vallejo, el crítico escribió: "hay más de un intento por subvertir el lenguaje extremadamente codificado y previsible del Modernismo y que la tendencia hacia una lengua hablada se advierte no únicamente en las composiciones de tema familiar o terruñero, pues el uso de locuciones coloquiales implica—en general—un intento, si no de revolución, por lo menos de renovación consciente de la lengua poética heredada" (1992: 41).

Cuatro décadas antes, el crítico literario español experto en poesía hispanoamericana Luis Monguió (1908–2005), en un estudio titulado «El agotamiento del modernismo en la poesía peruana», había escrito que en la lírica "contenida en *Los heraldos negros* se encuentran muy claramente las huellas de la influencia de Darío" (1953: 251).[23] Después de una detallada demostración de su afirmación, señaló también la influencia de Lugones, y agregó: "Otras notas podrían añadirse demostrativas de la receptividad hacia la poesía de los grandes modernistas americanos por parte del César Vallejo de *Los heraldos negros*; pero tras de constatar los dejos modernistas de buena parte de ese libro conviene ver lo que haya en él de no modernista" (1953: 252). De ese modo el crítico muestra la trayectoria del poeta peruano cuyo estilo, si bien se inicia en el modernismo, se desplaza hacia la elaboración de un lenguaje poético propio, que caracterizó a los vanguardistas hispanoamericanos. Reitera que en *Los heraldos negros* "el artista se muestra en parte atado todavía a las maneras literarias modernistas predominantes en los años en que él comenzó a escribir; pero al mismo tiempo se perciben en sus versos diversas vías que le llevan a una poesía distinta y alejada de la modernista" (1953: 256). Sin embargo, cabe destacar que,

---

22 Cita de Pascual Buxó, *César Vallejo. Crítica y contracrítica* (México, 1992).

23 Cita de Monguió, «El agotamiento del modernismo en la poesía peruana», en *Revista Iberoamericana*, (Septiembre, 1953).

aunque la poesía de Vallejo deja de ser modernista representa una de las manifestaciones más personales y legítimas de la modernidad hispanoamericana.

El profesor estadounidense de literatura hispanoamericana, Keith McDuffie, en uno de sus estudios sobre la obra del poeta peruano escribió. "La herencia literaria del modernismo le dio a Vallejo específicas formas léxicas y métricas, además de motivos y actitudes propias al joven poeta para expresar sus vivencias más entrañables, sobre todo el amor no comunicado o no correspondido"; y reiteró: "Las lecciones que los modernistas aprendieron de los simbolistas franceses las recibió y practicó Vallejo, hecho que se manifiesta en los rasgos imitativos de *Los heraldos negros*" (1970: 192).[24]

Sin embargo, es importante señalar que también es muy cierto que Vallejo, en su avance hacia nuevas formas de expresión, a principios del siglo XX, logra un lugar extraordinario en el conjunto de ismos del periodo conocido como «vanguardismo», completando de ese modo el trayecto iniciado por los modernistas y su registro en una modernidad legítima que es, asimismo, cosmopolita. De este trayecto nos ocuparemos en otro capítulo.

Por ahora es necesario volver a la categoría denominada «estatuto prelingüístico» propuesta por Pascual Buxó para definir la poesía moderna, que no solo conlleva la reducción de significaciones tradicionales y convenciones culturales heredadas, entre ellas la gramática de uso diario que no deja de ser la matriz de la visión común; ese estado «prelingüístico» implica "lo inédito de nuestra visión" (1992: 15). El teórico mexicano explica: "Frente a la absoluta ineditez de la visión de lo real que el poeta experimenta y quiere transmitirnos, ... intenta hacer añicos los moldes del lenguaje heredado con el deseo de comunicar plenamente aquellas experiencias que, por ser tan propias e irrepetibles, tampoco tienen parangón en la lengua" (1992: 19). Pero, por supuesto que este procedimiento tiene un costo, que el teórico también señala: "El precio que el poeta habrá de pagar por esta actitud destructora y exasperada, es el absurdo; la inevitable caída en contradicciones evita-

---

24 Cita de McDuffie, «Trilce 1 y la función de la palabra en la poética de César Vallejo», en *Revista Iberoamericana* (Abril–Junio, 1970).

bles"; el sucumbir "ante peligros de la razón y de la expresión"; añade que el absurdo "es con frecuencia la única salida que se le ofrece a la poesía; el absurdo permite continuar hablando de una realidad caótica y escurridiza para la cual la lengua ya no tiene palabras" (*Ibidem*).

Estas definiciones de Pascual Buxó sobre la poesía moderna nos permiten reiterar que en el período de finales del siglo XIX y principios del XX que nos ocupa, el pensamiento estético hispanoamericano había hincado sus raíces en el absurdo de «no saber», tras rechazar los dogmas escolásticos que todavía tenían vigencia en sus explicaciones del mundo y la vida; rechazo que, por otra parte, configuró una cultura de la incertidumbre. El «estatuto prelingüístico», por su relación con la *epojé,* (o «reducción fenomenológica») permite no sólo poner entre paréntesis las afirmaciones dogmáticas, sino también hallar y expresar la visión inédita, y una manera distinta de entender el mundo, en instantes previos a la elección de las palabras y significados ausentes hasta entonces; un modo de superar el conflicto de la «falibilidad del lenguaje».

En consecuencia, el estatuto prelingüístico y la puesta entre paréntesis de las significaciones tradicionales del lenguaje permiten, además, al poeta moderno, la expresión de la vivencia propia, gracias a la cual aparece la ansiada sustancia estética: en el fondo de la materia o forma del ser y los objetos. La reducción fenomenológica posibilita eliminar toda descripción previa, dada anticipadamente—*a priori*—por la tradición, y volver a un estado previo, prelingüístico, para expresar la experiencia vivida del poeta ante su objeto contemplado. Esta operación de la conciencia es, asimismo, como lo explicó la fenomenología de Husserl, una reducción eidética que permite retener solamente las notas esenciales de la vivencia y su objeto.

El estatuto prelingüístico, que permite obtener una visión inédita, es el estado previo que la conciencia alcanza al despojarse de la lengua ordinaria para lograr su visión primigenia de los objetos del mundo. Cabe aquí una comparación más, respecto a una definición de la reducción fenomenológica transcrita por el filósofo francés Merleau-Ponty, en su *Fenomenología de la percepción* (México, 1985). Dice: "En el silencio de la consciencia originaria vemos como aparece, no únicamente lo que las palabras quieren decir, sino también lo que quieren decir las cosas, núcleo de significación primaria en torno del cual se organizan los actos de denominación y expresión" (1985: 15). Tal era también la contemplación de los poetas modernistas hispanoamericanos en su busca de la expresión ante la falibilidad del lenguaje.

Pascual Buxó, en su libro *Las figuraciones del sentido: ensayos de poética semiológica*, señaló que "la percepción de los cuerpos sensibles por medio de los sentidos corporales no sólo da el conocimiento del mundo material, sino que dicho conocimiento nos permite contar con argumentos y analogías para discernir las realidades interiores o espirituales de las exteriores y sensibles" (1984: 172).[25] Es decir, la apercepción consciente, reflexiva sobre el objeto percibido, proporciona el conocimiento del mundo material, y permite apercibir afinidades y similitudes, entre la realidad material exterior y sus formas substanciales.

En sus estudios sobre Vallejo, Pascual Buxó compara la poesía clásica o retórica con la poesía moderna. En el caso de la primera señala que "la relación isomórfica entre lengua normal y realidad convencionalmente representada" queda "alterada sólo en uno de sus polos: el del lenguaje; por virtud del lenguaje la realidad ha salido un instante de los órdenes semióticos que le han sido impuestos; se ha transformado y embellecido en el misterio de su transmutación simbólica", al cabo del cual la realidad "recupera su inmóvil suficiencia para que nosotros, los lectores, podamos repetir aquella visión" (1992: 13). Reitera que la poesía retórica "se desvía—aunque siempre de modo pasajero y controlado—de los códigos que le impone la lengua ordinaria; la lengua, en cambio, mantiene inalterables los estatutos que ha impuesto a la realidad" (1992: 14). En cambio, la poesía moderna "lejos de conformarse con alterar provisionalmente los códigos de la lengua de comunicación práctica, intenta dar noticia de una realidad anterior—o posterior—a su cristalización lingüística"; esta poesía, "aprovechando las infinitas posibilidades de expresión latentes en la lengua", devuelve a la realidad "sus posibles estatutos prelingüísticos y conforme con ellos el lenguaje que los ha de expresar" (1992: 14).[26]

---

25 La cita de Pascual Buxó, *Las figuraciones del sentido: ensayos de poética semiológica* (México, 1984).

26 Este tema ha sido discutido ampliamente en Rivera-Rodas, *La poética semiológica de José Pascual Buxó* (México, 2020).

3.7 Modernismo y vanguardismo

Como ya fue señalado, la poesía moderna hispanoamericana, que se originó hacia 1880 con el modernismo, dio en la segunda década del siglo XX, a una variedad de corrientes o «ismos» que se congregarán bajo el nombre común de «vanguardismo». Saúl Yurkievich (1931–2005), crítico literario argentino y profesor universitario en Francia, se ocupó de esa transición en su estudio *Celebración del modernismo* (Barcelona, 1976). Desde su primera página señala que el vanguardismo trató de suprimir su legado modernista, y pretendió reconocerse sólo en su presente proyectado al futuro. Escribió: "Renegó radicalmente del pasado inmediato sin vislumbrar, como en tantas revoluciones, que todos sus propósitos, que todos sus logros habían germinado poco antes"; más explícitamente agregó: "Con perspectiva casi secular, podemos hoy restablecer la conexión causal entre modernismo y primera vanguardia, es decir reconocer a los poetas modernistas su condición de adelantados" (1976: 7). En referencia a Rubén Darío, Leopoldo Lugones y Julio Herrera y Ressig, reconoce también que volver "a estos patronos es retornar a la fuente de la modernidad"; además a una expresión definida: "Volver a la escritura polivalente, polimorfa, polifónica de los modernistas es recuperar la inquietud, la fluidez, el dinamismo, la disponibilidad; es devolver a la palabra los plenos poderes; palabra plástica, porosa, palabra conformada pero no conforme; palabra desprejuiciada, sin inhibiciones ni vedas ni censuras" (*Ibidem*).

Por el título del estudio de Yurkievich, que anuncia una «celebración» de los poetas que iniciaron la modernidad hispanoamericana, es decir, los modernistas, para recordarlos solemnemente, se puede entender el sentido claro de su estudio: exhortar a un reconocimiento y gratitud del movimiento que dio un giro mayor a la literatura regional que buscaba una expresión propia y acorde con su emancipación mental. Escribió: "Volver a los modernistas significa rescatar las aptitudes de la fantasía imaginativa y de su ejecutora, la fantasía verbal. Significa libertar al medio de la servidumbre mensajera. Significa superar las limitaciones de la imaginación reproductora, las deficiencias de lo real verificable. Significa romper el cerco de la experiencia fáctica, decir lo posible y lo imposible, decir todo lo decible" (1976: 8–9).

Sin embargo, nos interesa destacar la tarea de los modernistas en su renovación del lenguaje. Yurkievich escribe que el modernismo "opera la máxima ampliación en todos los órdenes textuales. Abarca por completo el horizonte semántico de su época, de esa encrucijada finisecular donde la concepción tradicional del mundo entra en conflicto con la contemporánea" (1976: 11). A propósito de «Lo fatal», de Darío, su duda y el reconocimiento del «no saber», escribió: "también instala la incertidumbre en el interior del discurso. La modernidad o sea el ilogicismo, el desmantelamiento de la coherencia, de la seguridad semántica, el conflicto, el desequilibrio, la inestabilidad van pasando de la denotación a la connotación"; cuya consecuencia tuvo el siguiente efecto: "El concierto, la simetría, la regularidad, las normativas razonadas son corroídos, conmovidos por esa conciencia desgarrada que no puede conciliar los contrarios, por un espíritu demoníaco, por una inquietud, un desequilibrio, una insatisfacción, un desasosiego, una neurosis"..., que, como se pudo entender después, fueron "los índices augurales de la crisis de valores de la angustia existencial que va a caracterizar a casi toda la poesía del siglo XX" (1976: 37).

El vanguardismo, en sus diversos ismos, tampoco superó esa crisis en un momento en que, por el contrario, ese conflicto comenzó a ser global. Como se explicó en el capítulo primero de esta exposición, el modernismo, como modernidad, fue el origen de la posmodernidad cuya característica fue también señalar una crisis global.

Pascual Buxó escribió del Vallejo vanguardista: "no sólo entró en conflicto con la realidad de la lengua, sino con la realidad del mundo; con lo que el mundo era para César Vallejo y con lo que ese mundo había hecho de los hombres y de la poesía"; y enfocado en el lenguaje poético de este autor señaló que la "problemática coherencia del pensamiento, el flagrante desacuerdo con los modelos que condicionan y limitan la transcripción de la realidad, determina la más radical anomalía lingüística y, consecuentemente, la producción de una clase de textos que, a primera lectura, parecen irreducibles a toda interpretación racional" (1992: 18). Del poemario *Trilce* (1922), dijo: "es el resultado de una de las experiencias poéticas más hondas y decisivas de la literatura castellana"; y que ese libro "constituye un angustioso esfuerzo por sentar las bases de una nueva lengua poética capaz de dar noticia fidedigna de una manera también nueva de encontrarse con la realidad del mundo" (1992: 20). Añadió que Vallejo "apostó decididamente por la realidad (esto es, por la experiencia vivida), aunque ésta no pueda ser cabalmente expresada, antes de conformarse con una lengua que, por no quedarse muda, inventa una sombra de realidad" (1992: 24). Esa «realidad vivida» no era otra que una «visión inédita del mundo», que implicaba además la categoría señalada «estatuto prelingüístico» de la realidad. Gracias a ese estatuto fue posible modificar las relaciones de la lengua y la realidad, pues en lugar de seguir "el camino que va de una abstracción fonosemántica a unos objetos exteriores a nuestras operaciones simbolizadoras, se intentará invertir la dirección de modo que las palabras (y las relaciones que ellas contraen) sean capaces de recuperar y expresar los efectos del mundo sobre nuestra conciencia sin pasar por los esquemas que la lengua impone al mundo" (1992: 16–17).

Sin lugar a duda, la percepción estética aísla entre paréntesis el entendimiento tradicional heredado con el lenguaje, y propone otro discernimiento. Esta reducción es radical para el pensamiento estético de la modernidad, lo cual permite reconocer el mundo tal como lo contemplaban e intuían los poetas en su propia circunstancia, rechazando las descripciones de siglos pasados, según la fabulosa imaginación medieval. Como bien escribió Pascual Buxó, para esto es necesario "anular en el inmenso corpus de cultura literaria que pesa sobre nosotros todas aquellas tendencias cristalizadoras y sumarias para dar paso a las innumerables posibilidades expresivas que la tradición retórica ha ido bloqueando"; es decir, "conceder a los signos nuevos valores o, cuando esto no sea posible, establecer nuevas combinaciones que ayuden a ampliar su horizonte semántico" (1992: 15).

La modernidad hispanoamericana se ha entregado intensamente a esa actividad creativa mediante el lenguaje, al reflexionar sobre la realidad y el sentido escondido y no manifiesto del ser que se disimula en las cosas y que, por inexpresado, deviene en no-ser. La prescindencia del mundo se acentúa en el vanguardismo, y es reconocida intuitivamente por sus propios poetas como un despoblamiento del espacio. En efecto, el rechazo de los referentes convencionales se manifiesta por la ausencia de referentes del mundo. Tarde o temprano el sujeto reconoce que, al recusar las descripciones del lenguaje ordinario, vacía la realidad y la despuebla instalando en ella soledad y silencio. El espacio vacío y el silencio es el contexto de todo enunciado vanguardista, por muy creativo e imaginativo que parezca. Ese espacio es propio de la modernidad.

Para crear realidades nuevas, el poeta necesita previamente evacuar el espacio de concepciones y convenciones tradicionales. Necesita recuperar una instancia inicial e inédita, desconocida, no dicha, increada, vacía. Esa eliminación es, sin embargo, la afirmación del vacío y del silencio a los que ya no podrá renunciar como único referente estable y permanente. Tal es la reducción imprescindible en la instancia productiva del discurso de la modernidad en su etapa final, es decir, vanguardista.[27]

Los escritores hispanoamericanos de la modernidad, a su modo, y merced a su percepción sensible y poética, distante de todo dogma, reconocieron por medios propios la incertidumbre de su cultura. Pero esa incertidumbre presente para ellos, como experiencia respecto al pasado, implicaba siempre el fulgor de la expectativa en el porvenir. Es decir, en la literatura hispanoamericana del siglo XX. Era una fe en el esplendor de la incertidumbre que vivían en su tiempo. En el capítulo V, y final, de esta exposición volveremos a tratar más ampliamente las experiencias vanguardistas.

---

27 La escritura vanguardista ha sido estudiada en Rivera-Rodas, *La modernidad y la retórica del silenciarse*. Xalapa, Ver., México: Universidad Veracruzana, 2001

IV.
Revelación estética en la incertidumbre

Vamos a aproximarnos ahora a la estética que se forja desde la incertidumbre en la modernidad hispanoamericana. La obra de los modernistas, como la de cualquier artista, tiene su origen en las percepciones. Percepciones que conducen a la contemplación de los objetos naturales, contemplación ante la cual además se revelan, se muestran, objetos estéticos de los cuales hablan. El poeta descubre el objeto estético impulsado por la potencia intelectual de su mente que, junto a su sensibilidad y su imaginación, anhela en su incertidumbre hallar la certeza de los entes del mundo. Cultivaron la belleza, a la que concedieron un valor elevado. La modalidad de sus percepciones y contemplaciones de la realidad fue de índole estética; más aún, su enfrentamiento con el mundo en tales circunstancias fue resultado de la necesidad de conocerlo.

El escritor y crítico literario español Pedro Salinas, en su afán de discernir y diferenciar los movimientos coetáneos modernismo y «Generación del 98» española, en 1938, escribió: "El modernismo, tal como desembarcó imperialmente en España personificado en Rubén Darío y sus «Prosas profanas», era una literatura de los sentidos, trémula de atractivos sensuales, deslumbradora de cromatismo"; reiteró que la expresión modernista corría "precipitada tras los éxitos de la sonoridad y de la forma. Nunca habían cantado las palabras castellanas con alegría tan colorinesca, nunca antes brillaran con tantos visos y relumbres..." y agregaba: "Era una literatura jubilosamente encarada con el mundo exterior, toda vuelta hacia fuera" (1949: 15).[1] Por otra parte, de sus compatriotas de la Generación del 98, afirmó: "El cuadro cambia por entero. Son los «preocupados», como se los llamó certeramente. Hombres tristes, ensimismados"; añadía: "Su literatura viene a ser un inmenso examen de conciencia, preludio de la confesión patética"; y comparaba a los dos movimientos de la siguiente manera: "Donde el modernista nada ágilmente, disfrutando los encantos de la superficie y sus espumas, el hombre del 98 se sumerge, bucea, disparado hacia los más profundos senos submarinos" (1949: 17).

Ciertamente, los modernistas viven de cara al mundo exterior para conocerlo mediante experiencia y contemplación propias; mientras los escritores del 98 se internan en su propia subjetividad y cara a su pasado imperial que se desplomaba. Ese afán por el mundo exterior que demuestran los modernistas se origina en su incertidumbre de la misma realidad mundana, que no podía ser entendida según explicaciones, términos y conceptos moldeados en el pasado medieval, cuyo lenguaje, en su amalgama de palabras y significados, ya no podía ser aceptada como certezas infalibles y dogmáticas. Para la modernidad hispanoamericana, la estética fue una posibilidad de «revelación» de la realidad natural mediante la contemplación poética y el manejo renovado del lenguaje. Como lo señalamos hace algún tiempo,[2] la modernidad hispanoamericana debe ser comprendida como el intento de una «poesía de revelación», producto del afán por lograr el conocimiento objetivo del mundo, lo cual, también hay que reconocerlo, ni para las ciencias era posible. El poeta hispanoamericano de finales del siglo XIX debía despojarse de la herencia anímico-conceptual tradicional, que constituía una interferencia en el reconocimiento de la

---

1 Cita corresponde de Pedro Salinas, *Literatura española del siglo XX. Segunda edición aumentada*. México: Antigua Librería Robredo, 1949. Otros críticos españoles consideraron la obra de los modernistas hispanoamericanos como fruto de «estetas». Tal es el caso de Ricardo Gullón en su artículo «Esteticismo y modernismo», *Cuadernos Hispanoamericanos,* núm. 212–213 (agosto–septiembre 1967), pp. 373–387.

2 Véase Rivera-Rodas, *Cinco momentos de la lírica hispanoamericana. (Historia literaria de un género)*. La Paz: Instituto Boliviano de Cultura, 1978, pp. 85–149.

realidad natural en un tiempo de renovación, por lo que acudió a la búsqueda de signos, de señales de la realidad exterior, para lo cual sólo disponía de sus percepciones. La expresión poética anterior había sido cultivada con recursos valorativos procedentes de contemplaciones interiores. La generación moderna se interesó por expresar conceptos y sentimientos de percepciones vividas mediante un lenguaje adecuado a esas vivencias. La visión de los modernistas, al captar señales nuevas de su tiempo y de su medio, y comunicarlas fielmente según su percepción, no revierte estados anímicos asignados previamente a la naturaleza, sino que descubre nuevas representaciones y las revela según las perciben en su propia experiencia. Ese hallazgo provoca un ánimo festivo, casi de celebración y encantamiento. Esas nuevas representaciones son de índole estética, y como tales descubren espacios distintos y recién instalados.

4.1 Otra representación de la realidad

Hugo Friedrich (1904–1978), crítico y teórico literario alemán, conocido por sus estudios sobre poesía moderna, había advertido que el poema de la modernidad, en su referencia a la realidad—cosas o seres humanos—no la describe según una visión o sensación familiar, "sino que las transpone al mundo de lo insólito... convirtiéndolas en algo extraño a nosotros"; porque el poema moderno "no pretende ya ser medido con lo que vulgarmente se llama realidad, ni siquiera cuando, al servirse de ella como trampolín para su libertad, ha absorbido en si algunos restos de aquella" (1959: 15–16).[3]

El teórico advirtió claramente a los lectores de la literatura tradicional e imitativa del mundo, que las representaciones, imágenes o figuras, del arte literario moderno, se mostrarían ajenos al orden conocido espacial, temporal, material y espiritual; así como distinto en sus modos de diferenciar entre lo bello y feo, próximo y lejano, luz y sombra, cielo y tierra. Explicó: "en la segunda mitad del siglo XIX, esta diferencia se convirtió en radical; entre el lenguaje corriente y el lenguaje poético se estableció una tensión desmesurada que, combinándose con

---

3   Cita de Hugo Friedrich, *Estructura de la Lírica Moderna. De Baudelaire hasta nuestros días.* (Barcelona, 1959).

la obscuridad del contenido, aturde al lector"; reiteraba: "El vocabulario corriente cobra significados insospechados. Palabras procedentes de las especialidades más remotas se electrizan líricamente. La sintaxis se descompone o se simplifica para formar expresiones nominales intencionadamente primitivas" (1959: 17). Reconoce asimismo un "movimiento autónomo del lenguaje y el afán de lograr unas formas sonoras... libres de significado", causando que "el poema deje de ser comprensible a base del contenido de sus expresiones" (1959: 18). De este modo, la tradición "quedaba bruscamente interrumpida" (1959: 22), mediante una «repulsión» del pasado. Explicó que en el siglo XIX se incrementó "la repulsión hacia el pasado, ya desde tiempo preparada por la desintegración de la mentalidad humanista. Esta repulsión puede tomar todas las formas, desde el hastío a la agresividad. Incluso en los espíritus más moderados, el recuerdo de la literatura anterior se ha transformado en necesidad de componer, cueste lo que cueste, una poesía propia, distinta de la de sus predecesores" (1959: 249).

Se trataba pues de construir el lenguaje propio de la modernidad, cuyas representaciones del mundo son otras, distintas, de las que impuso la tradición. Esas representaciones nuevas corresponden al lenguaje de la poesía moderna. Friedrich lo reiteró: "El desacuerdo entre signo y cosa designada es una ley de la lírica moderna, lo mismo que del arte moderno" (1959: 236).

Desde la región latinoamericana, Françoise Perus (1936), investigadora francesa y crítica literaria radicada en México, en su libro *Literatura y sociedad en América Latina: el modernismo* (México, 1992), escribió que esa literatura "busca ofrecer una representación-expresión sensible de lo «vivido», lo «sentido», lo «percibido», incluyendo las formas mismas de esa percepción", lo cual—agregó—plantea "por lo menos dos problemas: primero, el de la índole de esa representación, que no es una representación estrictamente conceptual, como la elaborada por la teoría científica, sino más bien una representación concreto-sensible; y segundo, el de la naturaleza de esas «vivencias», «sentimientos» y «percepciones»" (1992: 26). De ese modo, el modernismo confiere "significación y sentido social a la experiencia «personal» del escritor" (1992: 27).

4.2 La «fe perceptiva»

En esta experiencia personal de lo percibido, vivido y sentido, el filósofo francés Merleau-Ponty reconoció una «fe perceptiva». En su libro *Lo visible y lo invisible* (Buenos Aires, 2010), ha escrito: "Nosotros vemos las cosas mismas, el mundo es eso que vemos: las fórmulas de este tipo expresan una fe que es común al hombre natural y al filósofo desde que abre los ojos, remiten a un fundamento profundo de «opiniones» mudas implicadas en nuestra vida"; y advierte: "Pero esta fe tiene algo extraño: si uno busca articularla en tesis o enunciado, si uno se pregunta lo que es *nosotros*, lo que es *ver* y lo que es *cosa* o *mundo*, entra en un laberinto de dificultades y contradicciones" (2010: 17; cursivas propias).

Este aspecto resulta sumamente importante para volver al tema de la incertidumbre de la modernidad hispanoamericana que, en semejante ausencia de certezas, recupera cierta fe o creencia a partir de su propia percepción y vivencia. De esta manera logra sobreponerse a sus dudas para examinar y re-conocer, o entender según experiencia propia el mundo natural, al margen del conocimiento impuesto por la tradición. Este entendimiento dogmático pretérito denegaba o prohibía la posibilidad de distinguir las cosas de un modo distinto.

El filósofo francés explica que el pensamiento antiguo no permitía reconocer esa «fe perceptiva». Porque los métodos "de *prueba* y *conocimiento*, inventados por un pensamiento ya instalado en el mundo, los conceptos de *objeto* y de *sujeto* que él introduce, no nos permiten comprender qué es la fe perceptiva", a la que define del modo siguiente: "es una fe, es decir, una adhesión que se sabe más allá de las pruebas, no necesaria, hecha de incredulidad, a cada instante amenazada por la no-fe"; y explica que la creencia y la incredulidad "están aquí tan estrechamente ligadas que siempre encontramos una en la otra y, en especial, un germen de no-verdad dentro de la verdad: la certeza que yo tengo de estar aferrado al mundo por mi mirada me promete ya un pseudomundo de fantasías si la dejo errar" (2010: 37; cursivas propias). La «fe perceptiva» proporciona certezas en la incertidumbre. También explica que de la visión y de la sensación "sólo se retiene lo que las anima y las sostiene indudablemente, el puro pensamiento de ver o de sentir, y es posible describir tal pensamiento, mostrar que está hecho de una correlación rigurosa entre mi exploración del mundo y las respuestas sensoriales que ella suscita"; y tras un análisis del imaginario, es decir, el ámbito de la imaginación, afirma que "el pensamiento del que está hecho no es, en su sentido exacto, pensamiento de ver o de sentir, sino más bien la posición tomada de no aplicar, e incluso de olvidar, los criterios de verificación, y de tomar como «bueno» lo que no se ve y no puede ser visto" (2010: 38).

Los poetas hispanoamericanos de la modernidad, ciertamente, terminan aceptando que las esencias de las cosas tampoco pueden ser vistas en las representaciones nuevas que forjan de las cosas, aunque distintas, otras, de la tradición. De ese modo se enfrentan a la realidad y logran representaciones estéticas de lo visible y lo invisible. La reflexión poética desde la incertidumbre se desarrolla entre el dogmatismo del pasado tradicional y el escepticismo de la modernidad respecto a las creencias pretéritas, y en ese trayecto recupera su propia fe, aunque no exenta de duda, para manifestar su *estética de la revelación*, que es también expresión de su confidencia.

Merleau-Ponty explica la necesidad de aplicar la reflexión sobre la «fe perceptiva», a fin de evitar equívocos que podrían dar lugar a asegurar el acceso a las cosas mismas. Solo así se comprende que la fe perceptiva es una "mezcla de dogmatismo y de escepticismo, las convicciones borrosas de la fe perceptiva se convierten en duda; ya no creo ver con mis ojos las cosas exteriores a mí que veo: sólo son exteriores a mi cuerpo, no a mi pensamiento, que lo sobrevuela tanto como ellas"; y agrega "tampoco me dejo impresionar por la evidencia de que los otros sujetos que perciben no vean a las cosas mismas, que su percepción ocurre en ellos—evidencia que termina por repercutir en mi propia percepción, puesto que, finalmente, yo soy «otro» para ellos, y mi dogmatismo, al ser comunicado a los otros, vuelve a mí como escepticismo" (2010: 39).

Ya en el siglo XVIII, los filósofos empiristas ingleses se ocuparon de la percepción y su importancia en la comprensión. John Locke (1632-1704), en su notable obra *An Essay Concerning Human Understanding* (1689) había examinado esos elementos básicos del entendimiento humano. Los sentidos humanos, en su trato con objetos sensibles de la realidad transmiten respectivas y distintas *percepciones* de cosas a la mente, según modos variados en que esos objetos afectan. Tal es el proceso por el cual el sensorio humano llega a poseer las ideas de los colores, las temperaturas, los sabores, los olores y el tacto, es decir las cualidades sensibles que los sentidos transmiten a la mente desde los objetos externos por las *percepciones*. Locke añadía: "A esta gran fuente que origina el mayor número de las ideas que tenemos, puesto que dependen totalmente de nuestros sentidos y de ellos son transmitidas al entendimiento, la llamo *sensación*" (1999: 84; cursivas propias).[4]

Locke también señaló que esas sensaciones proveen al entendimiento de otra serie de ideas "*de pensar, de dudar, de creer, de razonar, de conocer, de querer,* y de todas las diferentes actividades de nuestras propias mentes" de las que tenemos conciencia; y explicó: "así como a la otra la llamé sensación, a ésta la llamo *reflexión*, porque las ideas que ofrece son sólo tales como aquellas que la mente consigue al reflexionar sobre sus propias operaciones dentro de sí misma"; y reiteró "quiero que se entienda por *reflexión* esa advertencia que hace la mente de sus propias operaciones y de los modos de ellas, y en razón de los cuales llega el entendimiento a tener ideas acerca de tales operaciones"; y concluyó que esas dos fuentes, a saber: "las cosas externas materiales, como objetos de sensación, y las operaciones internas de nuestra propia mente, como objetos de reflexión, son... los únicos orígenes de donde todas nuestras ideas proceden inicialmente" (1999: 84; cursivas propias). En síntesis, las percepciones conscientes provocan en el ser humano *sensaciones* y *reflexiones*.

Otro distinguido filósofo inglés empirista, David Hume (1711-1776), en su *Tratado de la naturaleza humana* (1739), escribió que todas las percepciones de la mente humana se reducen a dos géneros distintos: impresiones e ideas. Hume emplea la palabra «impresiones» por sensaciones y ratifica el otro término «ideas». Además, señaló que la diferencia entre ambos conceptos consiste en los grados de fuerza y vivacidad con que afectan nuestro espíritu y nuestro pensamiento. Explicó: "A las percepciones que penetran con más fuerza y violencia llamamos impresiones, y comprendemos bajo este nombre todas

---

4 Cita procede de John Locke, *Ensayo sobre el entendimiento humano* (México, 1999).

nuestras sensaciones, pasiones y emociones tal como hacen su primera aparición en el alma"; respecto al otro concepto agregó: "Por ideas entiendo las imágenes débiles de éstas en el pensamiento y razonamiento, como, por ejemplo, lo son todas las percepciones despertadas por el presente discurso, exceptuando solamente las que surgen de la vista y tacto y exceptuando el placer o dolor inmediato que pueden ocasionar" (1977: 16).[5]

Con esa afirmación, que refería ambos géneros de percepciones («impresiones» e «ideas»), Hume orientó claramente dos potencias humanas: «sentir» y «pensar». La semejanza entre ambas se destaca por la diferencia en sus grados de vigor y agudeza. Aunque también observa que "muchas de nuestras ideas complejas no tienen nunca impresiones que les correspondan y que muchas de nuestras impresiones complejas no son exactamente copiadas por ideas" (1977: 17). Respecto a las percepciones simples, señaló: "la regla es válida aquí sin excepción alguna y que toda idea simple posee una impresión simple que se le asemeja, y toda impresión simple, una idea correspondiente" (1977: 18). Más adelante reiteró y amplió sus observaciones: "La unión constante de nuestras percepciones semejantes es una prueba convincente de que las unas son causas de las otras, y la prioridad de las impresiones es una prueba igual de que nuestras impresiones son las causas de nuestras ideas y no nuestras ideas de nuestras impresiones" (1977: 19).

4.3 Estética de la revelación

Para cumplir su tarea de referir las representaciones de sus percepciones, los escritores de la modernidad hispanoamericana asumieron su fe respecto a un lenguaje reconocido falible por su condición dogmática, y, a la vez, su confianza en lograr nuevos sentidos en el uso de este. Solo así revelaron signos distintos y nuevos respecto al uso tradicional de ese lenguaje. Por esa fe asumieron significaciones propias en sus percepciones, vivencias y sentimientos, para revelarlas en figuraciones estéticas propias.

---

[5] Cita de David Hume, *Tratado de la naturaleza humana* (México, 1977).

Bachelard, en su libro *La poética del espacio* (México, 1965), ya había destacado las innovaciones de las imágenes de la poesía moderna. Dijo que debido a "su novedad, una imagen poética pone en movimiento toda la actividad lingüística. La imagen poética nos sitúa en el origen del ser hablante" (1965: 15). Más adelante reiteró su afirmación: "llegamos siempre a la misma conclusión: la novedad esencial de la imagen poética plantea el problema de la creatividad del ser que habla. Por esta creatividad, la conciencia imaginante resulta ser, muy simplemente, pero muy puramente, un origen"; más todavía, propuso que a causa de ese "valor de origen de diversas imágenes poéticas debe abordarse, en un estudio de la imaginación, la fenomenología de la imaginación poética" (1965: 16–17). Y después de su explicación al respecto subrayó que, por principio, "la fenomenología liquida un pasado y se enfrenta con la novedad. Incluso en un arte como la pintura, que lleva el testimonio de un oficio, los grandes éxitos son ajenos al oficio" (1965: 26).

El lenguaje poético de la modernidad, como ya fue expuesto, elimina de ese modo los significados de la lengua del pasado, así como sus creencias sobre la realidad porque resultaban ajenas a la percepción y vivencia del sujeto moderno. Esa eliminación implica también los atributos convenidos por la tradición respecto al sujeto. Así se reconoce que la modernidad lleva a cabo una operación similar a la «reducción» fenomenológica, que se remonta a un antiguo recurso de la filosofía escéptica: la «epojé» (del griego ἐποχή), suspensión mental del juicio de todo entender previo que busca un conocimiento inmediato de lo que percibe.

El filósofo húngaro Wilhelm Szilasi (1889–1966), en su *Introducción a la fenomenología de Husserl* (Buenos Aires, 2003) señala que según la propuesta del filósofo alemán iniciador del movimiento fenomenológico, este método se designa también con los términos «*epojé*», «puesta entre paréntesis», «reflexión», «reducción» (2003. 85), operaciones que ejecuta la conciencia. Y explica: "La *epojé* puede realizarse, en principio, con respecto a todos los posibles comportamientos de conciencia. Por medio de la *epojé* puedo representarme la conciencia de modo tal que yo vea sólo los actos que constituyen la conciencia, pero no los objetos contenidos en los actos"; y agrega:

"Tomo en consideración las maneras de ser que la conciencia distingue, es decir, la *esfera de actos* señalada por las referencias de los diversos actos" (2003: 90; cursivas propias).

Por su parte, el fenomenólogo checo Patočka, en su libro *El movimiento de la existencia humana*, ha señalado que el sujeto que hace la reducción "es el que lleva a cabo el acto de *epojé,* un sujeto que es claramente libre, es independiente de todo lo dado. Su motivación es la voluntad individual de responsabilidad absoluta en el conocer" (2004: 208; cursiva propia).[6] Asimismo, ha explicado que "el mundo afectado por la *epojé* ya no puede ser el mundo *sin más,* sino sólo el mundo como objeto, el mundo de los actos expresamente objetivantes, de las «tesis»"; además, junto a éste, "se alza un mundo distinto, a saber, el mundo como horizonte en su donación específica de horizonte, del que no cabe decir sin más que se dé como objeto, que tenga el mero «modo de darse» de un objeto"; y concluye: "En el problema del horizonte emerge un nuevo concepto de mundo como horizonte de significado" (2004: 211; énfasis propio).

Patočka, en otro de sus libros, *Introducción a la fenomenología* (Barcelona, 2005), aclara que la reducción fenomenológica "no es ningún empobrecimiento ni ninguna abstracción"; por el contrario, "en lo que se origina gracias al observador trascendental tenemos algo más que en la experiencia, entendida en un sentido común. La conciencia absoluta produciría, en tanto que momento de reflexión, algo que ni aparece ni puede aparecer en el mundo"; más aún, agrega: "En este sentido, la reducción fenomenológica es un acto creativo" (2005: 89). Más adelante reitera: "cuando adopto una mirada fenomenológica, dejo de interesarme en ese gran *cogitatum,* en ese mundo objetivo y empiezo a interesarme acerca de cómo ese mundo objetivo me es dado, como *se* me aparece, o sea, empiezo a interesarme acerca del fenómeno en tanto que tal: esa es la reducción fenomenológica" (2005: 138).

Las percepciones, en la consideración estrictamente estética que nos interesan, deben ser consideradas a partir de la conciencia poética. Esta experiencia puede ser analizada a la luz de las corrientes filosóficas

---

6 La cita Patočka, *El movimiento de la existencia humana* (Madrid, 2004).

que surgieron a finales del siglo XIX; coetáneas del movimiento literario modernista hispanoamericano. Destacamos principalmente dos: pragmatismo y fenomenología. La primera, doctrina filosófica desarrollada por lógicos, psicólogos y científicos estadounidenses que en sus reflexiones incluyeron el estudio del lenguaje: Charles Sanders Peirce (1839–1914), William James (1842–1910) y John Dewey (1859–1952). De este último filósofo, que dejó importantes obras en los campos de la lógica, ética, política y pedagogía, elegiremos su estética encerrada en su libro *Art as Experience* (New York, 1934). De la fenomenología, optaremos principalmente por el filósofo alemán Nicolaï Hartmann (1882–1950) y su libro *Ästhetic* (Berlín, 1953). Además, acudiremos a otras obras enfocadas de modo especial sobre el problema del conocimiento desde enfoques lógicos, psicológicos, éticos y estéticos de otros pensadores.

Así, el filósofo fenomenólogo alemán, Moritz Geiger (1880–1937), autor de *Estética. Los problemas de la estética. La estética fenomenológica* (Buenos Aires, 1946), quien escribió claramente que "el valor y desvalor estético, cualquiera sea su modalidad, no puede atribuirse a los objetos «reales» sino sólo en la medida en que «se dan como fenómenos»" (1946: 142; énfasis propio). En consecuencia, es necesario subrayar que los objetos estéticos no son reales. Esto lo reiteró el propio Geiger, para quien, puesto que el valor o el desvalor estético no reside en la condición «real» de un objeto, sino en su condición «fenoménica», la ciencia estética es autónoma; por lo tanto: "Debe investigar primero los objetos estéticos en procura de su condición fenoménica"; explicó que vastos movimientos dentro de la estética "colocan en el centro de sus consideraciones la idea de que lo estético es «apariencia», ilusión. Pero desde el momento en que se introduce en la estética la idea de apariencia, no se analizan simplemente los fenómenos estéticos, sino que se introducen también puntos de vista relacionados con la realidad"; en su aspecto fenoménico, "el objeto estético no es apariencia ilusoria. En el caso de la ilusión—por ejemplo cuando se considera a la luna del tamaño de un plato—se atribuye al fenómeno una realidad que no posee. Por el contrario, en el caso de lo estético, el paisaje en un cuadro no se concibe como realidad, como cosa real que más tarde resulta ser irreal, sino como paisaje «representado», como paisaje que se nos da como representado" (1946: 143-144; énfasis propio). Respecto al lenguaje, Geiger señaló que el fenómeno percibido por un sujeto determinará un nuevo sentido en el vocablo que este emplee. Y respecto a la relación entre palabra y significado, explicó: "Si consideramos el fenómeno, diremos: la palabra 'tiene' su significado. Pero también cabe reflexionar sobre el fenómeno en su dependencia del yo, y que es un yo el que confiere a la palabra su significado, y 'crea' sólo así esa interpenetración que llamamos relación entre palabra y significado" (1946: 160). Y sobre la disciplina estética escribió: "La ciencia estética es una de las pocas disciplinas que no pretende investigar la verdadera realidad de sus objetos, como que lo decisivo es para ella su índole fenoménica. Si en alguna parte tendrá que demostrar el método fenomenológico lo que es capaz de realizar, será precisamente en este terreno" (1946: 161-162).

Por su parte, Merleau-Ponty, en su *Fenomenología de la percepción* (México, 1985), aproximó la percepción fenomenológica a la estética, destacando en ambas la novedad de lo presente, porque ninguna de las dos se ocupa de realidades ya conocidas puesto que crean representaciones nuevas. Dijo, como ya señalamos en la conclusión del anterior capítulo, que la fenomenología no se interesa por "un ser previo" porque funda los cimientos del ser; "la filosofía no es el reflejo de una verdad previa, sino, como el arte, la realización de una verdad" (1985: 20). Con relación a los significantes y sus respectivos significados del lenguaje, afirmó que la "significación devora los signos", pues la "expresión estética confiere a lo que expresa la existencia en sí, la instala en la naturaleza como una cosa percibida accesible a todos, o inversamente, erradica los signos... de su existencia empírica y los transporta a otro mundo"; señaló que el pensamiento "no es algo «interior», no existe fuera del mundo y fuera de los vocablos", y los que nos hacen creer en un pensamiento que existe con anterioridad a la expresión, "son los pensamientos ya constituidos y ya expresados que podemos invocar silenciosamente, y por medio de los cuales nos damos la ilusión de una vida interior" (1985: 200). En otro de sus libros titulado simplemente *Signos* (Barcelona, 1964) diferenció pensamiento y lenguaje con los siguientes términos: "No existe *el* pensamiento y *el* lenguaje, sino que cada uno de los dos órdenes en el examen se desdobla y envía un ramal al otro. Existen las palabras sensatas, que llamamos pensamiento, y las palabras fallidas, que llamamos lenguaje"; más adelante añadió: "Las operaciones expresivas tienen lugar entre palabra pensante y pensamiento parlante, y no, como se dice a la ligera, entre pensamiento y lenguaje. No es porque sean paralelas por lo que nosotros hablamos, sino que porque hablamos es por lo que son paralelas" (1964: 26; cursivas propias). Merleau-Ponty, en su *Fenomenología de la percepción*, a propósito de la percepción estética señaló que esta abre "una nueva espacialidad"; y señaló como ejemplos la pintura y la danza; de la primera escribió: "el cuadro como obra de arte no está en el espacio en que habita como cosa física y como tela coloreada"; de la segunda afirmó: "la danza se desarrolla en un espacio sin objetivos y sin direcciones, que es una suspensión de nuestra historia, que el sujeto y su mundo en la danza no se oponen ya, no se separan ya, el uno del otro, que, en consecuencia, las partes del cuerpo no se acentúan ya como en la experiencia natural" (1985: 302, n. 73). Y respecto a la percepción estética del receptor, ya no del artista, sino del espectador del arte, advirtió: "No tenemos otra manera de saber lo que es un cuadro o una cosa más que mirándolos, y su *significación* nada más se revela si los miramos desde cierto punto de vista, desde cierta distancia y en un cierto *sentido*, en una palabra, si ponemos al servicio del espectáculo nuestra connivencia con el mundo" (1985: 437; cursivas propias).

Tanto John Dewey como Nicolaï Hartmann, consideran origen de la obra de arte la «percepción artística», que se diferencia de la «percepción ordinaria» o regular, aunque aquella no puede producirse al margen de ésta, pues su fundamento es la percepción empírica. Para diferenciar la artística de la ordinaria, ambos filósofos emplean los términos «percepción estética» o «visión estética». En ambas concepciones, la aprehensión que origina la obra artística es, en consecuencia, doble: una sensible o común, y otra artística.

4.4 Estética pragmatista
Dewey advierte de esa diferencia al señalar que las percepciones comunes no implican un esfuerzo mayor o adicional para la captación de los objetos de la realidad. Son pasivas; más aún, sumisas. La percepción estética implica una consciencia activa que "debe *crear* su propia

experiencia", porque el artista "selecciona, simplifica; aclara, abrevia y condensa de acuerdo con su interés"; la percepción no artística "debe pasar por estas operaciones, de acuerdo con su punto de vista y su interés", que no es estético; de ese modo, en ambas "tiene lugar un acto de abstracción que es la extracción de lo significativo. En ambos hay comprensión en su significado literal" (1949: 50; cursivas propias).[7] Cabe, entonces, en cualquier percepción un tipo diverso de experiencia. La percepción artística, según el énfasis del filósofo, «crea» su propia experiencia; es decir, su «experiencia estética». En este sentido, el filósofo reconoce y diferencia la experiencia ordinaria de la experiencia estética. En esta, se muestra lo que se llama el «objeto estético», digno de la contemplación del artista; en la otra, el objeto tal cual es. Dewey lo describe con estos términos. "Un objeto es peculiar y predominantemente estético, ofreciendo el goce característico de la percepción estética, cuando los factores que determinan lo que puede llamarse *una* experiencia se elevan muy por encima del umbral de la percepción y se hacen manifiestos por sí mismos" (1949: 52; cursivas propias). Tal es la «experiencia estética» correspondiente de la percepción del «objeto estético».

La percepción estética, en su empeño activo de crear su propia experiencia, impulsa una actividad de búsqueda de nuevos signos en el objeto percibido, significaciones y representaciones, con las que pueda completar su comprensión y entendimiento artístico del mismo objeto. Esa indagación tiene el fin de hallar, descubrir, lo ausente que produce crisis en la contemplación: falta de certeza. Este empeño activo de la percepción está acompañado por la imaginación. El mismo Dewey, en otra de sus obras, *Psicología del pensamiento* (1917) advierte que la imaginación "no se refiere necesariamente a lo imaginario, o sea a lo irreal. La verdadera función de la imaginación es la vista de esas realidades que no pueden descubrirse en las condiciones presentes mediante la percepción sensible. Su objeto es el compenetramiento claro de lo que está distante, ausente u obscuro"; en seguida agrega: "La imagina-

---

7   Cita de Dewey, *El arte como experiencia* (México, 1949).

ción suplementa y profundiza la observación; sólo cuando se trueca en fantástica la suplanta y pierde su fuerza lógica" (1917: 246-247).[8]

La superación de esa crisis, que en el caso del modernismo hispanoamericano hemos señalado como incertidumbre, se realiza con el suplemento de la imaginación que coadyuva en el reconocimiento de la representación nueva, inédita, mediante la palabra (heredada, tradicional) y su correspondiente objeto.

Por otra parte, Dewey también advirtió que la experiencia estética no podría ocurrir en dos específicos «mundos posibles»: uno, cuya condición sea el cambio, la mudanza, lo no concluido; el otro, por el contrario, ya acabado, cabal, cierto y perfecto. Porque en ninguno de los dos casos tendría lugar la incertidumbre. El filósofo pragmatista escribió en *El arte como experiencia* que hay "dos clases de mundos posibles en los que la experiencia estética no puede ocurrir. En un mundo de mero flujo, el cambio no sería acumulativo; no se movería hacia una conclusión. La estabilidad y el descanso no podrían ser"; por otra parte, e igualmente cierto, "que en un mundo acabado no habría rasgos de incertidumbre y de crisis, y no ofrecería oportunidad para una resolución. En donde todo está ya completo no hay realización" (1949: 17).

Los modernistas hispanoamericanos iniciaron en la región una auténtica consciencia de la modernidad que pervivió durante las primeras décadas del siglo XX. Consciencia sabedora de que las representaciones del mundo construidas por la tradición se derrumbaron y dejaron de ser válidas; consciencia que supo, además, percibir nuevas formas sobre esos escombros. Esta experiencia impulsó a esa consciencia a buscar la certeza, como principio o estatuto previo. De algún modo, la incertidumbre no dejó de ofrecer esplendor a estos escritores. Para Octavio Paz, la condición de la modernidad es una especie de ataraxia por su imperturbabilidad. Escribió: "Ni la angustia, ni la exaltación amorosa, ni la alegría o el entusiasmo son estados poéticos en sí, porque lo poético en sí no existe. Son situaciones que, por su mismo carácter extremo, hacen que el mundo y todo lo que nos rodea, incluyendo

---

8   Cita de Dewey, *Psicología del pensamiento* (Boston, 1917). Ahí mismo ha señalado: "La historia, la literatura y la geografía, y hasta la geometría y la aritmética, están llenas de cosas que deben ser imaginariamente concebidas, si es que se las puede concebir del todo" (1917: 246-247).

el muerto lenguaje cotidiano, se derrumben"; añadió en seguida: "No nos queda entonces sino el silencio o la imagen. Y esa imagen es una creación, algo que no estaba en el sentimiento original, algo que nosotros hemos creado para nombrar lo innombrable y decir lo indecible".[9] La certeza de no saber impulsó a los modernistas a indagaciones y a su propia revelación. Tras la invalidez de los significados metafísicos y dogmáticos, se desplomaron los supuestos juicios religiosos, aunque sobrevivieron sus fábulas y mitos, junto a sus palabras, convertidos en significantes vacíos de significados. Los poetas modernistas, que rechazaban esas concepciones, asumieron una forma de pensar distinta, propia de lo que se llamó después la «modernidad estética», pensar que reconstruyó su lenguaje poético. Desde su incertidumbre revelaron su estética.

Para Dewey, el arte "denota un proceso de hacer o elaborar. Esto es cierto tanto para las bellas artes como para el arte tecnológico", y explicó ese «hacer» con el modelado del barro, el labrado del mármol, el colado del bronce, la aplicación de pigmentos en la pintura, la construcción de edificios, la ejecución de instrumentos musicales, los movimientos rítmicos en la danza; y concluyó: "Cada arte hace algo con algún material físico" (1949: 44).

Pero si bien resulta claro reconocer el material físico de las artes en general, resulta problemático el reconocimiento del material físico de la poesía. Si la materia es una realidad espacial y perceptible por los sentidos, el material de la poesía es el lenguaje, designado también «lenguaje formal», oral o escrito, pero de manera especial la escritura, que puede ser dispuesta en versos de diversa silabación y estrofa, o distribución en prosa. El lenguaje es, pues, la materia del arte literario, y el papel u otra materia en que está escrito. Este concepto de «materia», referido a la elaboración artística, permitirá definir la estructura de la obra de arte, a la que debemos llamar «objeto estético», y a cuya definición vamos ahora.

Dewey reitera: "todo producto de arte es materia y materia solamente, de manera que el contraste no es entre materia y forma, sino entre materia relativamente no formada y materia adecuadamente for-

---

9   Véase Paz, *El arco y la lira* (México, 1967), p. 167–168.

mada", lo cual se puede ver en la literatura, cuya materia constituye un cierto número de palabras, habladas y escritas, por lo cual, decir que "los versos *son* el poema, son su sustancia, es tan obvio, que es no decir nada" (1949: 170–171; cursivas propias).

En una obra literaria, la materia, es decir el lenguaje, desde su condición relativamente no formada, debe ser transformada en una materia adecuadamente configurada artísticamente. En ese proceso de creación se obtiene, para nuestro análisis, el primer elemento del «objeto estético»: su forma. La materia ha sido adaptada a una «forma» estética. Pero este elemento no es único porque, según la última cita del filósofo, decir que los versos de un poema son su sustancia es un error. Cabe aquí reconocer otro elemento del «objeto estético»: su sustancia. De este modo se puede señalar que, con la materia, en el caso de la literatura el lenguaje, el artista elaborará un «objeto estético» integrado por dos planos: «forma» y «sustancia». La conexión entre ambos es inherente. Así tenemos definida la estructura de la obra artística literaria, como «objeto estético»; estructura que muestra, por una parte, la «materia» y, por otra, la «sustancia». Por supuesto que esta estructura es general a todo objeto estético. Esta estructura es derivada del lenguaje en general, como el mismo filósofo lo reconoce: "Todo lenguaje, cualquiera que sea su medio, implica lo *que* se dice y *cómo* se dice, o sea la sustancia y la forma" (1949: 95; cursivas propias).

Sin embargo, el filósofo agrega un elemento de primera importancia que precede a la materia del lenguaje. Se trata de un fundamento esencial para la formación del «objeto estético», medio imprescindible de acuerdo con su concepción estética, principio y origen de la expresión artística, que debe ser especialmente subrayado: la «experiencia». No podemos pasar por alto este elemento esencial en la estética de Dewey, quien no en vano tituló su obra con un enunciado que es a la vez definición de la producción artística: «arte como experiencia» (*Art as Experience*). Este elemento fundamental, la «experiencia», que no es más que una «vivencia» experimentada (valga la redundancia), es decir, una «instancia empírica», que reaparece en el presente de la percepción sensible como «evocación». Dewey escribe: "Esto es lo que se llama tener forma. Es una manera de considerar, de sentir y de presentar una materia experimentada de modo que pronto y efectivamente llegue a ser el material para la construcción de una experiencia adecuada por parte de los menos dotados que el creador original"; y agrega: "En consecuencia, no se puede trazar una distinción, excepto en la reflexión, entre forma y sustancia. La obra misma *es* materia formada en sustancia estética" (1949: 98; cursiva propia).

De este modo leemos la definición que precisa el pensador estadounidense: la obra de arte, o producto artístico, como «materia experimentada» es transformada en «sustancia estética evocada» por el artista a través de una «forma». En lo que respecta al «objeto estético», de índole literaria, el lenguaje, como materia común propia de un pueblo, una región o nación que lo emplea, es «formada» adecuadamente por sus poetas para expresar la «experiencia» evocada por la «sustancia» del objeto artístico; experiencia, a su vez, que puede ser transmitida a los lectores dispuestos a compartirla mediante la contemplación que corresponde al espectador o lector.

Para aclarar un poco más: la «materia formada» en la percepción estética por el artista, o emisor, tiene origen en una experiencia previa, en el pasado, y recordada como «sustancia evocada», que perdura en la conciencia del artista para ser transmitida. Dewey explica que el "producto artístico permanente puede haber sido determinado, y probablemente lo fue, por alguna ocasión, algo que tiene su propia fecha y lugar. Pero lo evocado es una sustancia formada de tal manera que puede entrar en las experiencias de otros y capacitarlos para tener experiencias propias más intensas y más plenamente conclusas" (1949: 97-98).

La definición referida al plano interior del objeto estético, como «sustancia», entra en relación con el plano exterior «forma». Ese plano interior es una «sustancia formada» en una «experiencia» de vida de su creador, y que gracias a la materia (el lenguaje) puede ser reproducida para quienes se aproximan a ese producto artístico, lo leen, y comparten esa experiencia, que no es más que experiencia estética. De este modo, podemos ratificar los planos de la obra de arte, según la filosofía de Dewey: «forma» y «sustancia».

Este filósofo pragmatista, en su *Psicología del pensamiento*, había escrito que la evocación es "algo que no está en contacto con nuestros sentidos" (1917: 83). Ciertamente, no está en relación con la visión inmediata, sino con el recuerdo. El sentido de la palabra «evocación», empleada por Dewey nos remite al ya referido filósofo fenomenólogo Husserl, coetáneo de Dewey, ambos nacidos el mismo año. Para Husserl, la percepción fenomenológica es un caso específico de «rememoración», como lo es para el filósofo estadounidense en la obra artística la «evocación de la experiencia» vivida en el pasado que, sin embargo, como «sustancia formada» reaparece en la experiencia presente del artista. Para Husserl, a diferencia de la percepción, que pone el objeto ante la visión; la rememoración es un acto que "no pone un objeto él mismo ante los ojos, sino que justamente lo *evoca en la re-presentación*" (2002: 63; cursivas propias).[10] Podemos entender esa definición como un volver a presentarse el objeto en ausencia, solo como recuerdo. La experiencia, que tuvo su propio momento y paraje en tiempo pasado, ahora, en tiempo presente re-aparece, como evocación, pero, en un tiempo subjetivo, en que también aparecen "percepción, recuerdo, expectativa, fantasía, juicio, sentimiento, voluntad, en una palabra todo lo que es objeto de la reflexión, aparece en el mismo tiempo subjetivo, que es el mismo tiempo en que aparecen los objetos de la percepción", según Husserl; que agrega en seguida: "El tiempo subjetivo se constituye en la conciencia absoluta atemporal, que no es objeto" (2002: 134).

Por otra parte, y como se sabe, hay dos modos de enfrentarse a una obra de arte: el sentimiento y la reflexión. Primero, el percibir y sentir, lo que permite experimentar percepciones e impresiones. Segundo, el reflexionar que hace posible el pensar atentamente, juzgar y formar un dictamen. Dewey advierte al respecto y señala que la reflexión puede encontrar formas distintivas en la pintura, lo cual "no puede ponerse frente al hecho de que una pintura consiste simplemente en pigmentos colocados en tela, puesto que cualquier arreglo y dibujo que tengan es, después de todo, propiedad de la sustancia y de ninguna otra cosa" (1949: 170). Una obra pictórica no muestra solo pigmentos, sobre todo presenta una experiencia ocurrida. De manera similar, la literatura, "tal como existe, es sólo un cierto número de palabras, habladas o escritas. La «materia» es todo y la forma un nombre para ciertos aspectos

---

10 La cita procede de Edmund Husserl, *Lecciones de fenomenología de la conciencia interna del tiempo* (Madrid, 2002).

de la materia cuando la atención va primariamente sólo a estos aspectos"; además, el hecho de que una obra de arte "sea una organización de energías y que la naturaleza de la organización es del todo importante, no pueden gravitar sobre el hecho de que las energías son las organizadas y que la organización no tiene existencia fuera de ellas"; porque, como se puede experimentar en la incertidumbre modernista hispanoamericana, la «materia» del lenguaje que heredaron carece de «sustancia», "a menos que la materia, poéticamente sentida, viniera primero, y de una manera tan unificada y compacta que determina su propio desarrollo, que es su especificación en partes distintas. [...] Esta cualidad no solamente debe estar en todas «partes», sino que sólo debe ser sentida, es decir, experimentada inmediatamente" (1949: 171).

Dewey señala que la sustancia sentida y experimentada es sólo intuida emocionalmente; no puede ser descrita como un objeto físico, aunque se evoque en el presente de la recepción de la obra de arte. En este caso, estamos hablando, no de la instancia del artista o poeta sino de la que corresponde al espectador, receptor o lector. Si esa descripción no es posible, al poeta le queda el recurso de la expresión simbólica. Dewey también escribe que "toda experiencia, aun la más ordinaria, tiene un marco total indefinido. Las cosas, los objetos, son solamente puntos focales de un aquí y ahora en el todo que los circunda indefinidamente"; y añade: "Es el «fondo» cualitativo que se define y se hace consciente de un modo preciso en objetos particulares y en propiedades y cualidades específicas" (1949: 172).

Desde el punto de vista de los receptores del objeto artístico, como producto del artista, existen otros efectos en los espectadores que aprecian el deleite de las obras de arte. Este caso, refiere la recepción del objeto artístico, que corresponde a la disciplina pragmática de la comunicación. De acuerdo con Dewey, como receptor y observador de una obra artística, ésta implica un "sentimiento religioso que acompaña la percepción estética intensa. Nos introduce, por decirlo así, a un mundo que está más allá de este mundo, y que es, empero, la realidad más profunda del mundo en que vivimos en nuestras experiencias ordinarias. Nos lleva más allá de nosotros mismos para encontrarnos a nosotros mismos"; o en palabras más breves, la contemplación o lectura de un objeto artístico, de acuerdo con la experiencia receptora de este filósofo, produce "una expansión de nosotros mismos" (1949: 174).

Veamos ahora la segunda modalidad de la estética, según anotamos en párrafos anteriores: la fenomenológica. La revelación poética modernista hispanoamericana, que llegó a forjar su estética de la incertidumbre, será revisada ahora a la luz de ese pensamiento.

4.5 Estética fenomenológica

El filósofo alemán Nicolaï Hartmann dio también un importante aporte, desde la corriente fenomenológica, al estudio de las obras de arte. Desde las primeras páginas de su libro *Ästhetic*, señala y reitera que lo bello es la cualidad que se alcanza por la percepción y empatía (sentimiento de identificación) respecto a un objeto contemplado. La cualidad bella puede ser percibida no sólo en las obras artísticas sino también en los entes naturales. Reconoce que el percibir la belleza demanda, además de la percepción sensible regular que es de segundo orden, la aprehensión estética, que es primaria. Aun así, siendo de primer orden,—escribe—la "visión estética es sólo visión sensible a medias. Sobre ella se eleva una visión de segundo orden, procurada por la impresión de los sentidos, pero que no queda absorbida en ella y que está en clara independencia auténtica frente a ella"; la visión estética más bien "está siempre vuelta hacia el objeto particular en su unicidad e individualidad", percibiendo "lo que los sentidos no aprehenden directamente" (1977: 24).[11] La visión estética es de primer orden, pero estrechamente ligada a la segunda y presente siempre con ella. Puede suceder muchas veces que la relación entre ambas se invierta y que la visión de segundo orden preceda a la de primer orden.

Hartmann amplía su estudio sobre esa "doble visión entrelazada" y afirma que la visión de los sentidos se dirige a lo que existe realmente; la estética aparece sólo para quien la contempla. Lo contemplado tampoco se proyecta arbitrariamente, sino que está en clara dependencia con lo visto sensiblemente. Escribió: "lo contemplado está también determinado en gran medida en cuanto a su contenido por lo visto real, la «imaginación» no campea aquí libremente sino que es guiada por

---

11 Cita de Hartmann, *Estética* (México, 1977).

la percepción; por ello, lo contemplado interiormente en el objeto no es un puro producto de la fantasía sino algo evocado, a saber, por la estructura sensible de lo visto" (1977: 41). Como se ve, Hartmann reconoce en esa doble visión, por una parte, el «objeto real» y, por otra parte, «algo evocado» que aparece. Esta segunda visión es referida como «trasfondo». Explica: "El primer plano es siempre un producto manifiesto. El trasfondo puede ser, dentro de ciertos límites manifiesto y, por ello, dar la impresión de entrar en la percepción, como sucede en muchas obras de arte" (1977: 106).

Después de discutir el concepto de la «doble visión», el filósofo pasa a describir la estructura del "objeto estético", o artístico, que aparece en la contemplación estética. Ese objeto integra dos capas o planos que, evidentemente, se entrelazan de la misma manera que los dos grados de la percepción. Así es posible entender el modo de ser del «objeto estético» y escribe: "Lo bello es un objeto doble, pero único. Es un objeto real y, por ello, se da a los sentidos, pero no se agota ahí, sino que es más bien y en la misma medida algo distinto, más irreal, que aparece en el real—o surge tras él"; en seguida reitera: "Lo bello no es ni el primer objeto solo ni el segundo solo, sino más bien ambos unidos y juntos. Mejor dicho, es la aparición del uno en el otro"; pero también advierte: "Es evidente que dada esta estructura el modo de ser del objeto estético no podrá ser sencillo. Así como hay en él un objeto doble, así hay también un ser doble: uno real y otro irreal, mera aparición" (1977: 42-43).

Es necesario volver sobre otros dos términos que el filósofo emplea respecto al objeto estético: «aparecer» y «trasfondo». En cuanto al primero, la manifestación o el acto de mostrarse tiene lugar en la experiencia del espectador. En la obra literaria, esa experiencia es inherente a la lectura; en esta se muestra, se presenta, surge o deja ver toda una «realidad estética». El segundo término, «trasfondo», está en relación directa con el primero: el «aparecer» sucede en el «trasfondo», es decir, en el fondo visible del objeto contemplado. Esta estructura permite ratificar los dos planos o estratos del objeto estético. Hartmann reitera: "sólo el primer plano, el producto material, sensible, *es* real, el trasfondo que aparece, el contenido espiritual, *es* irreal" (1977: 106; cursivas propias). Ese trasfondo, finalmente, no es otra que la «experiencia estética» vivida por quien se entrega a la contemplación o lectura de la obra artística.

El filósofo explica que la oposición de lo real y lo irreal, en la relación de los estratos de la obra artística, se observa claramente en la literatura: "La literatura hace aparecer toda una vida humana ante nuestra mirada interna; podemos meternos en el mundo que aparece y vivir en él, podemos convivir por un lapso con las personas que se presentan"; vemos actuar y padecer a los hombres, inclusive convivimos con ellos como lo hacemos en la vida real, pero "no es en la propia vida auténtica en la que lo hacemos, sino en otra, una vida que «aparece», una vida poetizada y fabulada" (1977: 123; énfasis agregado).

El «aparecer» del objeto estético, propuesto por Hartmann, es una versión del «mostrarse» el fenómeno en la filosofía de Husserl. Es así como el «objeto estético» tiene la condición de «fenómeno», como el mismo Hartmann lo reconoció. Sin embargo, antes, otro filósofo fenomenólogo alemán, coetáneo suyo, Moritz Geiger, como ya lo vimos, había ofrecido una conferencia sobre la estética fenomenológica, cuyo texto que publicó en Alemania en 1925. En esa ocasión Geiger afirmó que el "mundo estético, los objetos estéticos y los valores estéticos se dan como fenómenos, y sólo como tales los considera la estética", disciplina científica; además advertía que esos «fenómenos» "son, precisamente, fenómenos para un yo", por ejemplo el yo "que en el lienzo se enfrenta con el paisaje", o, frente a otra obra artística, el yo "que extrae de sí lo trágico y lo introduce en el acontecer dramático"; lo que nos lleva deducir que debemos reflexionar sobre "los actos en que el yo lleva a cabo esa construcción del mundo fenoménico" (1946: 160).

En consecuencia, y con el fin de iniciar nuestras conclusiones después de lo expuesto, debemos reconocer que la «experiencia estética» corresponde tanto a quien produce el «objeto estético» como a quien, en su posición de receptor lo contempla, o lee, y lo percibe. Geiger, en seguida ofrece un ejemplo, que precisamente corresponde al objeto artístico sobre el que iniciamos esta discusión: la escritura poética o literaria. Afirma: "Tomemos como ejemplo la relación entre palabra y significado. Si consideramos el fenómeno, diremos: la palabra *tiene* su significado. Pero también cabe reflexionar sobre el fenómeno en su dependencia del yo, y que es un yo el que confiere a la palabra su significado, y *crea* sólo así esa interpenetración que llamamos relación entre palabra y significado" (1946: 160; cursivas propias). La significación conferida por el poeta o escritor se refiere al fenómeno del objeto real percibido. Tenemos aquí otra diferencia: la del «fenómeno» como manifestación presente en la consciencia de un sujeto, tal como aparece en su percepción el «objeto real» contemplado. En la consciencia humana no están los objetos reales, sino los fenómenos de éstos. De ahí que Geiger afirme que la estética como ciencia "no pretende investigar la verdadera realidad de sus objetos", sino "su índole fenoménica"; el método de esta disciplina estética es el método fenomenológico (1946: 161–162).

El fenómeno, dentro de la filosofía de Husserl, está en relación con la «reducción fenomenológica», de la que nos ocupamos antes, pero ahora la referiremos brevemente desde la perspectiva estética. El mismo filósofo afirmó que el fenómeno "se revela *justo como algo que se da ello mismo absolutamente* a la pura mirada tras la reducción fenomenológica" (1982: 69; cursivas propias).[12] Explicó que la fenomenología "*procede aclarando visualmente, determinando y distinguiendo el sentido*. Compara, distingue, enlaza, pone en relación, hace trozos o separa partes no-independientes; pero todo puramente viendo. No construye teorías ni matematiza; no lleva a cabo, en efecto, explicaciones en el sentido de la teoría deductiva" (1982: 71; cursivas propias). Todo este procedimiento debe llevar a conocer el «dato puro» que «aparece» o «se da» a la percepción después de poner entre paréntesis lo que se presupone del objeto, sin negar esos presupuestos. Se trata de una suspensión del juicio frente a la realidad, pues también se entiende como una «puesta entre paréntesis» lo supuesto anticipadamente. No se puede dejar de observar un grado de escepticismo en esta actitud. Husserl también escribió. "Lo que quiero es *claridad*. Quiero comprender *la posibilidad* de ese certero alcanzar; pero ello significa, si medito en su sentido, que yo quiero tener ante mis ojos la esencia de la posibilidad de ese alcanzar certeramente, que quiero traerla intuitivamente a dato"

---

12   Cita de Husserl, *La idea de la fenomenología. Cinco lecciones* (México, 1982).

(1982: 95; cursivas propias). Respecto a las cosas percibidas afirma que éstas "no existen para sí mismas y «mandan a la conciencia sus representantes». Ello no ha de ocurrírsenos dentro de la esfera de la reducción fenomenológica. Sino que las cosas son y están dadas en sí mismas en el fenómeno y merced al fenómeno"; agrega que de este modo se muestra "esta admirable correlación entre el *fenómeno de conocimiento* y el *objeto de conocimiento*", o en otras palabras "el modo como se *constituye* en el conocimiento un objeto de conocimiento" (1982: 103–104; cursivas propias).

En consecuencia, la incertidumbre expresada por el pensamiento y el lenguaje poético del modernismo hispanoamericano fue manifestación de su escepticismo ante la herencia recibida del pasado colonial en su modo de percibir y experimentar la realidad, y expresarlo por el lenguaje. Sus poetas y escritores habían logrado afirmar su propia experiencia ante el mundo, ante la cual las cosas se daban de otro modo a la visión, al entendimiento y a la palabra.

Patočka abrió también nuevos caminos de reflexión, y definió la *epojé* como método que permite la abstención ante las interpretaciones heredadas. Señaló que "la renuncia a la creencia en la realidad del mundo sin renuncia a sus contenidos tiene precisamente la importante significación de ser una reducción sin abstracción"; solo así, se reconoce el "mundo concretamente vivido, del que no se cercena nada de su plenitud. Este mundo reducido se muestra ahora como un mundo fundado en los rendimientos de la conciencia premundana" (2004: 246). Describió la *epojé* como "la desconexión de la creencia en el mundo", que, además, lleva "a una concepción adecuada de la relación intencional, a una reducción de la objetividad a la conciencia trascendental y a una *constitución* del objeto en esta conciencia" (2004: 203; cursivas propias). Recordemos que, del sujeto que realiza la reducción, dijo que es un sujeto "claramente libre, ... independiente de todo lo dado. Su motivación es la voluntad individual de responsabilidad absoluta en el conocer" (2004: 208).

El procedimiento de la *epojé*, o reducción fenomenológica, es un recurso fundamental para la literatura hispanoamericana moderna, porque la creencia en la realidad del mundo tal como la describía la escolástica cristiana y sus fabulosos relatos fue rechazada con la emancipación política, aunque no del todo, como se esperaba. La Independencia fue lograda por los hispanoamericanos ilustrados que conocieron y asumieron el pensamiento fundamentalmente racional del siglo XVIII, para cuya reflexión los postulados escolásticos carecían de significación y sentido. El modernismo hispanoamericano constituye una versión de ese rechazo que se extendió hasta las décadas primeras del siglo XX; una versión poética que hemos tratado de analizarla como estética según los planteamientos de dos escuelas filosóficas surgidas también a finales del siglo XIX: la pragmatista, que destaca la experiencia como vivencia propia, y la fenomenológica, por su empleo del método de la reducción.

4.6 Estética de instantes sucesivos

El modernista guatemalteco Enrique Gómez Carrillo (1873–1927) aplicó de modo distinguido la percepción estética a los instantes, aunque no fue el único pues esta modalidad de percepción se halla en otros autores. A sus 20 años publicó en París el libro titulado *Sensaciones de arte* (1893); y siete años después otro libro, también en París, y cuyo título igualmente reitera el fenómeno sensible de las percepciones instantáneas: *Sensaciones de París y de Madrid* (1900). Conviene recordar que, entre ambos textos, este joven modernista publicó una media docena de importantes volúmenes, particularmente de relatos en los que se advierte que supo desarrollar ese elemento fundamental de las «percepciones», esto es, las «sensaciones» en la trama de sus narraciones.

En su libro de 1893 se interesó, como dice el título, por las «sensaciones de arte». De ahí que tras visitar la exposición presentada en «El salón de 1892" (Campo de Marte), Paris, destacó la obra del pintor francés Albert Besnard (1849–1934), quien "cansado de los viejos estilos y deseoso de producir sensaciones nunca experimentadas, imitó a Wats, a Rosseti, a Degas, a Manet; y llegó a ser uno de los más simpáticos impresionistas"; de ese modo "supo fundir en su propio temperamento varias influencias, y porque teniendo una verdadera concepción artística, mezcló su genio con el genio de los demás y creó una quinta esencia maravillosa" (1893: 61). Subrayamos el resultado del esfuerzo de Besnard, que pudo "producir sensaciones nunca experimentadas", trasladadas a sus lienzos. El joven modernista guatemalteco contempló en su visita al salón las obras pictóricas y las refiere como representaciones estéticas de estilo impresionista.

El filósofo húngaro e historiador del arte Arnold Hauser (1892-1978), en su *Historia social de la literatura y del arte*, señaló por su parte que la primera exposición colectiva de los impresionistas se realizó en 1874, aunque "la historia del impresionismo comienza unos veinte años antes y termina con la octava exposición colectiva, ya en el año 1886. El impresionismo se disuelve por estas fechas como movimiento de grupo compacto, y comienza un nuevo período postimpresionista que dura hasta 1906, año de la muerte de Cézanne" (1968: 209).[13]

La información que el poeta guatemalteco ofrece de su visita al «El salón de 1892" en Paris, así como la que presenta el historiador húngaro, permiten reconocer que el movimiento modernista hispanoamericano fue coetáneo de los impresionistas franceses. Más aún, esta modalidad de la pintura se sobrepuso a las demás modalidades artísticas. Hauser agrega que la pintura impresionista "domina no sólo, como arte más progresista de la época, todas las otras artes, sino que sus creaciones superan también en calidad a las obras de la literatura contemporánea, principalmente en Francia, donde podía afirmarse con razón que los grandes poetas de este periodo son los pintores impresionistas" (1968: 209-210). Las razones de esa preeminencia de la pintura impresionista, reitera el historiador, "descubre sensaciones que, poco después, también la poesía y la música tienden a expresar, y sus medios expresivos se adaptan por esto a las formas pictóricas"; y agrega: "Las impresiones atmosféricas, principalmente la experiencia de la luz, el aire y la claridad cromática, son percepciones que en la pintura están en su propio ambiente, y cuando se trata de reproducir en otras artes sensaciones de esta clase, está justificado por completo que se hable de un estilo «pictórico» de la poesía y de la música" (1968: 210).

Al ocuparse de las «impresiones atmosféricas» en la pintura y en otras artes, Hauser está refiriéndose a las representaciones registradas por la percepción del espacio. Es decir, se trata de ver el «mundo natural» según el testimonio y registro de diversas expresiones y repre-

---

13 La cita procede de Arnold Hauser, *Historia social de la literatura y del arte. III.* (Madrid, 1968).

sentaciones artísticas que son, a su vez, modalidades distintas del arte en su entendimiento de la realidad, pero que no implican conceptos o ideas que conduzcan a juicios como en las ciencias y otras disciplinas que pretenden explicar la realidad natural; sino, solo testimonios de sensaciones o impresiones artísticas. Estos registros formarán parte, como veremos más adelante, de un «mundo cultural» respecto al mundo natural.

Esto lo comprendió claramente el joven modernista Gómez Carrillo y lo expuso en varios libros, especialmente los dos ya citados; reflexionó sobre las «sensaciones», que no son otra experiencia que las «impresiones» percibidas mediante los órganos sensoriales. Y desde su incertidumbre típicamente modernista se ocupó de los poetas, entre los que se incluyó a sí mismo, y escribió: "tenemos necesidad de sensaciones ideológicas; pero como no estamos seguros ni de nuestro cerebro ni de nuestra alma, es preciso que esas sensaciones sean misteriosas y que nos estremezcan sin dejarnos razonar. Sólo así se explica el triunfo de la poesía simbolista y de la literatura personal" (1893: 91).

Más adelante dilucida sobre diferencias de los efectos sobre el lector causados por poetas modernos y otros precedentes. Escribió: "Para mí, el alma moderna está encarnada en Verlaine. Sus poesías no tienen ni la sonoridad triunfal de Heredia, ni la factura perfecta de Gautier; pero como resultan llenas de contradicciones, de sentimientos opuestos y de ideas encontradas que nos hacen pensar en nuestras propias contradicciones y en nuestros propios defectos, nos apasionan más que las poesías de ningún otro genio"; y reiteró el efecto paradójico de esa contrariedad: "Él nos ha enseñado a ser raros sin dejar de ser sencillos, probándonos con el ejemplo que, gracias a la complicación del espíritu finisecular, basta seguir el impulso de nuestros temperamentos para crear afectos misteriosos e inquietantes" (1893: 92). Obviamente, las contradicciones se hallaban en el nivel del lenguaje; sin embargo, sus efectos en el lector provocaban resultados emotivos sorprendentes.

Sin expresar ninguna afirmación explícita, definía dos modalidades de representaciones artísticas entre los poemas de dos estilos habituales entonces: "Un poema de Verlaine es la expresión hermosa de un estado de alma: entre sus versos, no siempre puros, se descubre todo el espectáculo de la sensibilidad moderna. Un soneto de Heredia es la copia perfecta de un paisaje; a través de sus frases sólo se ve un cuadro lleno de color y de luz" (1893: 93). Con esta afirmación, el joven Gómez Carrillo revelaba la distinción en el arte poético de dos épocas. Una (Verlaine), más interesada en el efecto o impresión que la realidad despertaba en la sensibilidad, como sensación que debía ser expresada mediante una representación acorde; otra (Heredia), empeñada en reproducir, copiar, o imitar la realidad. El joven poeta definía de ese modo, por una parte, la estética de la creación moderna, fundamentalmente subjetiva; y por otra, la estética de la obra clásica y tradicional, primordialmente objetiva.

Este contraste y diferencia entre el pensar y expresar de los clásicos y modernos que Gómez Carrillo expuso en 1893, fue tratado por Merleau-Ponty en la última exposición de la serie de «Conversaciones» difundidas por radio en 1948. El título de esa disertación fue «Mundo clásico y mundo moderno», en la que caracterizó al pensamiento moderno como el "retorno al mundo percibido, que verificamos tanto entre los pintores como entre los escritores, en algunos filósofos y en los creadores de la física moderna, comparado con las ambiciones de la ciencia, del arte y de la filosofía clásicas"; de ese modo, señalaba a los clásicos por "la seguridad de un pensamiento que no tiene dudas de estar consagrado al conocimiento integral de la naturaleza y de eliminar todo misterio del conocimiento del hombre"; mientras los modernos, "en vez de este universo racional abierto por principio a las empresas del conocimiento y la acción, tenemos un saber y un arte difíciles, llenos de reserva y restricciones, una representación del mundo que no excluye ni fisuras ni lagunas, una acción que duda de sí misma y, en todo caso, no se enorgullece de lograr el asentimiento de todos los hombres ..." (2003: 69).

En seguida añadía que lo modernos "no tienen ni el dogmatismo ni la seguridad de los clásicos, ya se trate de arte, conocimiento o acción. El pensamiento moderno ofrece un doble carácter de inconclusión y de ambigüedad que, si se quiere, permite hablar de declinación o decadencia"; e identificándose con este pensamiento reiteraba: "Nosotros concebimos todas las obras de la ciencia como provisionales y aproximadas, mientras que Descartes creía poder deducir, de una vez y para siempre, las leyes del choque de los cuerpos de los atributos de Dios"

(2003: 69-70). También se refería a las exposiciones de pintura y señalaba que los "museos están llenos de obras a las que parece que nada puede ser añadido, mientras que nuestros pintores entregan al público obras que en ocasiones no parecen más que bosquejos. Y estas mismas obras son el tema de interminables comentarios, porque su sentido no es unívoco"; y agregaba: "Parecería que el artista de hoy multiplica a su alrededor los enigmas y las fulguraciones" (2003: 70).

4.7 Mundo percibido en la modernidad

Volvemos a la obra de Gómez-Carrillo, en la que refiere su percepción habitual en la contemplación del mundo natural, y su percepción estética de las representaciones y registro de ese mundo en la obra de artistas y escritores. Esa actitud desplegaba una comunicación mucho más amplia de lo estrictamente lingüístico, puesto que involucraba las diversas manifestaciones semiológicas en sus modalidades estéticas. El mundo podía ser reconocido no sólo por las explicaciones lingüísticas de la ciencia o la filosofía, sino también en sus representaciones artísticas.

Merleau-Ponty también advirtió esa nueva percepción del «mundo» en los tiempos modernos; es decir señaló esa noción moderna del mundo percibido, no explicado según los textos antiguos. Dedicó una de sus conversaciones al tema «El arte y el mundo percibido», y afirmó que en los tiempos modernos "la pintura nos volvía a conducir a la visión de las mismas cosas"; y daba la siguiente explicación: "Inversamente, y como por un intercambio de servicios, una filosofía de la percepción, que quiere reaprender a ver el mundo, restituirá a la pintura, y en general a las artes su verdadero lugar, su verdadera dignidad, y nos predispondrá para aceptarlos en su pureza" (2003: 59). Dilucidaba mediante una pregunta y su respuesta la necesidad de discernir entre lo que son las cosas y el modo de aparecer en la percepción humana. Su interrogante y su respectiva réplica decía: "¿qué aprendimos al considerar el mundo de la percepción? Aprendimos que, en este mundo, es imposible separar las cosas y su manera de manifestarse" (2003: 60). Tomaba el caso del arte pictórico y declaraba que la pintura no era "una imitación del mundo, sino un mundo por sí. Y esto significa que, en la experiencia de un cuadro, no hay ninguna remisión a la cosa natural, en la experiencia *estética* del retrato ninguna mención a su «semejanza» con el modelo"; exhortaba, en consecuencia, a contentarnos con observar que el propósito de la pintura "jamás es evocar el propio objeto sino fabricar sobre la tela un espectáculo que se baste a sí mismo"; y añadía: "La distinción que a menudo se hace entre el tema del cuadro y la manera del pintor no es legítima porque, para la experiencia estética, todo el tema está en la manera en que las uvas, la pipa o el paquete de cigarrillos están constituidos por el pintor sobre la tela" (2003: 62–63).

Esta nueva concepción diferenciaba, como se puede ver, por una parte, las aseveraciones, teorías o tesis sobre el mundo natural contenidos en discursos filosóficos y científicos hasta el siglo XIX; por otra parte, las representaciones de los objetos producidos por el arte en su percepción del mismo mundo. Los primeros de orden natural; los segundos de índole cultural.

Merleau-Ponty reiteraba que el mundo percibido en los tiempos modernos "no es solamente el conjunto de las cosas naturales; también son los cuadros, las músicas, los libros, todo cuanto los alemanes llaman un «mundo cultural»"; más todavía, escribe que "al introducirnos en el mundo percibido, lejos estamos de haber empequeñecido nuestro horizonte, lejos de habernos limitado al guijarro o al agua; hemos recuperado el medio de contemplar, en su autonomía y en su riqueza original, las obras del arte, de la palabra y de la cultura" (2003: 68).

Se trata de una moderna percepción del mundo, no sólo apoyada en los textos lingüísticos, filosóficos y científicos que describen la realidad natural, sino sobre una «lectura» mucho más amplia de los símbolos y signos en los mensajes artísticos que también son interpretados. Esa lectura amplia, en la que cabe la percepción individual, es la semiológica, una disciplina nueva.

La referencia del filósofo francés a los alemanes que hablan de un «mundo cultural» permite reconocer a uno de ellos, acaso el más notable, el filósofo Ernst Cassirer (1874–1945), que en 1942 publicó en Alemania un estudio que se conoce en castellano con el título *Las ciencias de la cultura*. Cassirer parte también de la percepción, que "entraña siempre un desdoblamiento del polo del yo con respecto al polo del objeto" (1965: 63). En seguida, advierte que el mundo "ante el que se enfrenta el yo es en un caso un mundo de cosas y en el otro un mundo de personas"; de ahí que consideremos al mundo, unas veces, como un conjunto de objetos situados en el espacio, sujetos a cambios debidos al tiempo; por lo cual, otras veces vemos a aquellos objetos «igual a nosotros mismos»"; es decir, percibimos semejanzas entre los objetos y las personas; agrega que en ambos casos "existe alteridad, pero no la misma, sino con una diferencia característica y esencial"; y concluye: "No cabe duda de que, según que nos movamos en una dirección o en otra, la percepción cobrará para nosotros distinto sentido y, en cierto modo, distinto tinte y entonación" (1965: 64).[14] Más adelante reitera: "Que el hombre vive la realidad de este doble modo, es innegable e indiscutible. Estamos ante un simple hecho, que ninguna teoría puede desvirtuar ni borrar de la realidad" (1965: 64). En consecuencia, debemos "esforzarnos por llegar a comprender en su propia peculiaridad, sin la menor reserva y al margen de todo dogma epistemológico, todas y cada una de las clases de lenguaje, el lenguaje científico, el lenguaje del arte, el de la religión etc., etc., para determinar en qué medida contribuye cada uno de ellos a la construcción de un «mundo común»" (1965: 68).

La modernidad recibe como herencia una suma de textos acumulados, no solo desde la antigüedad sino también desde varias disciplinas científicas y doctrinas, que buscan explicar el mundo según diversas perspectivas con las que tratan de instruir, es decir, dirigir y adoctrinar sobre el conocimiento y la percepción de la realidad. Sin duda, son «construcciones» de teorías o conocimientos especulativos que buscan explicar el mundo natural.

Como muy bien afirma Cassirer, no existe nada puramente «ideal» que no descanse sobre un fundamento «físico». Escribe: "Lo ideal sólo existe representado de algún modo material, asequible a los sentidos y encarnado en esta representación"; y en referencia específica a la religión, al lenguaje y al arte, agrega: "todo esto sólo es asequible para nosotros a través de los monumentos que cada una de esas manifestaciones van creando y que son los signos, los vestigios del pensamiento y del recuerdo sin los cuales no podríamos llegar a captar

---

14   Cita de Cassirer, *Las ciencias de la cultura* (México, 1965).

jamás un sentido religioso, lingüístico o artístico" (1965: 68-69). De ese modo deriva en lo que considera «objeto cultural» frente al «objeto natural», y escribe: "Este entrelazamiento es precisamente lo que nos permite reconocer un objeto cultural. Al igual que cualquier otro objeto, los de la cultura ocupan también su lugar en el espacio y en el tiempo. Se sitúan en el aquí y en el ahora, nacen y perecen" (1965: 69). Podemos ahora obtener una consecuencia de lo expuesto en esta sección: los objetos estéticos, o artísticos, son objetos culturales.

4.8 Objeto natural y objeto cultural

Para Cassirer, la percepción encierra, en germen, la oposición explícita entre los dos métodos empleados por la «ciencia de la naturaleza» y la «ciencia de la cultura». Explica que los conceptos culturales están enfrentadas a la ciencia de la naturaleza, la historia y la psicología, con las que mantienen disputas enconadamente. Cada una de estas ciencias aparece con una presión justificada. Escribe: "Cada una de estas tres tendencias puede replegarse sobre una posición rodeada de seguras defensas y de la que ningún argumento del adversario es capaz de desalojarla"; sin embargo, aclara: "los tres campos, el de lo físico, el de lo psíquico y el de lo histórico, pertenecen necesariamente al concepto de «objeto cultural». Son, propiamente, los tres factores que integran ese concepto" (1965: 89).

La noción de «objeto cultural» de Cassirer resulta muy similar a la de «objeto estético» que hemos discutido antes al ocuparnos de los enfoques filosóficos de diversas estéticas. Así, Cassirer afirma que un «objeto cultural» requiere siempre "un sustrato físico-material"; y ejemplifica con las diversas artes: "La pintura va adherida al lienzo, la estatua esta tallada en el mármol, el documento histórico se halla materializado por los signos escritos estampados sobre el pergamino o el papel" (1965: 89-90). Los objetos culturales son documentos o monumentos de culturas pretéritas, que requieren, para ser comprendidos, una doble interpretación. Por una parte, deben ser situados "históricamente, en el período que le corresponde, que descubramos su origen y su antigüedad"; por otra parte, debemos saber interpretarlos "como expresión de determinadas actitudes fundamentales del alma, que encuentren algún eco en nuestra propia sensibilidad. Así, pues, conceptos físicos, históricos y psicológicos concurren siempre en la descripción de un objeto cultural" (1965: 90).

Advierte que tales conceptos (físicos, históricos y psicológicos) deben ser apreciados en su síntesis; que cualquier "tipo de consideración que no alcance a explicar satisfactoriamente esta síntesis resultará inadecuado a su objeto"; pues lo que importa es "la manera peculiar como esos elementos aparecen agrupados y unificados"; explica que "aun siendo indiscutible que en todo objeto cultural se revela un lado físico, un lado psicológico y un lado histórico, ello no quiere decir que este objeto no se oculte a nosotros en su específica y peculiar significación cuando aislamos estos elementos en vez de enfocarlos en su recíproca penetración espiritual"; y reitera al cabo: "El aspecto físico, el psicológico y el histórico son necesarios, en cuanto tales y cada uno de por sí; pero ninguno de ellos puede ofrecernos la imagen total a que aspiramos siempre en las ciencias de la cultura" (1965: 90).

Los modernistas hispanoamericanos, desde su incertidumbre ocasionada por su rechazo de las nociones tradicionales descriptivas de la realidad natural, asumieron precisamente los conceptos físicos, históricos y psicológicos que estudió Cassirer en su definición y explicación del «objeto cultural». Demostramos nuestra afirmación con el caso del guatemalteco Gómez Carrillo, quien escribió un artículo como resultado de una visita que realizó al escritor francés considerado padre del naturalismo; ese artículo titula «Una visita a Emilio Zola» (1893). El joven hispanoamericano escribe una aseveración que en su momento pudo haber sorprendido porque resultaba contraria a la noción común que entonces se tenía de la corriente naturalista, señalada como arte que reproduce la realidad con una objetividad documental. Gómez Carrillo en referencia a la novela *La Terre* (*La Tierra*, 1887), de Zola, afirma que los campesinos en esa obra "tienen pocos puntos de contacto con los campesinos de carne y hueso"; y explica: "La impresión que las páginas de Zola han producido en mi alma es tan profunda, que ni la realidad misma podría borrarla. Los modelos no son sino meros pretextos"; y agrega enfáticamente una afirmación contraria a la conocida definición del naturalismo: "El artista se sirve de ellos, pero no los copia. Si los copiase dejaría de ser artista para convertirse en máquina fotográfica" (1893: 131). Para este pensador y escritor de la modernidad hispanoamericana, los modelos naturales no pueden ser copiados por el arte, como alentaba el arte clásico, porque el objeto artístico no es objeto natural. El supuesto objetivismo del naturalismo desaparece en la experiencia estética durante la lectura realizada por este modernista. Obviamente, los textos de Gómez Carrillo de su libro *Sensaciones de arte* han sido escritos desde la perspectiva y el efecto que percibe el lector, o desde la recepción de la literatura mediante la lectura.

Conviene recordar que Cassirer, en su *Antropología filosófica. Introducción a una filosofía de la cultura*, se refirió a las diferencias entre las ciencias y las artes respecto a sus propios objetos de observación. Señaló que cuando el científico "describe un objeto lo caracteriza con una serie de números, con sus constantes físicas y químicas. El arte no sólo tiene un propósito diferente sino un objeto diferente. Si decimos que dos artistas pintan el mismo paisaje describimos nuestra experiencia estética muy inadecuadamente"; y explicó: "Desde el punto de vista del arte, esa pretendida igualdad es ilusoria, no podemos hablar de una misma cosa como asunto de los dos pintores"; porque que el artista "no retrata o copia un cierto objeto empírico, un paisaje con sus colinas y montañas, con sus ríos y escarpadas; lo que nos ofrece es la fisonomía individual y momentánea del paisaje; trata de expresar la atmósfera de las cosas, el juego de luces y sombras" (1963: 216).

Para sostener su explicación recurrió a las diferencias entre las operaciones perceptivas ordinarias y artísticas. Señaló que en "la percepción sensible nos damos por satisfechos al captar los rasgos comunes y constantes de los objetos que nos rodean"; por el contrario, "la experiencia estética es incomparablemente más rica, está preñada de infinitas posibilidades que quedan sin realizar en la experiencia sensible ordinaria"; y reiteró: "En la obra del artista estas posibilidades se actualizan; salen a la luz y toman una forma definida. La circunstancia del carácter inexhaustible del aspecto de las cosas es uno de los grandes privilegios y uno de los encantos más profundos del arte" (1963: 216).

Retornemos al joven Gómez Carrillo y releamos su libro *Sensaciones de arte*, específicamente su convicción de que el artista de su tiempo (la modernidad), si bien inevitablemente acude a los objetos de la realidad natural, no los copia. La condición moderna de esta reflexión estética escrita en 1893 no será ajena a las disquisiciones que realizarán por cuenta propia pensadores y filósofos del siglo XX, es decir, los analistas del pensamiento de la posmodernidad.

Ciertamente, tendrá que pasar casi un siglo antes de que aparezca en el mundo literario la «teoría de la recepción» en Universidad de Constanza (Alemania), gracias a las virtudes de dos filólogos alemanes y teóricos de la literatura, Hans Robert Jauss (1921-1997) y Wolfgang Iser (1926-2007). Este publicó en 1976 su libro que en versión castellana apareció como *El acto de leer. Teoría del efecto estético* (Madrid, 1987). Ahí escribió Iser: "todo texto literario presenta una relación dotada de perspectiva sobre el mundo, que ha sido proyectada por su autor. El texto no copia el mundo dado como tal, sino que constituye un mundo con el material de aquello que se encuentra ante él. En la manera de realizar esta constitución se manifiesta la perspectiva del autor" (1987: 65). Por su parte, Jauss en su libro *Experiencia estética y hermenéutica literaria* (Madrid, 1986), en su explicación de la «experiencia estética», la caracteriza por su "rebeldía", una indocilidad muy amplia que puede implicar sentidos y valores opuestos, como rechazar los dogmas o sublimar lo sensual. De ahí que afirme: "La experiencia estética, vista desde el criterio de la autoridad religiosa, está siempre bajo la sospecha de rebeldía; es decir, al servirse de ella para representar una significación sobrenatural, representa la manifestación sensorial de una manera perfecta, provocando el placer por el objeto en sí"; y agrega: "La rebeldía de la experiencia estética, así caracterizada, posee una ambivalencia propia. Su función transgresora puede—en sentido contrario—servir para glorificar, mediante la idealización, una situación concreta" (1986: 32).

Esa rebeldía la aleja de representaciones naturalistas, imitativas o copias de la realidad ordinaria. Por otra parte, la experiencia estética conlleva reflexión, lo cual permite a Jauss reconocer una historia de la experiencia estética. Así, la estética mimética o realista se relaciona con una actitud estética prerreflexiva. Los objetos artísticos pueden ser producidos «según», «igual» o «contra» los objetos reales. Obviamente, el arte de la modernidad se inclina por la tercera opción. Jauss refiere sucintamente las etapas de la historia de la experiencia estética sobre la base de esas opciones: "Cuando la actividad estética no se entiende ya como un construir *según* la naturaleza—cosa que ocurre, después del paso a la estética de la subjetividad—, ni como una creación *igual* a la naturaleza—lo que sucede a partir de la orientación antirromántica de Poe y Baudelaire—, la reflexión estética—que acompaña a la lírica moderna hasta Valéry—entiende el acto del artista como un crear *contra* la oposición y la impenetrabilidad de la naturaleza" (1968: 42; cursivas propias).

Gadamer, en *Estética y hermenéutica*, se refirió también al concepto clásico de «imitación», ligado a la naturaleza, y señaló sus características: "que el arte no atente contra las leyes de lo verosímil", por su perfección "pasan ante los ojos de nuestro espíritu las configuraciones de la naturaleza en su manifestación más pura", por su fuerza idealizante "ofrece a la naturaleza su verdadera perfección; tales son las conocidas representaciones con las que queda cubierto el término «imitación de la naturaleza»"; y en seguida añade: "Excluimos aquí la trivial teoría de un naturalismo extremo, para el cual el sentido del arte consiste en la mera semejanza con la naturaleza. Eso no se halla para nada en la gran tradición del concepto de imitación" (1998: 83). Más adelante advierte que, sin embargo, "el concepto de mímesis no parece ser suficiente para la Modernidad. Una mirada a la historia de la formación de las teorías estéticas enseña que, en el siglo XVIII, consiguió imponerse sobre el concepto de imitación otro concepto nuevo y diferente: el de expresión" (*Ibidem*). Emplea asimismo el término «copia» para referir el carácter imitativo en las artes plásticas, y escribe: "la copia queda fundamentalmente separada del arquetipo, en el sentido de que aprisiona el movimiento de lo vivo en la imagen inmóvil" (1998: 123).

Precisamente el joven modernista Gómez Carrillo señalaba, a finales del siglo XIX, que la «copia» de las representaciones estéticas detiene y estaciona los objetos en el espacio; por eso escribió que el artista no copia; si los copiase "dejaría de ser artista para convertirse en máquina fotográfica" (1893: 131).

Gadamer, a finales del siglo XX reiteró que hasta bien entrado el siglo XVIII, aun se aceptaba como doctrina de la imitación para la representación de caracteres arquetípicos religiosos o profanos. Pero en el siglo XVIII se dio un giro que quebrantó la estrechez del concepto de imitación para elevarse y lograr un significado nuevo y dominante:

el concepto de «expresión». Agregó: "Fue aplicado originalmente en la estética de la música. El lenguaje inmediato del corazón que habla los sonidos se convirtió entonces en el modelo según el cual se concebía el lenguaje del arte, que rechaza todo racionalismo conceptual" (1998: 124).

4.9 Crítica moderna: "No hay arte objetivo"

Gómez Carrillo, en su libro *Sensaciones de arte* (París, 1893) incluyó su artículo «Sobre el arte de la crítica», en el que rechazaba las modalidades de crítica surgidas en Europa a finales del siglo XVIII y principios del XIX, cuyos "viejos analistas" y sus "últimos paladines continúan hoy luchando la lucha impotente de sus teorías", que consideran "la crítica como trabajo de exégesis didáctica"; agregaba que los estudios literarios de los representantes más relevantes de esa arcaica corriente "fueron juicios objetivos, procesos retóricos y comentarios gramaticales. Un volumen de poesías entre sus manos sacrílegas se convertía en cuaderno de ejercicios", en cuyos márgenes "apuntaba el maestro las faltas de sintaxis y bajo las líneas de sus estrofas hacía rayas azules para indicar los aciertos" (1893: 28). Más aún, el joven modernista exponía su enfoque crítico en los términos siguientes: creer "en un modelo eterno de hermosura, es predicar la intransigencia; querer encontrar en los cánones de una estética el molde de la perfección es admitir la crítica objetiva. Si se llegase a descubrir cuál es el tipo único e inmutable de la Belleza, todas las discusiones estarían terminadas y el arte no consistiría sino en la imitación" (1893: 31).

Dos aspectos fundamentales son enfocados por la reflexión de este poeta modernista. Por una parte, los procedimientos empleados por el análisis tradicional, fundamentalmente retórico y gramatical, guiado por las reglas del lenguaje y su empleo. Por otra parte, las expectativas del efecto causado en la lectura del crítico según esa modalidad. Claramente se observaba el sometimiento al uso tradicional del lenguaje, y su consecuente efecto artístico en el lector asimismo tradicional. Por otra parte, discernía entre la lectura de las representaciones literarias tradicionales o clásicas y la expresión moderna a la cual se refería con frecuencia como «lectura crítica». De ahí que reiteraba que la verdadera diferencia "entre la manera de la vieja crítica y el arte de la crítica nueva, consiste en la modestia del escepticismo moderno"; y en seguida explicaba: "Comprendiendo que no hay arte objetivo y que las obras, cualesquiera que sean sus méritos, no son hijas de las reglas sino de los temperamentos, ha considerado inútil, en su examen, la aplicación de cánones que para nada influyeron en su formación" (1893: 31–32).

A la convicción del no saber, no conocer la realidad del mundo tras del desplome de las explicaciones dogmáticas, se sumaba al pensamiento de la modernidad el convencimiento de la arbitrariedad del lenguaje y, en consecuencia, su falibilidad. El joven Gómez Carrillo, en su aproximación crítica, acude a una categoría esencial que ha definido a la estética. La belleza no está en el objeto observado sino en la sensibilidad y subjetividad de quien la observa. Su planteamiento señala que la crítica moderna consiste en "referir nuestras sensaciones en forma artística y hacer de nuestras impresiones una especie de novela para el uso de los espíritus avisados, finos, curiosos" (1893: 33).

Debemos recordar que en la tercera década del siglo XX se reconocerán las funciones específicas del «lenguaje cotidiano» y del «lenguaje literario», gracias a las propuestas de las denominadas *Tesis de 1929* del Círculo Lingüístico de Praga. Fueron presentadas en el Primer Congreso de Filólogos Eslavos, realizado en la capital checa en octubre de 1929, y dieron un giro moderno a la lingüística y a la crítica literaria. Sin embargo, esas propuestas se conocieron en versión castellana solo en 1970.[15] Los filólogos formalistas señalaban dos funciones claras en las lenguas: la «función comunicativa» y la «función poética». La primera, orientada a los elementos extralingüísticos, no sólo los referentes (objetos del mundo), sino también a los participantes de la comunicación, y a las exposiciones o explicaciones teóricas de disciplinas científicas y sociales. La segunda función («poética»), orientada a la misma lengua, la cual determina su autonomía. La tesis afirma: "*la lengua poética tiende a poner de relieve el valor autónomo del signo, que todos los planos del sistema lingüístico que no tienen en el lenguaje de comunicación más que un papel instrumental, toman, en el lenguaje poético, valores autónomos más o menos considerables*" (1970: 38; cur-

---

15   Refiero al opúsculo titulado *Círculo Lingüístico de Praga, Tesis de 1929,* trad. de M.I. Chamorro (Madrid: Alberto Corazón, 1970).

sivas propias). El orden intencional por el que se orienta el arte es el signo, no el significado de éste ni su referente extralingüístico; o sea, la expresión verbal o la escritura en «función poética». De ahí que los teóricos adviertan: "cuando el historiador de la literatura toma como objeto principal de estudio el significado y no el signo, es decir, cuando estudia la ideología de una obra literaria como una entidad independiente y autónoma, rompe la jerarquía de los valores de la estructura estudiada" (1970: 43).[16]

A finales del siglo XIX, el joven modernista Gómez Carrillo se identifica con el pensamiento moderno en la ciudad de su residencia, París, a través de la obra de sus representantes más importantes. Uno de estos fue el escritor francés François-Anatole Thibault (1844–1924), conocido como Anatole France, que en 1921 recibió el Premio Nobel de Literatura; además, fue amigo de Émile Zola (1840–1902). Buen conocedor del pensamiento crítico de Anatole France, el joven guatemalteco, escribió que las "doctrinas de Anatole France están resumidas en la frase siguiente: «El buen crítico es el que sabe contar las aventuras de su alma en medio de las obras maestras»"; y agregó una frase afirmativa: "Sí, esa es la crítica moderna: referir nuestras sensaciones en forma artística y hacer de nuestras impresiones una especie de novela para el uso de los espíritus avisados, finos, curiosos"; en seguida advertía: "Podrá objetarse que esta manera impresionista ha existido siempre, y que cada literato modesto que escribe acerca del drama de sus amigos «sin más pretensión que la de decir sinceramente su parecer», ha sido un precursor de la «vida literaria»"; y agregaba la siguiente explicación: "Las ideas flotan en la atmósfera intelectual y van tomando forma al pasar de cerebro a cerebro, hasta que, al fin, un talento

---

16 Respecto a los autores de las *Tesis de* 1929, Emil Volek escribió: "Las *Tesis* fueron presentadas anónimamente, pero sabemos que fueron elaboradas por el comité integrado por Mathesius, Jakobson, Havránek y Mukarovský, y la lectura más somera nos convence que cada uno de ellos dejó sus huellas en algún o en algunos segmentos de estas. En estas *Tesis* sorprende la madurez de las formulaciones, su envergadura y el valor duradero de sus planteamientos", véase el volumen *Signo, función y valor. Estética y semiótica del arte de Jan Mukarovsky*, edición, introducción y traducción de Jarmila Jandová y Emil Volek (Bogotá: Plaza & Janés, 2000), 29.

vigoroso junta todos esos átomos, los reduce a cuerpo de idea, les da forma y los presenta al público firmados con su nombre"; y concluía: "esta crítica literaria... no es, en absoluto, ni el boceto conocido ni el impresionismo antiguo" (1893: 33-34).

Es importante subrayar que las reflexiones estéticas que realiza Gómez Carrillo se realizan, o son frutos, de su recepción mediante la lectura de libros; así como de la percepción y contemplación de obras pictóricas y esculturas. Mediante el acto lector o perceptor no sólo observa las representaciones y sensaciones de los artistas en sus obras, sino las suyas propias en su representación perceptora de esos objetos estéticos o culturales. El resultado de esta tarea no es otra que la crítica "pero convertida ya en género literario", afirma el escritor guatemalteco, y agrega: "El artista que la ejerza no escribirá sus estudios por casualidad; acostumbrado a pensar en ella durante toda su vida, tratará de mejorarla, complicándola o simplificándola, según su temperamento" (1893: 34). De este modo, además, "se conseguirá tal vez hacer de ella un género que, asimilándose los elementos de las demás artes escritas, llegue, con el tiempo y con el talento, a absorberlas todas" (1893: 35). De este modo este joven escritor, como otros hispanoamericanos, estaba empeñado en la práctica de un nuevo género literario: la crítica estética moderna, que debía referir, además de los valores de la obra leída, las sensaciones e impresiones del receptor. Afirmaba que esa crítica, sin embargo, "tan amplia, tan artística, tan moderna, no tiene, en el mundo actual, sino un representante verdadero: Anatole France" (1893: 35-36).

En el mismo volumen incluye el texto titulado «El neo-misticismo», que bien expone su modalidad crítica. El título remite a una nota al pie de la página: "Este artículo no debe ser considerado sino como una exposición impersonal de las ideas de los neo-místicos franceses". En efecto, el texto está dedicado a una corriente de escritores cuya obra era conocida en el siglo XIX por reflejar una devoción por la religión católica; algunos eran además clérigos. Gómez Carrillo se refiere a varios de ellos. Al primero que cita es al escritor, diplomático y orientalista Melchior de Vogüe (1848-1910), autor del libro *Heures d'Histoire* (1892; *Horas de historia*). En su relato, el hispanoamericano introduce como personaje imaginario a Marcelo, un poeta lector de dicha obra, quien después de esa lectura da su comentario "con una voz llena de ardor melancólico: Ese libro ha llenado mi alma de tristeza. Lo que yo buscaba entre sus páginas, hoy Viernes Santo, era un consuelo amable y un retiro tranquilo; lo que encontré fue una sensación dolorosa, porque sus frases han fijado en mí cerebro muchas ideas antes indecisas" (1893: 95).

En seguida menciona a otros dos «neomísticos»: al novelista y ensayista Léon Bloy (1846–1917) y al poeta y clérigo Louis Le Cardonnel (1862–1936), de quienes dice que oyéndolos hablar "había podido figurarme que todas las inteligencias vigorosas de esta época se inclinaban al misticismo puro; mas los estudios del vizconde de Vogüe me han hecho ver que las ideas religiosas de nuestros maestros están llenas de matices humanitarios o morales enteramente extraños a la Fe"; y en seguida refiere la incertidumbre de su generación moderna y agrega: "sólo nosotros, los que ahora tenemos veinte años, creemos desinteresadamente porque sólo nosotros tenemos verdadera necesidad de creer" (1893: 95–96).

Luego cita a M. Desjardins y C. de Tolstoi, de quienes afirma que, "por ejemplo, son ante todo predicadores; nada inquieta tanto sus conciencias, como la suerte del pueblo; tratando de educar a las masas, simplifican la doctrina de Cristo hasta donde les es posible, con objeto de que las almas sencillas puedan recibirla sin desconcertarse"; señala la siguiente diferencia: "Nosotros somos más egoístas que ellos; creemos en Dios porque no podemos creer en otra cosa; creemos ardientemente porque nuestras almas jóvenes están llenas de pasión y de fuerza ... Pero la humanidad nos importa poco"; y agrega: "Ocupados únicamente en cultivar nuestro yo con ardor, ni siquiera tenemos una idea justa de las necesidades espirituales del vulgo. Y siendo idealistas hasta la complicación, y sentimentales hasta el refinamiento, vivimos acariciando el sueño de un ensueño..." (1893: 96–97).

Gómez Carrillo realizaba ese reconocimiento del temperamento humano de generaciones distintas; es decir, según sus palabras, «el estado de nuestras almas» gracias a los objetos culturales de su tiempo: los libros. Así lo apunta en seguida: "Para comprender el estado de nuestras almas, basta con templar el espectáculo que hoy ofrece la vida literaria"; y explicaba ese conocimiento a través de las etapas literarias del siglo XIX, pues del Romanticismo solo quedaba el recuerdo lejano, el Parnaso no pudo apasionar con su impasibilidad sino a veinte o treinta espíritus fríos; y el naturalismo acaba de perder, con *El Desastre*, su batalla definitiva."[17] Agregaba: "Las escuelas literarias que nacieron en 1885 han muerto sin llegar a la adolescencia, y nuestra generación no ve, en el gran desierto de las ideas, ningún oasis salvador. Hasta las rutas que la ciencia abrió en 1850 a los estudios experimentales, se han llenado de cambroneras y de abrojos desde que Claude Bernard, Ernest Renán y M. Taine dejaron de existir" (1893: 97).[18]

No es posible desconocer el sentimiento de incertidumbre que el escritor guatemalteco percibe en el conocimiento del espíritu de su tiempo, al cual parecía que solo tenía como opciones retroceder y retornar a un medievalismo místico y dogmático, o asumir el racionalismo positivista. Lo escribió en seguida: "Lo único, pues, que aun parece quedar libre en el universo literario, son las veredas misteriosas que conducen a la Edad Media. El idealismo exagerado de Lamartine llevó a los hombres que hoy tienen 50 años a la ciencia; las exageraciones del naturalismo han guiado nuestra juventud al misticismo" (1893: 97–98).[19]

Sin embargo, Gómez Carrillo apunta una opción propia de la modernidad hispanoamericana, y escribe: "nosotros marchamos, buscando sensaciones ignoradas, por caminos vagos y ardientes", a diferencia de las dos corrientes predominantes en su tiempo: el positivismo y el idealismo. Tenía respuestas preparadas para los interrogantes de ambas posiciones: "cuando los sabios empedernidos nos pregunten desde sus laboratorios: «¿Qué habéis hecho de nuestras lecciones?»"; la respuesta debía decir: "«Eran tan inseguras, que ni siquiera nos costó

---

17 La referencia, sin duda, es a la obra de Émile Zola, *La débâcle* (*El Desastre*).

18 El modernista hispanoamericano se refería a estos ilustres intelectuales franceses: Claude Bernard (1813–1878) fue un médico, biólogo y fisiólogo, conocido como el iniciador de la medicina experimenta. Ernest Renan (1823–1892), escritor, filósofo e historiador. Hippolyte Taine (1828–1893) crítico, filósofo, historiador y uno de los teóricos del naturalismo.

19 Alphonse de Lamartine (1790–1869) fue un escritor y político francés del período romántico.

gran trabajo olvidarlas. Empleasteis lo mejor de vuestra existencia tratando de descubrir las leyes naturales de la vida universal, y el idealismo se vengó de vuestra curiosidad impertinente haciendo que vuestros hijos desdeñasen vuestras ideas y desconociesen vuestros esfuerzos»" (1893: 98).

El joven Gómez Carrillo explica una noción muy modernista, que será expuesta también por Rubén Darío en sus *Prosas profanas* respecto al mundo natural. Afirma que la Naturaleza es una "esfinge impenetrable cuyos labios virginales no tienen para la humanidad sino sonrisas misteriosas. Los hombres de genio que lo comprendieron así y se contentaron con admirar su actitud, suponiendo siempre y adivinando algunas veces"; y dirigiéndose nuevamente a los racionalistas e idealista en sus afanes por desvelar a la naturaleza, les advierte: "Vosotros habéis querido investigar sin descanso; habéis tratado de romper su epidermis de piedra con escalpelos deleznables para hacer el análisis de sus entrañas sagradas, y ella ha castigado vuestra falta de respeto burlándose cruelmente de tal indiscreción"; también observa: "Las multitudes se figuran que la creencia firme en el poder de la sabiduría es una religión, pero nosotros estamos convencidos de que vuestro deseo de saber es mucho más grande que vuestra fe, y al oír vuestros interrogatorios llenos de inquietud os hemos clasificado entre los descendientes de aquel Poncio Pilatos, diletante y fino..." (1893: 98–100).

El idealismo al que se refería incluía la tradición antigua, la medieval y la escolástica impulsada por el cristianismo que colonizó a los pueblos hispanoamericanos. Continúa más adelante: "mientras el mundo nos cree perdidos en el laberinto reaccionario y obscuro de la tradición; nosotros nos alejamos de vuestro dominio inseguro y vamos hacia la Luz. La Luz es hija de la verdad, que es hija de la Fe, que es hija del Deseo"; afirmaba, además: "Es cierto que León el Papa nos aborrece sin comprendernos y que la iglesia tradicional nos cierra sus puertas apolilladas. Pero no importa. Nosotros hemos construido, en el fondo de nuestras almas, mil santuarios ardientes"; y concluía muy explícito:

"Nuestros pontífices se llaman Barbey d'Aurevilly, Charles Baudelaire, Paul Verlaine, Dante Gabriel Rossetti" (1893: 100).[20]

La devoción por la literatura y el arte en general de su tiempo es innegable en el joven modernista. Sus amplias lecturas se convirtieron en motivos de la escritura de muchos de sus libros. En el mismo volumen *Sensaciones de arte* (París, 1893), incluye el artículo titulado «Los siete maestros», motivado por la publicación de un libro de reciente aparición, que lo destaca con los términos siguientes: "Entre las muchas obras literarias que han aparecido durante esta última quincena, ninguna me parece tan interesante como *Les Sept sages et la jeunesse contemporaine*, de M. Julien Leclercq"; y agrega: "Sus páginas no son ni muy numerosas ni muy doctas, pero su lectura, en cambio, está llena de interés sugestivo. Es un libro que hace pensar en siete grandes talentos de este siglo y por eso es un libro encantador" (1893: 107). En efecto, el poeta y crítico francés Julien Leclercq (1865–1901) publicó en 1892 dicho libro («Los siete sabios y la juventud contemporánea»), que fue leído apenas aparecido en su edición original francesa por el modernista guatemalteco, quien además dio testimonio de su lectura en su artículo «Los siete maestros», escrito en mayo de 1892, incluido en su libro *Sensaciones de arte* que apareció un año después, en 1893. Escribió: esos "siete maestros del siglo XIX no son justamente aquellos que más se han distinguido y que más fama tuvieron durante estos últimos ochenta años, sino aquellos que más influyen sobre los talentos jóvenes de la hora actual" (1893: 107). Gómez Carrillo dedica sendos comentarios a las obras de los escritores franceses Ernest Renan (1823–1892), Hippolyte Taine (1828–1893), Gustave Flaubert (1821–1880), Charles Baudelaire (1821–1867), Leconte de Lisle (1818–1894), Stendhal (1783–1842), y Edmond de Goncourt (1822–1896). Al cabo de sus comentarios dedicados a cada uno de ellos, concluye: "Los filósofos pensarán, al examinar sus obras, que de padres tan diversos sólo puede nacer una juventud enfermiza, complicada, sabia, perversa. Yo me consuelo pensando en que los hombres de mañana sabrán envolver

---

20 Gómez Carrillo, a sus 20 años, reconocía la influencia de los escritores y poetas simbolistas franceses que cita: Barbey d'Aurevilly (1808–1889), Charles Baudelaire (1821–1867), Paul Verlaine (1844–1896); así como la del poeta y pintor inglés Dante Gabriel Rossetti (1828–1882).

en un soplo de pasión ideal y mística, que ya comienza a hacerse sentir, las cualidades que los «siete maestros» les dejan hoy como herencia" (1893: 116). El artículo concluye con la fecha "Mayo de 1892".

Gómez Carrillo, desde muy joven fue un escritor que se dedicó a percibir los «objetos culturales» de su propio tiempo, los libros recién publicados y las exposiciones de arte que se abrían. Su interés principal fue conocer las representaciones modernas del «mundo cultural» que, por supuesto, no dejaba de representar en su versión estética al «mundo natural».

El último artículo de *Sensaciones de arte* titula sencillamente «1893». Se trata de una crónica o crítica sobre el *Salón 1893*, que anualmente se realizaba en el Palacio de la Industria y de las Bellas Artes, en los Campos Elíseos. En las primeras líneas manifiesta su juicio estético que dice: "yo no veo, en el *Salón* de este año, nada que presente un verdadero interés desde el punto de vista del arte moderno y del progreso pictórico. Los que hayan visto la exposición de 1892 no tienen necesidad de ver la de este año, que, en resumen, no es ni mejor ni peor, ni siquiera diferente de su antecesora"; y agregaba: "Los viejos maestros continúan impasibles exponiendo sus telas" (1893: 137). A lo largo del artículo expone su valoración de autores y obras. Apunta que "lo moderno va siendo cada vez más raro en el país del arte. El misticismo y la reacción idealista se acentúan cada día más. Los impresionistas y los católicos han triunfado"; su enunciado final es muy explícito: "Entre los dos mil cuadros del Palacio de la Industria, apenas he visto una docena de figuras modernas, y en cambio ¡cuántos rostros nimbados, cuántas caras divinamente pálidas, cuántas cabelleras fabulosas, cuánto cuerpo desnudo!" (1893: 142).

4.10 Modernismo y cosmopolitismo

Para este joven crítico de arte, en la realidad cultural de París, en 1893, todavía predominaban los estilos, las formas y los significados tradicionales en las manifestaciones artísticas; eran escasas las expresiones modernas. Dos años después publica su libro *Literatura extranjera. Estudios cosmopolitas* (1895). Ya el título de este volumen implica que se inscribe en el género de la crítica literaria. En la primera página de su «Dedicatoria» (A Leopoldo Alas) refiere los efectos de sus lecturas, como experiencia estética, que a su vez la expresa en términos propios de su percepción, que no deja de ser un testimonio meta-estético, correspondiente a su recepción. Cabe muy bien en ese testimonio la reflexión estética de la que la que se ocupará un siglo después Hans Robert Jauss, como ya vimos en páginas anteriores. El modernista escribe: he aquí "algunos estudios de crítica cosmopolita, en los cuales he tratado de referir lo que mi alma ha visto y sentido durante sus últimos viajes literarios" (1895: i). El proceso de la lectura crítica es destacado como «viajes literarios».

En una nueva reflexión estética, que es fundamentalmente autocrítica, rechaza algunos de sus conceptos expuestos en su libro anterior: "he llegado a comprender que no todo lo antiguo es malo, que no todo lo nuevo es hermoso, que no todo lo raro es admirable y que no todo lo sencillo es vulgar"; y explica: "Leyendo algo y reflexionando mucho, me he convencido de que, dentro de la filosofía literaria, es imposible tener principios invariables"; más aún: "Los libros me han llevado de un punto de vista a otro, haciéndome ver en todas partes algo digno de estudio y probándome que nada es completamente despreciable" (1895: i–ii).

El primer artículo de ese volumen titula «Dos maestros suecos» en el que se ocupa del filósofo Christopher Jacob Boström (1797–1866) y del dramaturgo August Strindberg (1849–1912), aunque empieza refiriéndose al poeta, dramaturgo y director de teatro noruego Henrik Ibsen (1828–1906). Gómez Carrillo leyó a estos escritores en traducción al francés y afirma que la juventud de Francia manifiesta interés por esos autores, mientras que en "España también comienza a sentirse la influencia del Norte, como lo hace notar en uno de sus últimos artículos la ilustre autora del *Teatro Crítico*" (1895: 2). Aunque no menciona explícitamente a esa autora, se refería a la escritora española Emilia Pardo Bazán (1852–1921) directora de la publicación mensual *El Nuevo teatro crítico*, entre 1891–1893.

La afirmación que nos interesa es el discernimiento de este joven escritor sobre la influencia de la literatura europea de ese momento entre los jóvenes escritores de lengua castellana, entre ellos los hispanoamericanos que radicaban en París. Escribió: "Sin duda lo que nosotros buscamos en las nuevas corrientes literarias, no es lo mismo que buscan los franceses. Nosotros no tenemos necesidad de regenerarnos. Nuestras letras han sufrido pocos cambios en este siglo"; su comentario se refería a cuatro movimientos literarios que se desarrollaban entonces (parnasianismo, simbolismo, naturalismo y realismo), respecto a los cuales afirmó: "El parnasismo [sic] no nos condujo jamás a la manía de la forma; el simbolismo no ha podido aún desmembrar nuestra lengua; y en cuanto a ese pobre naturalismo que tantos enemigos tiene hoy entre los jóvenes, preciso es confesar que nunca nos hizo gran daño, pues, siendo ignorantes, tuvimos la fortuna de no ver en él sino la superficie"; y concluyó: "teniendo tradiciones *realistas,* pudimos mezclar el vino nuevo de Zola con el vino añejo de Cervantes, para fabricar así una bebida más agradable que fuerte" (1895: 2–3; cursiva propia).

El comentario de Gómez Carrillo contradice muy tempranamente las opiniones que señalaban a los escritores de la modernidad hispanoamericana como émulos de las corrientes literarias francesas de finales del siglo XIX. Más aún, este joven lector crítico afirmó explícitamente: "Yo no veo ninguna escuela entronizada, ninguna personalidad absorbente, ninguna tendencia despótica, sino, al contrario, una gran calma, o, mejor dicho, una gran indiferencia. Los poetas célebres van, cada uno por su camino, sin escoltas de discípulos"; y respecto al género narrativo, su testimonio señalaba: "Los novelistas famosos cultivan sus jardines, aisladamente. A los que traen algo nuevo (como Salvador Rueda, como Rubén Darío, como Enrique Gaspar, como Ángel Guimerá) se les recibe mal o bien, según el humor del momento" (1895: 3).

En su artículo titulado «Los poetas jóvenes de Francia», dedica una sección al poeta simbolista Stuart Merrill (1863–1915), estadounidense de origen, pero radicado en Francia en su niñez, debido al cargo diplomático que ocupó su padre. Merrill escribió su obra poética en francés. Gómez Carrillo exhortaba a leerla pausadamente y luego reflexionar; refería el efecto acústico y visual de esa lectura: "La impresión que la forma producirá en vosotros, será exquisita y pasajera; los hemistiquios sonarán algún tiempo en vuestros oídos con ritmos deliciosos, y durante varios instantes vuestra retina conservará el recuerdo de los caballeros soberbios y de las ninfas encantadas que atraviesan las estrofas al compás de una marcha sonora..." (1895: 172). Con esta recomendación inducía a experimentar percepciones acústicas y visuales con sus respectivas sensaciones (o impresiones sensibles).

Por lo expuesto en este capítulo, a través de las diversas teorías y doctrinas, las percepciones estéticas, aunque aparecen junto a las realidades del mundo, no corresponden a lo «concreto» del mundo, por lo cual tampoco se insertan en el espacio de éste. Las primeras páginas de *Sensaciones de arte* están dedicadas a los «Artistas japoneses. Hokusaï, Outamaro, Yosaï». Del primero, Katshushika Hokusai (1760–1849) escribió que su "sueño dorado consistía en producir sensaciones de realidad"; es decir, al artista no le interesaba imitar o duplicar aspectos de la realidad, sino producir o provocar sensaciones de aquellos; más adelante explica que el naturalismo de este artista "es mucho más grandioso que nuestro naturalismo europeo; porque jamás copió sino los detalles que producen una sensación sintética" (1893: 18).

En *Literatura extranjera. Estudios cosmopolitas*, llega definir la condición temporal de la impresión no solo en manifestación singular, sino enlazados en instantes múltiples y diversos, que bien pueden ser instantes sucesivos. En su crítica a «Dos maestros suecos», afirma: quien "contempla largo tiempo un mismo objeto, llega a verlo de varios modos distintos; el hombre que reflexiona sin cesar en una sola idea, la siente cambiar a cada instante"; y agrega: "Para no contradecirse, sólo hay dos medios, que son: o bien no asegurar nunca cosa alguna, o bien enamorarse de una cosa y repetirla siempre" (1895: 8).

Por lo expuesto aquí, desde sus primeros libros, el joven Gómez Carrillo estudiará las «sensaciones» y sus representaciones en la obra de artistas, particularmente pintores y escritores. Asimismo, reflexionará sobre estas sensaciones como origen de las percepciones estéticas, más aún, las asimilará a lo que consideraba una «teoría estética», que él mismo aplicó a su escritura como se pudo ver en los textos ya citados. Desde su juventud demostró claramente su método de reflexión estética, que solo en las últimas décadas del siglo XX, al margen de la obra de este modernista, se conocerá y discutirá como «experiencia estética», en términos del filósofo alemán H. R. Jauss.

Para concluir nos referiremos, aunque brevemente a su libro *Sensaciones de París y de Madrid* (París, 1900). En su breve dedicatoria escrita en París, el 30 de septiembre de 1899, afirma que en este libro "no hay ficción ninguna y apenas hay retorica"; y más adelante agrega: "este libro será siempre leído con curiosidad, pues en él están resumidas las impresiones que experimentó un artista durante cinco años de juventud y de labor" (1900: v–vi). En las primeras páginas recuerda de modo especial a dos poetas belgas que escribían en francés, y a quienes consideraba «poetas del silencio». El primero, Georges Rodenbach (1855–1898), de quien dice que "no hace aun dos meses que… dejó de existir", y lo recordaba por su poesía de paisajes velados y brumosos, ciudades muertas, de los antiguos campanarios enmudecidos por el tiempo, días crepusculares, "sin sol, sin color, sin vida" (1900: 11–12).

El segundo poeta belga era Émile Verhaeren (1855–1916), cuyos versos, "a pesar de sus rimas perfectas, suenan calladamente con sonoridades lejanas, con velados acordes, con dulzuras sobrenaturales y con tristezas enigmáticas, como las moribundas baladas" (1900: 13).

De acuerdo con la teoría del modernista Gómez Carrillo, la obra de los escritores belgas no copiaba la realidad natural, sino que expresaba las sensaciones que esta producía en las percepciones de ambos poetas. No podemos desconocer que esas impresiones que refiere el poeta modernista de su lectura de los escritores belgas también corresponden a la lectura crítica del modernista, quien, en ambos casos, contemplaba la naturaleza a través de las sensaciones de los mismos poetas. Gómez Carrillo escribe: "Esta literatura vaga y apagada que produce una sensación silenciosa no es únicamente la obra de ciertos temperamentos artísticos y de determinadísimas sensibilidades enfermizas, sino también el resultado de toda una teoría estética: la teoría del silencio" (1900: 13). Más adelante explicaba "las más grandes sensaciones de la humanidad" con los siguientes términos: "El Amor, la Gloria, la Fe. Pues bien, el amor es un gesto—el beso—y un ademán—la caricia—lo demás es retórica. La Gloria, por su parte, es un Gesto y un Ademán mezclados: la actitud majestuosa. Y la Fe, la divina Fe, no es sino el ademán que junta dos manos y dilata dos pupilas" (1900: 65). Su lectura era también una lectura semiológica. Esta lectura está manifestada en otro libro suyo, en *El primer libro de las crónicas* (Madrid, 1919), en el que afirmó explícitamente lo que indaga en sus lecturas, especialmente en los libros de viaje. Escribió: yo nunca busco "el alma de los países que me interesan. Lo que busco es algo más frívolo, más sutil, más pintoresco, más poético y más positivo: la sensación"; y añadía: "Todo viajero artista, en efecto, podría titular su libro: *Sensaciones*. Porque así como la novela, según Zola, no es más que la vida vista a través de un temperamento, así el paisaje lejano es una imagen interpretada por un visionario" (1919: 10-11).

En fin, bien se puede comprender el motivo por el cual muchos de sus libros incluyen en su título el referente «sensaciones», que no sólo implica a las impresiones de sus autores favoritos, sino a las propias, que son elementos fundamentales de su estética. Recordemos, según lo expuesto más arriba, que el filósofo inglés Davis Hume, en su *Tratado de la naturaleza humana*, señaló que las percepciones de la mente implican impresiones e ideas. Empleaba la palabra «impresiones» para referir las sensaciones, y explicaba que, en las percepciones empíricas, las impresiones penetran con más fuerza y violencia; mientras las ideas son imágenes más débiles. Gómez Carrillo cultivó la experiencia estética que reflexiona en el reconocimiento de las *sensaciones*.

V.
Incertidumbre, invención y juego

EL PENSAMIENTO COMÚN EXPRESADO por los escritores del modernismo hispanoamericano fue el convencimiento de que la existencia empírica del ser humano acontecía entre una ineludible incertidumbre de conocer el mundo más allá de sus formas sensibles y fenoménicas. Este movimiento surgido hacia 1880 se extendió hasta las dos primeras décadas del siglo XX, para dar lugar a otra corriente compleja y múltiple llamada «vanguardismo» e integrada por una variedad de ismos. Los nuevos escritores dieron un giro absolutamente contrario a los modernistas, que implicaba certidumbre y convencimiento de su capacidad de concebir y referir mundos distintos y propios, aunque solo en el espacio de la fantasía. La percepción por los sentidos que tantas dificultades había implicado para los modernistas fue sustituida por la imaginación libre de los vanguardistas que desecharon la percepción real, vivida y empírica, pues les resultaba innecesaria para referir los mundos de su fantasía.

En reacción a la incertidumbre de los modernistas, el movimiento que aflora de esta experiencia, es decir, el vanguardismo latinoamericano, surgido en las inmediaciones de 1920, se mostró convencido de su capacidad inventiva o creadora. Se lanzó a la renovación imaginativa y reflexiva, a veces con representaciones anti-naturalistas. Buscaba «crear» mundos propios. Su carrera fue breve y se agotó en los extremos del sinsentido y la incomunicación, dejando como inventario evidente su distanciamiento de la propia realidad. Por esa razón fue acusado algunas veces de arte evasivo. Este movimiento llegó al límite extremo en sus experiencias y experimentos con una escritura que se agotó en sí misma. En algunos casos, los intentos por inventar un lenguaje llegaron a los límites del sin sentido, carentes de referentes identificables e inteligibles para la lectura. El discurso ininteligible concluyó silenciándose.

Este movimiento plural en ismos se presentó en diversos países occidentales con sus respectivos «manifiestos», declaraciones públicas respecto a sus doctrinas, propósitos y programas. Surgieron de ese modo el ultraísmo, cubismo, futurismo, expresionismo, creacionismo, dadaísmo, surrealismo, y otros. En 1925, en pleno desarrollo de esas corrientes, el poeta ultraísta español, crítico literario y cronista del movimiento Guillermo de Torre (1900–1971) publicó en Madrid su libro *Literaturas Europeas de Vanguardia*, que no solo se ocupa exclusivamente de literaturas, ni únicamente europeas, como dice su título, sino que también incluye a otras artes, así como a escritores americanos (del norte y del sur), y a dos artistas pictóricos sudamericanos.

En el ensayo inicial, titulado «El movimiento ultraísta español», el cronista incluye a la pintora argentina Norah Borges (1901–1998), que durante su juventud residía en Ginebra, y al pintor y dibujante uruguayo Rafael Barradas (1890–1929), que asimismo vivió unos años en varias ciudades europeas. Ambos estaban relacionados con grupos vanguardistas y colaboraron como ilustradores en revistas de esos movimientos. También cita al poeta y escritor argentino Jorge-Luis Borges (1899–1986), entre los principales ultraístas y teóricos de ese movimiento que en ese tiempo radicaba en Suiza. Conviene recordar que años después, Norah Borges, hermana de Jorge-Luis, contrajo matrimonio en 1928, en Buenos Aires, con el poeta y crítico Guillermo de Torre, autor del volumen que comentamos.

En el ensayo segundo dedicado a «La modalidad creacionista», este crítico se enfoca sobre la obra del poeta francés Pierre Reverdy (1889–1960), quien asimiló los principios teóricos y empíricos del denominado cubismo literario, para derivar en lo que se conoció con el nombre de «creacionismo». Dentro de este contexto cita a Vicente Huidobro (1893–1948) quien conoció durante su estancia en Francia la obra de Reverdy. De Torre señala que "este nombre de poesía creacionista fue pronunciado, por vez primera por Bergson" (1925: 110). Más adelante afirma que los "verdaderos antecedentes líricos del creacionismo en Huidobro" están en la obra de "un genial e incógnito precursor: Julio Herrera Reissig" (1925: 114). De ese modo agrega el nombre de otro poeta no europeo, sino uruguayo, y figura principal del modernismo hispanoamericano. El cronista agrega que la figura de Herrera y Reissig (1875–1910), "cantor de *Los parques abandonados* es dignamente conocida en toda Hispano-América, más no en el aspecto que aquí va a revelarse, como genuino e insospechado precreacionista, que ha ejercido un influjo muy próximo" sobre Huidobro (1925: 115). De este modo De Torre afirma que la obra del modernista uruguayo es «precreacionista»; es decir, precursora del creacionismo. Más adelante reitera enfáticamente: "El autor de *Los éxtasis de la montaña* llega más lejos: a un límite de hallazgos metafóricos, que autoriza a considerarle, de hoy en adelante, como un genuino precursor clarividente de la modalidad creacionista, en su aspecto lírico, y respecto a los poetas hispano-americanos"; más aún, concluye: "Su radio de influencias directas o mediatas llega hasta nuestra generación de vanguardia" (1925: 117).

En el ensayo quinto dedicado al movimiento futurista italiano, del cual afirma que, aunque "nació en Milán en 1909, ha sido el movimiento europeo de vanguardia que ha desplegado más intensa y vital actividad" (1925: 240). De Torre introduce un estudio de la obra del poeta estadounidense Walt Whitman (1819–1892) como uno de los precursores de ese ismo. De su conocido poemario *Hojas de hierba* (1855), dice que con *Leaves of Grass* "nos llega de la América joven a la vieja Europa un nuevo sentido de la poesía: el cósmico"; y lo considera "el instaurador de una nueva línea del lirismo contemporáneo, cuya trayectoria inagotable tantos epígonos subsecuentes habían de recorrer y prolongar—futuristas italianos, unanimistas franceses, poetas sociales de lengua inglesa, humanistas germánicos y eslavos..." (1925: 253).

Con estas referencias a poetas y artistas no europeos, el enfoque de Guillermo de Torre en su libro *Literaturas Europeas de Vanguardia* no deja de ser global y amplio. Ya en la introducción titulada «Frontispicio» reconoce un "sentido fugitivo de nuestra época" y su rechazo del "concepto de eternidad" de la tradición, y explica que "su reducción relativista, implica lógicamente un reconocimiento del valor de lo pasajero, de lo relativo y del espíritu propio de nuestra época", y agrega: "la mayor parte de los nuevos poetas, como veremos en los capítulos sucesivos, se complacen en subrayar irónicamente el carácter efímero de su poesía", y refiere la condición de los nuevos vates: "Los poetas ya no se creen enviados de los Dioses, voceros de la inspiración divina, verbos de la multitud ni aceptan otros mitos ridículos. Son, sencillamente, hombres de su tiempo, con sensibilidad receptiva y dones expresivos singulares" (1925: 20). Destaca además en estos poetas una conciencia clara respecto al presente, lo que implica el rechazo del pasado. Escribe: "Que tan fervorosa devoción al presente implique, en cierto modo, un desdén negativo del pasado es cosa—como deduciréis—que no me desconsuela" (1925: 21).[1]

Es necesario recordar que De Torre no solamente es el primer crítico y cronista del vanguardismo; es también un poeta «ultraísta» que ha participado activamente en el movimiento. Desde ambas posiciones reconoce los valores del movimiento predecesor: el modernismo. Vimos que reconoció a Herrera y Reissig como precursor del «creacionismo». Manifestó su aprecio, asimismo, por la obra de Rubén Darío, particularmente *Prosas profanas*. Escribió: "La evolución literaria vigente en la poesía española hasta el advenimiento del Ultraísmo ha sido [...] la iniciada y sostenida por el magno Rubén Darío"; y, en referencia a sus compañeros modernistas agregó: "Sus obras y las de sus coetáneos más eximios representan para los jóvenes actuales una muestra de altitud espiritual en la aurora imprecisa de este siglo, como reacción derrocadora de las mediocridades postrománticas imperantes a la sazón"; pero también advirtió: "Mas en modo alguno constituyen ya un ejemplo a imitar ni tampoco marcan una ruta de posibles continuaciones" (1925: 39). El giro del modernismo al vanguardismo se realizaba plenamente.

Otro aspecto importante que debemos destacar en la obra de este crítico y cronista es su comentario al artículo titulado «La deshumanización del arte», de su compatriota José Ortega y Gasset (1883–1955), que lo leyó, según informa, en el folleto *El Sol* (Enero–Febrero 1924).

---

1   Guillermo de Torre revisó y amplió su libro de 1925 para su nueva publicación cuatro décadas después con el título: *Historia de las literaturas de vanguardia*. Madrid, 1965.

Su primera reacción dice: "quizá la falta de interés concreto, más que menosprecio, que se advierte en Ortega hacia las expresiones y obras novísimas, sea debido a una insuficiente penetración en las mismas" (1925: 277). Sin embargo, más delante de Torre realiza la siguiente reflexión sobre el artículo de Ortega: "La teoría de la «deshumanización» del arte enlaza fraternalmente con las teorías creacionistas—por antonomasia—, propulsadas comúnmente por los lucíferos de vanguardia, pertenecientes a diversas fracciones"; en seguida explica: "El anhelo deshumanizador, pictóricamente, se halla conseguido en numerosos cuadros cubistas y de un modo más o menos explícito se encuentra también en varias poematizaciones modernas"; y concluye: "este espíritu deshumanizador que antes se daba de modo accesorio, trátase ahora de considerarlo no ya como «parte» sino como «todo» integrante del nuevo organismo" (1925: 278).

Ortega y Gasset, ciertamente, muy temprano también reflexionó sobre lo que consideraba «arte joven» o «arte nuevo», para referir lo que se conoce en la historia de la literatura occidental como «vanguardia» o «vanguardismo», términos que no mencionó. Su libro *La deshumanización del arte. Ideas sobre la novela* se publicó en Madrid, 1925, el mismo año en que apareció el libro de Guillermo de Torre. La primera sección de su ensayo titula: «Impopularidad del arte nuevo», y más adelante escribe: "el arte nuevo tiene a la masa en contra suya y la tendrá siempre. Es impopular por esencia; más aún, es antipopular"; y explica: "Una obra cualquiera por él engendrada produce en el público automáticamente un curioso efecto sociológico. Lo divide en dos porciones: una mínima, formada por reducido número de personas que le son favorables; otra mayoritaria, innumerable, que le es hostil" (1925: 12). Señala la causa de esa diferencia: "No se trata de que a la mayoría del público no *le guste* la obra joven y a la minoría sí. Lo que sucede es que la mayoría, la masa no *la entiende*" (1925: 13; cursivas propias). Esa diferencia es reiterada: "El arte nuevo, por lo visto, no es para todo el mundo, como el romántico, sino que va desde luego dirigido a una minoría especialmente dotada. De aquí la irritación que despierta en la masa" (*Ibidem*).

Ortega define los límites temporales de las nuevas manifestaciones artísticas y además reconoce que éstas rechazan las representaciones estéticas tradicionales: "El arte nuevo es un hecho universal. Desde hace veinte años, los jóvenes más alertas de dos generaciones sucesivas—en París, en Berlín, en Londres, Nueva York, Roma, Madrid—se han encontrado sorprendidos por el hecho ineluctable de que el arte tradicional no les interesaba; más aún: les repugnaba" (1925: 23). Su análisis de las nuevas manifestaciones reconoce siete "tendencias sumamente conexas entre sí" que las refiere del siguiente modo: 1.ª) deshumanización del arte; 2.ª) evitar las formas vivas; 3ª) hacer que la obra de arte no sea sino obra de arte; 4.ª) considerar el arte como juego, y nada más; 5.ª) una esencial ironía; 6.ª) eludir toda falsedad, y, por tanto, una escrupulosa realización; 7.ª) el arte, según los artistas jóvenes, es una cosa sin trascendencia alguna (1925: 24).

En cuanto a las modalidades de expresión de las diversas corrientes artísticas de ese momento son definidas como «voluntad de estilo», respecto a la cual, sin embargo, advierte: "estilizar es deformar lo real, desrealizar. Estilización implica deshumanización. Y viceversa, no hay otra manera de deshumanizar que estilizar. El realismo, en cambio, invitando al artista a seguir dócilmente la forma de las cosas, le invita a no tener estilo" (1925: 40).

La diversidad de ismos del momento, en su afán de rechazar los modos de expresión del arte tradicional, optaban por eludir las representaciones de la realidad natural; es decir, por ignorarla y desaprenderla. Ortega escribe: "El expresionismo, el cubismo, etcétera han sido en varia medida, intentos de verificar esta resolución en la dirección radical del arte. De pintar las cosas se ha pasado a pintar las ideas: el artista se ha cegado para el mundo exterior y ha vuelto la pupila hacia los paisajes internos y subjetivos" (1925: 57–58).

Al cabo, el ensayista reconoce que las nuevas manifestaciones del vanguardismo, con todas sus características deshumanizadas, reflejaban el «irónico destino» que había alcanzado la política en el mundo, en esos precisos momentos. Escribió explícitamente: "En definitiva, vendría a significar que el arte nuevo es un fenómeno de índole equívoca, cosa, a la verdad, nada sorprendente, porque equívocos son casi todos los grandes hechos de estos años en curso. Bastaría analizar un poco los acontecimientos políticos de Europa para hallar en ellos la misma entraña equívoca" (1925: 68).

Dos años antes, Ortega había publicado un libro en el que reflexionó sobre diversos aspectos de la experiencia histórica de sus días: *El tema de nuestro tiempo* (1923). Ahí escribió: "Si aceptamos de esta suerte el carácter transitorio de toda verdad, quedaremos enrolados en las huestes de la doctrina «relativista», que es una de las más típicas emanaciones del siglo XIX" (1923: 41). Y más adelante afirmó: "«La» verdad, pues, no existe: no hay más que verdades «relativas» a la condición de cada sujeto. Tal es la doctrina «relativista»" (1923: 43).

En las letras hispanoamericanas, la cultura de la incertidumbre denunciada por los escritores modernistas, desconocía precisamente las verdades y certezas de la tradición, desatendidas también por los vanguardistas, que optaron por desrealizar los objetos naturales de su percepción, o acaso sería mejor decir «deconstruirlos» en el lenguaje, para inventar o, simplemente jugar, ante semejante ausencia de sentido.

5.1 Vanguardismo hispanoamericano

El vanguardismo hispanoamericano, que emerge en el agotamiento del modernismo, comparte un mismo pensamiento y sentir que corresponde a una misma atmósfera cultural de su tiempo, definida por la incertidumbre.

El escritor y diplomático dominicano Max Henríquez Ureña (1886–1968), primer historiador del modernismo, se refirió al desencanto y duda de esa época en 1910. Fue en un discurso que pronunció en el homenaje que los escritores de Cuba rindieron en un banquete en honor a Rubén Darío, que visitaba La Habana el 3 de septiembre de 1910. El conferenciante se refirió a la presencia de Grecia en la obra del poeta, "y no poco de Francia", a los temas de la belleza y el amor; así como a la influencia de la "neurosis" de Verlaine, cuyas repercusiones intensas y amargas, "son, al cabo, el producto natural de este siglo complicado y morboso, donde la tristeza secular que azota al mundo con el látigo del desencanto y de la duda, ha asumido manifestaciones aún más agudas y torturantes, haciendo cruzar por nuestros espíritus exaltados ráfagas de melancolía y de locura" (1918: 151).[2] Esta observación será reiterada en su *Breve historia del modernismo* (México 1954), en cuyo capítulo inicial escribe que el espíritu del modernismo "representaba una nueva sensibilidad"; y explicaba: "Dentro de la complejidad de esa alma inquieta predominaba la angustia de vivir, ese estado morboso mezcla de duda y desencanto" (1954: 17).

Esa visión desconcertada ante la incertidumbre modernista fue heredada por el vanguardismo. La relación entre ambos movimientos ya fue señalada por Guillermo de Torre, que refirió "los antecedentes líricos del creacionismo y de la imagen duple y múltiple", y después de "espigar detenidamente, en los versos de ciertos precursores reconocidos" como Rimbaud, Mallarmé y Góngora, reveló e introdujo un nombre nuevo que corresponde a "un precursor genial, incógnito y desconocido, al menos en esta faceta: el poeta uruguayo Julio Herrera Reissig" (1925: 114). Más adelante reiteró: "El autor de *Los Éxtasis de la montaña* llega más lejos: a un límite de hallazgos metafóricos, que autoriza a considerarle, de hoy en adelante, como un genuino precursor clarividente de la modalidad creacionista, en su aspecto lírico, y respecto a los poetas hispano-americanos" (1925: 117).

La escritura poética de Herrera y Reissig surge en circunstancias en que el modernismo reconocía su propio agotamiento frente a la ausencia de certezas para referir el mundo. Esa ausencia causaba la desaparición de la realidad según las representaciones del lenguaje tradicional, único instrumento poético. Los nuevos escritores acudirán a la invención y al juego. El poeta y ensayista peruano Américo Ferrari (1929–2016), en su artículo «La poesía de Julio Herrera y Reissig» (1977), observó en esta obra, en todo caso, "un sentimiento de ausencia de la realidad, de vacío, lo que lleva al poeta a crearse una realidad autónoma en la palabra, realidad que no es por cierto exótica, sino sencillamente poética"; y añadió: "Tiene razón Guillermo de Torre cuando dice que el estilo herreriano es antecesor del creacionismo. El mundo natural, cuya descripción imitativa Herrera evita, es recreado, más puro y más brillante, y no cosmopolita sino universal, en el cristal perdurable de

---

2   Esta cita corresponde a Max Henríquez Ureña, *Rodó y Rubén Darío*. La Habana: Cuba Contemporánea, 1918.

sus imágenes" (1977: 67). También reconoció que "la poesía de Herrera y Reissig innova, pero innova desde el fondo de la tradición; su palabra es original, contemporánea ya de las vanguardias, pero arraiga en el barroco del siglo XVII. No rompe las formas, se limita a transformarlas, sometiéndolas a una tensión particular" (1977: 70).

La académica estadounidense e investigadora de la literatura hispanoamericana Gwen Kirkpatrick, en su artículo titulado «El frenesí del modernismo. Herrera y Reissig», publicado en 1978, en la *Revista de la Biblioteca Nacional*, del Uruguay, escribió que un "análisis de los aspectos de la obra de Julio Herrera y Reissig puede ilustrar la fuerza del movimiento subversivo en la poesía modernista"; añadió: "Como un tardío modernista, Herrera ejemplifica muchas de las contradicciones de este período que servirán de inspiración a otros poetas del siglo XX" (1978: 42). Su examen se amplía a la obra del modernista argentino Leopoldo Lugones (1874-1938), y escribe: "Ambos poetas llevan los paisajes y el lenguaje estilizado del modernismo al extremo y luego desmantelan sus producciones de una sola vez" (1978: 44). La investigadora señala asimismo que tanto Herrera y Reissig como Lugones, consideraron a su época "como un momento crepuscular, como un período de transición lleno de signos confusos, artificios y distorsiones extravagantes. Sus escritos sobre la literatura de fines de siglo, aunque ostensiblemente dirigidos a señalar sus limitaciones, contienen observaciones sagaces que nos permiten entender su propia poesía"; advierte asimismo en la obra de ambos poetas que sus comparaciones entre el "moderno estilo «decadente» con el culteranismo de una época anterior, cuyos excesos habían llevado a reacciones satíricas y a un estilo mucho más sobrio, son muy reveladoras" (1978: 46).

En 1989, Kirkparick publicó la versión definitiva de sus investigaciones en su libro *The Dissonant Legacy of Modernismo: Lugones, Herrera y Reissig, and the Voices of Modern Spanish American Poetry* (Berkeley). En la Introducción del volumen señala la relación entre los dos movimientos hispanoamericanos y escribe que las rupturas de la sintaxis, la irrupción de lo ininteligible, el «misterio» de la poesía modernista ulterior prefiguran las obras de los poetas vanguardistas posteriores.[3] El primer capítulo de este libro titula «La tradición del modernismo», del cual afirma: lo que más llama la atención en la producción de estos poetas es su violencia, una violencia vuelta hacia dentro contra la esencia del lenguaje y hacia fuera contra los habituales signos de realización, plenitud y riqueza.[4] La investigadora reiteró que los críticos rara vez reconocen el movimiento modernista por su valor intrínseco; y agregó que el modernismo es, claramente, un movimiento, un programa estético autoidentificado y coherente, a pesar de sus variaciones internas; y aunque el término vanguardia se aplica a una generación posterior, el lenguaje casi militarista modernista y las pretensiones mesiánicas de su trabajo no dejan lugar a dudas sobre el propósito coherente del movimiento.[5]

El académico uruguayo Eduardo Espina (1954) ha señalado por su parte un aspecto fundamental en el poema «La Torre de las Esfinges» (1908) de Herrera y Reissig; dijo que presenta una "ruptura con la estética modernista y la primera travesía verbal hacia los límites del sinsentido y de la dificultad, que caracterizarán posteriormente a la poesía de vanguardia"; añadió que ese texto "expresa el cariz iconoclasta" de la ideología de su autor "bajo la especificidad de un discurso poético ilogicista y desmantelador de todo canon racional" (1989: 451). Asimismo reiteró: "La escritura que emerge de 'La Torre de las Esfinges' no se dirige al entendimiento del logos tradicional; establece el suyo propio,

---

3   La cita textual en inglés dice: "The breaks of syntax, the eruption of the unintelligible, the "mysteriousness" of the much late *modernista* poetry prefigure the works of later *vanguardista* poets" (1989: 3; cursivas propias).

4   El enunciado original dice: "What is most striking in the production of these poets is their violence, a violence turned inward against the grain of language and outward against the usual signs of fulfillment, plenitude, and richness" (1989: 8).

5   El texto original dice: "Critics rarely treat the movement of *modernismo* for its intrinsic value. [...] Yet *modernismo* is, quite distinctly, a movement, a self-identified and coherent esthetic program, despite its internal variations. Though the term *avant-garde* is applied to a later generation, the *modernista* quasi-militarist language and messianic claims for their work leave no doubt as to the movement's coherent purpose" (1989: 18; cursivas propias).

marcando una desviación epistémica con respecto a la uniformidad de las cosas" (1989: 452). En otro artículo sobre la «Vanguardia en el Uruguay», define a esta como "una exageración de la modernidad que revela una mayor autoconciencia del lenguaje utilizado en relación a la práctica social. Representa un relativismo histórico que es una forma de romper con la continuidad de la tradición establecida" (1994: 34). Destaca dos nombres que sobresalen en la vanguardia uruguaya: Julio Herrera y Reissig (1875–1910) y Felisberto Hernández (1902–1964).

En fin, Herrera y Reissig publicó un libro en prosa en el que incluyó un conjunto de ensayos sobre aspectos críticos y estéticos, además de relatos, cuyo título es: *Prosas. Crítica, cuentos, comentarios* (Montevideo, 1918). En la primera sección denominada «De crítica», escrita en 1899, muy consciente de los días presentes que vivía, expuso la necesidad de "hacer un examen general de la moderna literatura en este gran siglo que toca ya a su ocaso y que nos envuelve tristemente en la media luz de su crepúsculo lleno de incertidumbres y de vacilaciones" (1918: 44). Este poeta revela su enfrentamiento con la incertidumbre propia de su época.

El vanguardismo hispanoamericano tuvo que esperar la segunda mitad del siglo XX para ser objeto de notables análisis. Hasta entonces no había merecido más que comentarios. El escritor y crítico dominicano Pedro Henríquez Ureña (1884–1946), en su libro *Las corrientes literarias en la América hispánica*, consideró que los escritores de la «vanguardia» "apegados a su fe en la «literatura pura» se colocaron a mucha mayor distancia de los problemas sociales y políticos que sus predecesores" (1949: 196).

En 1987, Octavio Paz publica *Los hijos del limo. Del romanticismo a la vanguardia*, con el fin de delimitar el período de lo que consideraba «poesía moderna» a través de sus episodios más salientes, es decir, como él mismo lo señaló: "su nacimiento con los románticos ingleses y alemanes, sus metamorfosis en el simbolismo francés y el modernismo hispanoamericano, su culminación y fin en las vanguardias del siglo XX" (1987: 10). Paz señala que el vanguardismo "rompe con la tradición inmediata—simbolismo y naturalismo en literatura, impresionismo en pintura—y esa ruptura es una continuación de la tradición iniciada por el romanticismo" (1987: 161). En seguida especifica las características de ese distanciamiento propio de los movimientos vanguardistas respecto a los anteriores: "la violencia de las actitudes y los programas, el radicalismo de las obras. La vanguardia es una exasperación y una exageración de las tendencias que la precedieron. La violencia y el extremismo enfrentan rápidamente al artista con los límites de su arte o de su talento" (*Ibidem*). En esa actitud, Paz reconoce asimismo la limitación y caducidad de este movimiento plural y explica que, aunque "la vanguardia abre nuevos caminos, los artistas y poetas los recorren con tal prisa, que no tardan en llegar al fin y tropezar con un muro. No queda más recurso que una nueva transgresión: perforar el muro, saltar el abismo. A cada transgresión sucede un nuevo obstáculo y a cada obstáculo otro salto" (1987: 161). De ahí que Paz señale el año 1945 como fin del vanguardismo y principio de nuevas corrientes literarias, pues hacia ese año "nuestra lengua se repartía en dos academias: la del «realismo socialista» y la de los vanguardistas arrepentidos. Unos pocos libros de unos cuantos poetas dispersos iniciaron el cambio" (1987: 208). En referencia a las dos nuevas corrientes, explicaba que no se trataba, como en 1920, "de inventar, sino de explorar"; más aún, el "territorio que atraía a estos poetas no estaba afuera ni tampoco adentro. Era esa zona donde confluyen lo interior y lo exterior: la zona del lenguaje"; agregaba que la preocupación de los nuevos poetas "no era estética; para aquellos jóvenes el lenguaje era, simultánea y contradictoriamente, un destino y una elección. Algo dado y algo que hacemos. Algo que nos hace" (1987: 209). Paz explicaba que el lenguaje "es el hombre, pero también es el mundo. Es historia y es biografía: los otros y yo"; y agregaba: "Estos poetas habían aprendido a reflexionar y a burlarse de sí mismos: sabían que el poeta es el instrumento del lenguaje. Sabían asimismo que con ellos no comenzaba el mundo, pero no sabían si no se acabaría con ellos"; y en referencia al vanguardismo internacional, particularmente de Europa y América, continuó su explicación: "habían atravesado el nazismo, el estalinismo y las explosiones atómicas en el Japón"; pero señaló un excepción en ese conjunto: "Su incomunicación con España era casi total, no sólo por las circunstancias políticas sino porque los poetas españoles de la postguerra se demoraban en la retórica de la poesía social o en la de la poesía religiosa. Se sentían atraídos por el surrealismo, movimiento ya en repliegue y al que llegaban tarde" (1987: 209).

Otro estudioso de este movimiento fue el crítico uruguayo Hugo J. Verani (1941), autor de *Las vanguardias literarias en Hispanoamérica* (Roma, 1986), que en sus primeras páginas afirma: "presenta un aspecto desconcertante para el público masivo; una voluntad constructiva se impone al orden impresionista, emotivo y espiritual del mundo"; sin embargo también afirma: "La lírica de vanguardia renueva el lenguaje y los fines de la poesía tradicional—el culto a la belleza y las exigencias de armonía estética"; y explica claramente que esta nueva poesía "desecha el uso racional del lenguaje, la sintaxis lógica, la forma declamatoria y el legado musical (rima, métrica, moldes estróficos)"; y, en cambio, acude "al ejercicio continuado de la imaginación, a las imágenes insólitas y visionarias, al asintactismo, a la nueva disposición tipográfica, a efectos visuales y a una forma discontinua y fragmentada que hace de la simultaneidad el principio constructivo esencial" (1990: 10).[6] Más adelante se ocupa de los manifiestos publicados por los diversos ismos vanguardistas, respecto a los cuales escribe que "releídos hoy" algunos de los manifiestos o proclamas, "no pasan de ser una arbitraria, ingenua y rudimentaria presentación de propósitos, vulnerables a la obra del tiempo"; en cambio, otros textos "son lúcidas aproximaciones a un momento confuso y revisionista, que revelan la problemática común de las numerosas corrientes de vanguardia del continente, de inestimable valor para determinar su propio ámbito, desarrollo y límites"; y concluye: "A pesar de su fugacidad, los *ismos* no son historia abolida y estéril, sino, por el contrario, hito fundamental en el proceso evolutivo de la literatura hispanoamericana, cuyo papel fertilizante comienza ahora a ser verdaderamente estudiado" (1990: 50; cursivas propias).

Otro volumen importante es el preparado por el crítico literario chileno Nelson Osorio T. (1938): *Manifiestos, proclamas y polémicas de la vanguardia literaria Hispanoamericana* (Caracas, 1988). En su «Prólogo», afirma que la denominación «vanguardismo», a nivel in-

---

6   La cita corresponde a la segunda edición: Hugo J. Verani, *Las vanguardias literarias en Hispanoamérica. (Manifiestos, proclamas y otros escritos)*. México, 1990.

ternacional, "se corresponde históricamente con el periodo que, situado en torno a la crisis mundial que desemboca en la llamada «guerra del 14», marca el inicio de una época nueva en la historia de la humanidad: la que convencionalmente se designa como Época o Edad Contemporánea"; más adelante agrega que "el vanguardismo debe ser visto como la expresión final de la época Moderna, como la última expresión de esa época" (1988: x). Asimismo, explica que "las manifestaciones vanguardistas responden a impulsos que surgen de las propias fuerzas sociales que entonces se abren paso en la sociedad latinoamericana"; y reitera enfáticamente: "Esto hace que, siendo como son las vanguardias parte de un fenómeno internacional más amplio, tengan en nuestro medio características propias, que las convierten objetivamente en parte de nuestro propio proceso cultural" (1988: xxviii). Reitera más adelante que "el surgimiento mismo de la literatura vanguardista en Hispano América se nos presenta como una floración múltiple, puesto que aparecen brotes casi simultáneos en la mayoría de las ciudades importantes sin que exista un núcleo irradiador preciso o una concertación programática" (1988: xxxi).

En 1994 apareció un volumen sumamente importante por sus investigaciones y reflexiones titulado *Latin American Vanguards: The Art of Contentious Encounters*, de Vicky Unruh (1944), destacada teórica y crítica estadounidense dedicada a la cultura literaria latinoamericana. Lamentablemente para el público mayoritario de esa región, este libro no ha tenido aún una traducción castellana. Su enfoque abarca las décadas finales del siglo XIX y siglo XX ampliamente, en un recorrido integral por los movimientos vanguardistas hispanoamericanos y brasileños. Aclara que, aunque el término «modernismo» designa la renovación de la literatura brasileña desde principios de la década de 1920 hasta mediados de la de 1940, las actividades radicalmente innovadoras de la década de 1920 fueron paralelas al vanguardismo hispanoamericano. Advierte asimismo que el principal interés de su estudio es la amplia y ecléctica gama de materiales a través de los cuales se llevó a cabo el diálogo de ideas complejo y, a menudo, contradictorio de las vanguardias.[7]

Para el enfoque de nuestra exposición destacamos las reflexiones de Unruh sobre el lenguaje vanguardista, caracterizado ciertamente por una indagación metafísica respecto a la unidad de expresión y experiencia no mediada por el discurso racional, a fin de lograr un lenguaje recién nacido.[8] En la sección titulada «Polifonía, disonancia, impureza», del capítulo final, acude a los conceptos propuestos por el filólogo ruso Mijail Bajtin (1895-1975) respecto a la interacción dialógica de los enunciados, a la disonancia, incomprensión y contradicción, así como a las formas impuras del lenguaje. La investigadora Unruh señala que el diálogo vanguardista sobre el lenguaje socava su propio ideal al rastrear persistentemente lo que en el lenguaje permanece inaccesible o difícil de comprender; agrega que, más aún, las obras y actividades lingüísticas vanguardistas, incluso algunas sin una agenda autóctona explícita, trabajan para incorporar lo lingüísticamente ajeno, no para hacerlo completamente inteligible sino más bien mantenerlo siempre un poco fuera del entendimiento.[9] Respecto al concepto de polifonía, afirma que aparece con frecuencia en los manifiestos vanguardistas y desafía el objetivo vanguardista también común, particularmente en el «ultraísmo», de destilar el lenguaje en una sola imagen sintética o metáfora. Destaca que estos escritores concibieron la expresión multívoca como la orquestación polifónica no solo de voces reales sino también de elementos lingüísticos discretos, como palabras, soni-

---

7   La afirmación textual de Unruh dice: "I tap the broad and eclectic range of materials through which the vanguards' complex and often contradictory dialogue of ideas was carried out" (1994: 10).

8   El enunciado original dice: "Metaphysical quests for a unity of expression and experience unmediated by rational discourse often frame the vanguardist searches for newborn language" (1994: 221).

9   La versión en inglés dice: "the vanguardist dialogue on language undermines its own ideal by persistently tracking down whatever in language remains inaccessible or difficult to comprehend. In fact, vanguardist works and language activities, even some with no explicit autochthonous agenda, work to incorporate the linguistically alien, not to make it completely intelligible but rather to keep it always slightly out of reach" (1994: 242).

dos o ritmos.¹⁰ Más adelante, afirma que, si bien los vanguardistas con fines autóctonos buscaron a través de las tradiciones orales una imagen de identidad nacional, simultáneamente se sintieron atraídos por los acordes estridentes de la palabra hablada para comunicar de manera crítica la disonancia radical de la experiencia específica, contemporánea y/o vernácula. Agrega que estos escritores se involucraron en una forma de traducción de compromiso cultural o social, trayendo formas lingüísticas específicas, designadas en un nivel familiar y colectivamente «nuestras», en contextos literarios profundamente desconocidos y extraños para los lectores. Señaló también que las imágenes de disonancia o impureza abundan en los relatos del lenguaje vanguardista.¹¹

Tras esta exposición y reconocimiento de la obra realizada por los investigadores del vanguardismo, que para nosotros implica un esfuerzo por estudiar una de las experiencias reales y conflictivas más graves de ese tiempo, volveremos a los poetas y escritores que participaron en ese movimiento para tratar de ver las variantes en el manejo del lenguaje, el único instrumento a su disposición para referir su visión de la única realidad física (el mundo natural) y su efecto emocional e intelectivo a través de las percepciones. Frente a ese mundo natural y en ese específico momento, los escritores de la modernidad vanguardista

---

10 La versión original dice: "This concept of polyphony appears frequently in vanguardist manifestos and challenges the also common vanguardist goal, particularly in *ultraísmo,* of distilling language into a single synthetic image or metaphor. These writers conceived multivoicing as the polyphonous orchestration not only of actual voices but also of discrete linguistic elements, such as words, sounds, or rhythms" (1994: 243; cursiva propia).

11 La cita en inglés dice: "Although vanguardists with autochthonous goals sought through oral traditions an image of unisonant national identity, they were simultaneously drawn to the spoken word's strident chords for communicating in a critical mode the radical dissonance of specific experience, contemporary and/or vernacular. Thus these writers engaged in a form of cultural or social translation, bringing specific linguistic forms, designated on one level as familiar and collectively «ours», into profoundly unfamiliar literary contexts and to readers for whom they would be strange. [...] Images of dissonance or impurity abound in vanguardist language tales" (1994: 248).

trataron de superar la incertidumbre mediante la escritura de recreo, descanso o divertimiento.

En el 2002, el crítico literario argentino Jorge Schwartz (1944) publicó *Las vanguardias latinoamericanas. Textos programáticos y críticos*. Cabe destacar de este libro su enfoque sobre lo que el autor denomina «lenguajes imaginarios», a los que, acertadamente los observa en su manifestación quimérica ininteligible. Schwartz escribió: "Una de las dimensiones utópicas de la vanguardia, especialmente en Brasil, en Argentina y en Perú durante los años veinte, fue la posibilidad de pensar un nuevo lenguaje o los esfuerzos por renovar los lenguajes existentes. Este fenómeno pasó por varias etapas, con denominaciones diversas"; explica las razones por las que algunos vanguardistas acudieron a ese recurso: "La ilusión de mantener intacta la tradición lingüística heredada de Europa, de acuerdo con los cánones impuestos por las academias, significa estancarse en el pasado colonial, no reconocer el carácter evolutivo de la lengua, negar en última instancia la propia tradición americana" (2002: 55). Esa actitud no era nueva, pues tenía sus orígenes en la Emancipación de los países hispanoamericanos del dominio español: "Este deseo de afirmar un lenguaje distinto al que nos legaron los países descubridores no es algo que se origine con la vanguardia. En realidad estos movimientos de renovación lingüística retoman una cuestión que surge con ímpetu en el romanticismo, como consecuencia ideológica de las guerras de independencia" (2002: 56).

Ciertamente, los esfuerzos del vanguardismo no solo se empeñaron por inventar mundos nuevos (lo cual fue imposible), sino por inventar «lenguajes», ininteligibles para los lectores, por lo que terminaron silenciándose en su pretendida comunicación. De ese modo, los vanguardistas descubrieron, sin proponerse, una retórica propia: la retórica del no-decir o del silenciarse.[12] De este modo, la modernidad alcanza con el vanguardismo la ausencia de sentido, ejercita una escritura obligada a la observación de su propia textura, sin referentes

---

12   Este aspecto ha sido estudiado en Rivera-Rodas, La *modernidad y la retórica del silenciarse*. (México: Universidad Veracruzana, 2001), especialmente el capítulo VI: «La retórica del silenciarse»

exteriores, obligada a la reflexión y a la reflexividad en sí misma. Los objetos que pretende referir son solo reflejos inconclusos e indefinidos.

Otro libro importante sobre este movimiento es el escrito por la estudiosa argentina Gloria Videla de Rivero, *Direcciones del vanguardismo hispanoamericano. Estudios sobre poesía de vanguardia: 1920-1930*. 3ª ed. (Argentina, 2011). Respecto a las proclamas de los diversos ismos, escribió: "Casi todos los manifiestos exhortan ... a la «desliteraturización», es decir, al abandono de los códigos poéticos vigentes"; y cita textualmente la exhortación del poeta puertorriqueño Evaristo Ribera Chevremont (1896-1976) y su escrito «El hondero lanzó la piedra», en el que afirma: "«Desliteraturicémonos. Matemos el cisne y el ruiseñor. Yo proclamo el imperio de la rana, esa joya de porcelana verde prendida en el seno oscuro de los charcos»" (2011: 121). Y con relación al lenguaje escribió: "Otra de las consecuencias de las paradojales relaciones del vanguardismo con el espíritu primitivo es la importancia dada a los niveles sonoros de la comunicación, asemánticos o al menos sin contenido lógico, lenguaje puro, espontáneo, arbitrario, que en la experimentación vanguardista se manifiesta en juegos, onomatopeyas, «jitanjáforas» ..." (2011: 132).

5.2 Tres corrientes vanguardistas

La presencia de las corrientes vanguardistas herederas del cosmopolitismo modernista fue relativamente breve. A fin de lograr una comprensión concreta de este período, me aproximaré un poco más a las modalidades de su expresión poética. Por encima de la multitud de «ismos» que han surgido durante ese periodo, y en consideración del lenguaje y el propósito de los poetas, cabe reconocer tres corrientes básicas.

a) Una, y acaso la más estudiada por la crítica, definida por sus experimentos imaginistas y afán inventivo. Ante la incertidumbre y el escepticismo del modernismo, prefirió acudir al juego y a la alienación de la realidad representada. Muchas tendencias bajo nominaciones distintas convergieron en esta corriente: creacionista, estridentista, ultraísta, mundonovista..., de existencia breve pues su propia enunciación organiza una retórica de la incomunicación.

b) Otra corriente enfrentada reflexivamente al lenguaje heredado de la tradición, que enfrentaba un doble conflicto. Por una parte, articular la palabra precisa que podía referir tanto la apariencia como la esencia de las cosas, según el conflicto heredado de los modernistas. Por otra parte, cómo concertar exactamente los significantes de la palabra tradicional con las significaciones concebidas en la experiencia estética.

c) La tercera corriente se interesaba en la búsqueda y expresión de la identidad local y regional, que inició una tendencia que continuó en los períodos literarios siguientes en el siglo XX, de los que fue su semillero.

Las tres corrientes representan juntas lo que puede ser un proceso, primero de enajenación; después, de reflexión lingüística y, finalmente, de búsqueda de la identidad propia. Veamos las tres corrientes.

a) Juego y alienación

Esta corriente del juego y la alienación ha sido la más común a través de la diversidad de «ismos» que se reprodujeron a partir de la segunda década del siglo XX: entre 1915 y 1925. Cuanto más heterogénea, diferente y nueva fue la expresión de esos «ismos» su discurso ha sido también distante y ajeno de la realidad hispanoamericana. Esto se entiende claramente. Los poetas, en su búsqueda de originalidad y referentes nuevos (o «inéditos», como solían decir) se ausentaban de la realidad objetiva e inmediata, para internarse por los caminos de la imaginación de un mundo cosmopolita irreal, expresado por un lenguaje de referentes imaginarios e irracionales; o, en otros términos: un lenguaje inhábil de articular sentidos capaces de representar ninguna realidad. Enclaustrados en mundos artificiales observaban el espectáculo de una experiencia multicultural y difícilmente podían volver la percepción a la realidad cotidiana propia, histórica, social y política de América Latina.

Estos vanguardistas, que renunciaron al mundo natural, sólo disponían de un lenguaje arbitrario, sujeto a la libre voluntad y capricho, ajeno a toda referencia racional. Su lenguaje no era el lenguaje de sus sociedades; buscaban un enfrentamiento implícito con la cultura y la comunidad. Su metaforismo prevaleciente conllevaba un exotismo que rechazaba abiertamente las significaciones usuales y cotidianas de la lengua. En ese rechazo, dejaban de referirse al mundo objetivo y articulaban, en un nivel meramente fenoménico de la conciencia artística, un espacio imaginario. Rechazaba lo natural, racional y lógico, a cambio de una decidida manifestación del artificio de la imaginación, lo irracional y lo ilógico. Así también rechazaba las concepciones naturalistas y racionalistas, con una profunda desconfianza en la razón y en el orden fundado en la causalidad natural. Vicente Huidobro (1893–1948) publica *Ecuatorial* (Madrid, 1918), dedicado a Pablo Picasso, y en sus primeros versos dice: "Era el tiempo en que se abrieron mis párpados sin alas / Y empecé a cantar sobre las lejanías desatadas / Saliendo de sus nidos / Atruenan el aire las banderas / LOS HOMBRES / ENTRE LA YERBA / BUSCABAN LAS FRONTERAS" (Mayúsculas propias del texto). En 1931, vuelve a Madrid para publicar el poemario que dio más fama: *Altazor o El viaje en paracaídas* (integrado por un Prefacio y siete Cantos). En el Canto I el poeta se presenta como Altazor: "Soy yo Altazor"; y más adelante agrega: "Hace seis meses solamente / Dejé la ecuatorial recién cortada / En la tumba guerrera del esclavo paciente / Corona de piedad sobre la estupidez humana". En el Canto VII, final, escribe en su lenguaje creado o «creacionista» y dice: "Ai aia aia / ia ia ia aia ui / Tralalí / Lali lalá / Aruaru / urulario / Lalilá / Rimbibolam lam lam".

El crítico estadounidense de la literatura latinoamericana René de Costa (1939), lúcido analista de este poeta, en su libro *Huidobro. Los oficios de un poeta*, señaló muy acertadamente que a partir del Canto III "los versos de *Altazor* asumen una dirección clara de movimiento hacia una progresiva desarticulación" que culmina y cierra todo el poema (1984: 201). Respecto al Canto VII señaló "la trans-significación vuelta no-significación" del lenguaje (1984: 205). Más adelante dijo: "En todo el canto el acento recae sobre lo mismo, sobre la idea de la poesía como juego. Pero es un juego no sólo discurrido para divertir sino más bien para cansar"; y agregó: "El efecto es demoledor. Se obliga al lector a reconocer que la variedad puede ser infinita, pero sin sentido" (1984: 206).

Acaso el positivismo de las décadas precedentes, que impulsaba a reconocer lo dado y verificable, provocó esta reacción como oposición a sus postulados. En ningún período de la literatura se había manifestado con tanta fuerza ese rechazo por toda forma de imaginación o interpretación natural de la realidad. Para rechazar el sistema establecido, el vanguardismo no hallaba otra opción que no fuera la arbitrariedad voluntaria y la negativa a manejar formas que pudieran ser reconocidas e identificadas con el sistema que recusaba. El único instrumento de que disponía para su proyecto era, obviamente, el juego con el lenguaje, ante la incertidumbre del conocimiento. Su expresión lúdica modificaba las significaciones con individualismo y subjetivismo extremos; y acentuaba lo más posible las distancias entre los referentes lingüísticos y los objetos de la realidad natural y cultural. Al extender la distancia entre la palabra y las cosas, la escritura articulaba significados al azar, fortuitos y casuales, imprevistos y súbitos, conjeturas en el mejor de los casos, que vaciaban de sentido el sistema de la lengua general; y distanciaba más aún la separación entre la literatura y la sociedad. El cubano Mariano Brull (1891–1956) decidió inventar la «jitanjáfora» otro género, según él, de poesía, es decir otro «ismo» vanguardista, al que explica de este modo en un texto integrado por dos estrofas cuartetas: "Filiflama alabe cundre / ala olalúnea alífera / alveolea jitanjáforas/ liris salumba salífera. /// Olivia oleo olorife/ alalai cánfera sandra/ milingítara jirófoba/ zumbra ulalindre calandra". Tal es el invento de otra «nueva poesía» y «nuevo lenguaje», cuyo nombre, también nuevo, es «jitanjáfora», inventada por Brull.

El escritor mexicano Alfonso Reyes (1889–1959), en su ensayo «Las jitanjáforas» incluido en su libro *La experiencia literaria* (Buenos Aires, 1942), relata que Brull escribió esos textos originalmente para que fueran recitados por sus niñas. Reyes escribió: "di desde entonces en llamar las Jitanjáforas a las niñas de Mariano Brull. Y ahora se me ocurre extender el término a todo este género de poema o fórmula verbal. Todos, a sabiendas o no, llevamos una jitanjáfora escondida como alondra en el pecho" (1962: 197).[13] También agregó: "Un poco de jitanjáfora no nos viene mal para devolver a la palabra sus captacio-

---

13 Cito de Alfonso Reyes, *La experiencia literaria. Tres puntos de exegética literaria. Páginas adicionales.* México: Fondo de Cultura Económica, 1962. Este volumen corresponde a la obra completa de Reyes preparada por Ernesto Mejía Sánchez.

nes alógicas y hasta su valor puramente acústico, todo lo cual estamos perdiendo, como quien pierde la sensación fluida del agua tras mucho pisar en bloques de hielo" (1962: 198).

El vanguardismo, en la variedad de sus «ismos», fundaba su estética variada en el individualismo, al cual consideraba una garantía para escapar de toda posible imaginación común, colectiva y conocida. Por el contrario, pretendía la imaginación más original posible en la experiencia única e irrepetida de ese individualismo. Esta concentración primordial en el sujeto frente al objeto de la realidad no era más que experiencia de una diversión quimérica, un juego imaginario con el lenguaje. Intensificaba de ese modo, como consecuencia lógica, su subjetivismo.

Sin embargo, sólo por el individualismo y el subjetivismo, la poesía de este tiempo ha podido lograr novedad. La condición para esa expresión novedosa y experimentación ilimitada ha sido, inevitablemente, prescindir de la visión objetiva y realista. Esto era muy evidente y resultaba obvio en un lenguaje que había eliminado no solamente los referentes externos de su enunciado, sino las significaciones ordinarias, sociales y culturales de la palabra, de la que articulaba su sentido en el ámbito imaginario de su propio discurso.

La palabra del lenguaje vanguardista es una palabra sin objeto exterior ni historia, sin tradición ni pasado, puesto que para ese movimiento la palabra debía nacer, con sus significaciones nuevas, en las relaciones internas con otras y dentro del mismo discurso que debía ser único porque sólo podía referirse a sí mismo. Uno de los primeros observadores de esta característica fue el poeta y crítico polaco Tadeusz Peipper (1891–1969), quien en 1922 afirmó que "la joven poesía hispánica no se identifica con ningún acontecimiento colectivo que pueda cautivar su conciencia y producir una alucinación de su pensamiento. No hay hecho político en qué plasmarse. No hay fecha histórica ..."; y agregaba: "esta poesía no se siente obligada a tomar una posición en cuanto a la sociedad en que existe. No tiene que definir sus actitudes hacia la vida social. Su ideario, desde luego, no contiene idea social alguna" (1975: 329).[14]

Mariátegui, perspicaz testigo de las experiencias artísticas vanguardistas, estaba convencido de que su tiempo era de honda crisis. En 1926, en pleno auge del movimiento publicó «Arte, revolución y decadencia»[15] y señaló dos categorías contrapuestas en toda manifestación estética de ese momento: "En el mundo contemporáneo coexisten dos almas, las de la revolución y la decadencia"; agregó que la distinción entre esas dos categorías no era fácil, puesto que no sólo coexistían en el mundo sino en los individuos, y que la "conciencia del artista es el circo agonal de una lucha entre los dos espíritus" (1982, 2: 411-412). Mariátegui señalaba en el entendimiento artístico un lugar de conflicto, crisis, disociación y violencia. Más aún afirmaba enfáticamente: "El arte, en esta crisis, ha perdido ante todo su unidad esencial. Cada uno de sus principios, cada uno de sus elementos ha reivindicado su autonomía", causando que las escuelas se multipliquen "hasta lo infinito porque no operan sino fuerzas centrífugas"; sin embargo, esta crisis tenía un reverso para este pensador: "esta anarquía, en la cual muere, irreparablemente escindido y disgregado el espíritu del arte burgués, preludia y prepara un orden nuevo. Es la transición del tramonto al alba"; sin embargo, agregaba: "En esta crisis se elaboran dispersamente los elementos del arte del porvenir. El cubismo, el dadaísmo, el expresionismo, etc., al mismo tiempo que acusan una crisis, anuncian una reconstrucción" (1982, 2: 412).

Cuatro años después, en 1930, Mariátegui preguntaba en el título de otro artículo «¿Existe una inquietud propia de nuestra época?»[16]. Su respuesta era obvia: "Existe una inquietud propia de nuestra época, en el sentido de que esta época tiene, como todas las épocas de transición y de crisis, problemas que la individualizan. Pero esta inquietud en unos es desesperación, en los demás vacío" (1982, 2: 423). Dos modos de definir el malestar espiritual: desesperación y vacío, temas que,

---

14 Cita de Peipper, «La nueva poesía hispánica», en René de Costa, *Vicente Huidobro y el creacionismo*, Madrid, 1975.

15 Publicado originalmente, en *Amauta* 3 (Lima, noviembre 1926):3-4.

16 Aparecido en *Mundial*, Lima, 29 de marzo de 1930. Adviértase que esta fecha corresponde a 18 días antes de la muerte de su autor.

en efecto, caracterizan al vanguardismo. Aunque Mariátegui condenaba el subjetivismo de la época, lo cual no podría sorprender considerando que su ideología se inscribía en una visión objetivista (realista), en su artículo «Realidad y ficción», de 1926, celebraba el dominio de la fantasía en el arte.[17] Escribió: "El realismo nos alejaba en la literatura de la realidad. La experiencia realista no nos ha servido sino para demostrarnos que sólo podemos encontrar la realidad por los caminos de la fantasía. Y esto ha producido el suprarrealismo que no es sólo una escuela o un movimiento de la literatura francesa sino una tendencia, una vía de la literatura mundial"; agregaba más adelante: "La fantasía no tiene valor sino cuando crea algo real. Esta es su limitación. Este es su drama"; y explicaba: "La muerte del viejo realismo no ha perjudicado absolutamente el conocimiento de la realidad. Por el contrario, lo ha facilitado. Nos ha liberado de dogmas y de prejuicios que lo estrechaban. En lo *inverosímil* hay a veces más verdad, más humanidad que en lo *verosímil*" (1982, 2: 416; cursivas propias).

El vanguardismo no tenía ninguna raíz en el suelo latinoamericano. En 1965, Fernández Retamar escribió claramente: "La vanguardia nace, en Europa, de la crisis del mundo burgués, de una situación histórica, *y por tanto vital*, irrespirable. En nuestras pobrecitas tierras imitadoras, se calcan las fórmulas de la vanguardia (por ejemplo el verso roto y la imagen rara)" (2007: 153; énfasis propio).[18] Una década después, en 1974, reiteraba que bajo la influencia de "sus patrocinadores europeos, desde las diversas tendencias francesas hasta el futurismo italiano—, la vanguardia se extiende rápidamente por la mayor parte de los países latinoamericanos" (1995: 155).[19]

---

17 Este artículo, «La realidad y la ficción» apareció en *Perricholi* (Lima, 25 de marzo de 1926).

18 Originalmente escrito por Fernández Retamar como "Prólogo" a *Poesías completas* de César Vallejo. La Habana: Ed. Casa de las Américas, 1965. Lo citamos del volumen Fernández Retamar, *Antología personal* (México: 2007).

19 Fernández Retamar, "Sobre la vanguardia en la literatura latinoamericana", publicación original en *Casa de las Américas,* núm. 82, enero–febrero de 1974. Citamos de *Para una teoría de la literatura hispanoamericana* (Bogotá, 1995).

La ausencia de raíces propias se entiende mejor en toda la primera época de Pablo Neruda (1904-1973), caracterizada por lo que Alain Sicard llama «el mito de la búsqueda del infinito»[20], concepto que, a partir de *Tentativa del hombre infinito* (1926), del mismo poeta, se define precisamente por su desapego de la realidad objetiva y propia; y respecto a la actitud del sujeto poético enunciador de Neruda, Sicard afirma: "Sin embargo, el fracaso está irremediablemente inscrito en el fondo en esta *Tentativa* respecto a la que los poemas de *Residencia en la Tierra* pronto mostrarán el reverso sombrío y deslumbrante" (1981: 34). De ese modo señalaba el curso del sujeto poético en su ascenso (tentativa) hacia el infinito y su caída (tentativa frustrada) que prefigura la «residencia». Esa «tentativa frustrada del hombre infinito» es una aventura cósmica en las zonas de la imaginación más lejanas de la materialidad de toda experiencia, y ajena a la realidad tangible, señaló Sicard; y agregó: "El fracaso es, en realidad, la otra dimensión de la tentativa, en la que se sitúa, antes de ese descenso a los infiernos de lo finito que será *Residencia*, esta otra tentativa del hombre infinito—de tipo negativo—que relata la prosa de *El habitante y su esperanza*" (1981: 84).

Octavio Paz, en *Puertas al campo*, ya había señalado la índole de esa realidad en Neruda, cuando escribió: "Neruda tenía que escribir *Tentativa del hombre infinito*, ejercicio surrealista, antes de llegar a su *Residencia en la tierra*. ¿Cuál es esa tierra? Es América y asimismo Calcuta, Colombo, Rangún" (1966: 20).

El hispanista estadounidense David Bary (1924-2022), en su estudio sobre los aspectos sociales en la poesía de Huidobro, señaló tres conclusiones básicas, de las cuales extraigo una síntesis: 1) Huidobro no pretendía abandonar sus temas personales preferidos; en consecuencia, no hay ninguna tentativa de crear un estilo realista, ninguna ruptura con la poética de libros enteramente metafísicos como *Temblor de cielo*. 2) Pese a que escribió textos sobre motivos sociales, la impresión global que saca el lector de estas obras sigue siendo la de un poeta de temas predominantemente personales. Por otra parte, 3) los

---

20 Alain Sicard, *El pensamiento poético de Pablo Neruda*. (Madrid, 1981).

poemas de tema social no son lo más logrado de su producción poética.[21] Fernández Retamar, en 1974, había señalado que el creacionismo bilingüe de Huidobro lanzado desde París en 1916 "no influye de momento en la América Latina" (1955: 155).

Desde una perspectiva semiótica, esa evasión, aislamiento egocéntrico, desprecio de la realidad objetiva y social, es otro texto en blanco: de vacío y silencio angustioso, ausencia de historicidad y de identidad; aunque tampoco se puede desconocer que refleja la segregación, el aislamiento y la angustia de la conciencia social, en un momento muy grave de la historia latinoamericana y de la humanidad. No es necesario ningún análisis para señalar la «evasión» del vanguardismo puesto que el propósito del movimiento era evadir la realidad, pero no tal cual, sino evadirla según las doctrinas e interpretaciones realistas, por un lado, e idealistas por otro, que habían dominado no sólo la literatura sino el pensamiento y las relaciones sociales.

No puede caber duda de que el vanguardismo cosmopolita remite a un espacio despoblado, extraño, desintegrado, que representa siempre el límite en el cual se disocia en una vana reflexión sobre sí mismo, que sólo deviene en el ser y no-ser de una conciencia en crisis. Este conflicto individual tiene que ser visto también en relación con la estruc-

---

21 David Bary, «Vicente Huidobro y la literatura social», en *Cuadernos Americanos* 124 (Septiembre–Octubre 1962). Por su parte, Jaime Concha, en «*Altazor* de Vidente Huidobro» ha señalado que este poeta se ha mostrado siempre vacilante en salir "de la isla encantada de sus sueños privados"; agregó que también Neruda, "sólo después de *Residencia* en la tierra supera su individualismo desenfrenado" y se abre "a lo objetivo (social o natural)"; véase en René de Costa (compilador), *Vicente Huidobro y el Creacionismo* (1975: 301). En este mismo volumen, una opinión similar manifiesta Saúl Yurkievich, para quien "Huidobro se mueve siempre en un plano cósmico; casi no aparecen referencias a lo cotidiano. Su poesía, a través del desborde y del extremismo, es todavía rango olímpico. Amplifica sus sentimientos hasta confundirlos con el universo", en De Costa (1975: 306). Ana Pizarro, más explícita en sus afirmaciones al respecto, escribe: "La historia cultural hispanoamericana está marcada por el colonialismo, y la doctrina creacionista no es una excepción", en Costa, (1975: 238); agrega que el vanguardismo implica "evasión" y "corresponde a la tipificación de todo un grupo social en América Latina en su búsqueda de modelos europeos" (1975: 239).

tura social de la que emergen sus escritores; es decir, de la ausencia de coherencia, de sistemas lógicos, de racionalismo, denunciada ya por el modernismo. Por otra parte, la presencia ostentosa de silencio, absurdo y vacío no puede tomarse de otro modo que no sea manifestación de una conmoción de fracaso; de un estado emocional de desarraigo, marginación, desamparo, vacío y absurdo. De ese modo, su retórica se silenciaba en su propia incomunicación.

El subjetivismo de este movimiento amplificó la visión desolada y angustiante propia de la época. Picón Salas, en su «Paseo por nuestra poesía (de 1880 a 1940)», que incluyó en su libro *Comprensión de Venezuela*, 1949, definió la poesía de la primera época de Neruda con estos términos: "En Neruda que es fundamental un poeta impuro, desembocan como en un enorme río sucio muchas de las pesadillas de una época desesperada, rota, sin moldes"; luego describía: "Como en algunas grandes corrientes del trópico en él se disuelven el caimán y la mariposa, la mayor podredumbre y el más matinal perfume. Más abajo de la corriente sigue una vida subterránea, nocturna, llena de légamos y raíces. Es todo lo contrario de un poeta apolíneo"; y agregaba: "Pero con su lamento y disolución, él toca en las oscuras comarcas del sexo y de la muerte. Su guiado desorden, su tristeza sensual, su máscara de insomnio se han identificado con todo lo que hay de mágico y azaroso en el alma del criollo suramericano" (1949: 80–81).

b) Falibilidad del lenguaje

Esta segunda corriente del vanguardismo ha sido heredera directa del modernismo, por lo que es necesario repasar algunas características de este movimiento ya señaladas, antes de continuar la explicación de esta corriente vanguardista.

El rechazo de las ideas y dogmas de la tradición implicó para la experiencia estética de estos escritores una dificultad consecuente: no poder referir o mostrar con certidumbre, en su escritura, la realidad substancial del mundo perceptible. Carentes de certezas respecto al mundo natural hallaron inhábil al lenguaje. Si bien era posible aprehender por los sentidos los aspectos aparentes de las cosas, se desconocía sus esencias de índole inmaterial.

Veamos ahora la segunda corriente del vanguardismo, en la obra del poeta mexicano José Gorostiza (1901–1973), que demuestra una profundización extrema de las reflexiones modernistas y ahora continuadas por el vanguardismo sobre el pensamiento y su relación con el lenguaje. Los textos de este poeta evolucionan a través de dos etapas. La primera, a la que ya definimos arriba de «juego y alienación», por sus rasgos eufóricos, segura de la efectividad del lenguaje y sus posibilidades de la articulación del discurso poético, como argumentación reflexiva y sobre todo como descripción sensorial compleja del mundo. A ese período corresponde el volumen de sus *Canciones para cantar en las barcas*, publicado en 1925.²² Este es un libro propio del poeta vanguardista seguro de su oficio creativo. La segunda etapa, que ahora definimos como «falibilidad del lenguaje», por su tono disfórico, escéptico de la efectividad y las posibilidades del lenguaje, de la reflexión y, en consecuencia, de la escritura; esta etapa abarca lo que considero la obra mayor de este poeta, dada a conocer paradójicamente en el corto lapso de tres años: entre 1936, cuando aparece «Poema», los sonetos de la serie «Presencia y fuga» y, de modo culminante en 1939, *Muerte sin fin*.

Esa segunda etapa, de rigurosa disciplina intelectual, en efecto, es breve pero de trascendental importancia para la poesía latinoamericana de ese tiempo y para su autor, que desde una posición vanguardista clausura el pensamiento poético de la modernidad iniciado con el modernismo de fines del siglo XIX. Bien ha señalado Octavio Paz, en *Poesía en movimiento*, a propósito de *Muerte sin fin*: "un poema como éste sólo se puede escribir al término de una tradición—y *para terminarla*. Es destrucción de la forma por la forma" (1966: 19; cursivas propias).

Clausura de una época, ciertamente, así como de su propia poesía, la experiencia de este segundo período es un discurso excepcional por su calidad y su complejidad dentro de la poesía castellana. En oposición a la primera etapa, confiada afirmación del pensamiento y la palabra; esta segunda es manifestación del silencio en la ausencia de la pa-

---

22   En una presentación de ese libro en Madrid en 1928, Gorostiza dijo: "Menos de veinte poesías integran mi obra y de ellas escribí la mayor parte entre 1918 y 1924, cuando era un muchacho apenas" (*Prosa*, 1969: 122).

labra articulada por el pensamiento, o en la falta de éste proferido por aquélla; poetiza la frustración de la percepción poética en la instancia de la enunciación y, en consecuencia, de su fijación en escritura poética. El texto deviene una descripción metalingüística—poéticamente realizada, paradójicamente—del ejercicio frustrado de la escritura. No es casual que esta etapa suceda a un curso de casi diez años de silencio en los que Gorostiza no publicó un solo poema. En efecto, después de la aparición del volumen de 1925, pasarán catorce años antes de la publicación del siguiente libro, *Muerte sin fin*. En esos catorce años aparecieron apenas una decena de poemas dispersos entre lapsos largos. «Poema», del cual voy a ocuparme en esta oportunidad, se publica en octubre de 1936 después de un intervalo de silencio de siete años. Ese texto ha sido republicado después en diversas ediciones con el nombre de «Preludio», que es el que se conserva en la sección titulada «Del Poema Frustrado» en la recopilación de su poesía completa.[23]

La composición «Poema» permite plantear las siguientes preguntas: ¿Cuál es el motivo que hace romper a su autor tan largo mutismo? ¿Cuál, el tema o la razón de semejante acontecimiento? El motivo del texto es desconcertante: referir el silencio del callar ante la dificultad de articular a un tiempo pensamiento y expresión que permita decir, o escribir, el poema deseado. La palabra se muestra clara, íntegra, exacta en su aparición para la conciencia; pero a la vez inasible por el lenguaje poético que trata de prenderla y sujetarla en la expresión. El texto inicia con estos versos: "Esa palabra que jamás asoma / a tu idioma cantado de preguntas, / esa, desfalleciente, / que se hiela en el aire de tu voz, / sí, como una respiración de flautas / contra un aire de vidrio evaporada".

La aparición de «Poema», que rompe el silencio y el vacío pragmáticos en la producción de Gorostiza, es sólo para referir la frustración y el silencio del poeta que percibe imposible el paso del pensamiento a su significación en la palabra tras su aparecer en la conciencia

---

23 Originalmente fue publicado en *Universidad* II (Octubre 1936), p. 30. Antonio Castro Leal lo republicó con el título «Preludio» en *La poesía mexicana moderna* (1953). En el volumen de su obra completa *Poesía* (1964) es el primer texto de la segunda sección titulada «Del poema frustrado». Para las citas de esta exposición empleamos esta edición.

(si este fenómeno de la intelección—tan desconocido—se realiza de esa manera). En consecuencia, debe callar ante el fracaso de la expresión. Semejante convicción ante la dificultad del sentido e inhabilidad del lenguaje pudo haber causado el silencio que mantuvo en su medio social y literario. Esa conclusión se obtiene no sólo después de la lectura de esa composición, sino de otras del mismo período. Varios de los textos de esa época tienen como motivo la experiencia del silencio vivida en tales circunstancias por el poeta, la cual no deja de ser una «experiencia estética», que en su caso es omisión, pero que en otros poetas es el espacio en blanco no escrito. En Gorostiza parece ser, además, una experiencia existencial que, convertida en tema constante, le obligó, paradójicamente, a buscar afanosamente la expresión que refiriera el callar del texto inhábil de articular su expresión. Esta aporía poética marca el preludio de esta segunda etapa que nos ocupa, en la que textos poéticos refieren la imposibilidad de escribir poesía, como veremos más adelante en el «vacío y blanco de la página» de poemarios de esta corriente.

La discusión inicial de ese texto debe estar dirigida a su título: «Poema». A falta de nombre, el autor lo llamó con la sencilla designación común de las composiciones de este género. ¿Qué nombre podría tener ese texto que habla de la ausencia de la palabra para la expresión poética? Tener un nombre hubiera sido hallar una palabra y contradecir y desmentir con ese hallazgo lo que dice el texto, y sobre todo la experiencia de la conciencia estética confrontada a la carencia de nombres para los objetos intelectivos. Ese texto no pudo tener otro título que no fuese la designación genérica de «poema». La frustración que refiere la inhabilidad de la expresión implica el malogro de la realización del mismo texto que permanece como un proyecto de discurso poético, no realizado. Consciente de ese fracaso es que se priva de nombre.

La "palabra que jamás asoma al idioma" y a la que, sin embargo, el poeta percibe aunque ella se muestre sin aliento, extinguiéndose en el aislamiento de no hallar correspondencia con el lenguaje, desfalleciente apenas aparecida y que no alcanza a ser pronunciada (se hiela en el aire de la voz), como una respiración que se evapora, ha de dejar en consecuencia un silencio en el enunciado, es decir, un vacío. Esta inferencia despierta en el lector un primer interrogante que le obliga a indagar cómo se puede escribir un enunciado si se carece de palabras. Además, esa palabra que "jamás se asoma al idioma" no es excepcional y única sino elemento de un conjunto, una entidad mayor y general de la expresión: el lenguaje poético. Porque, de acuerdo con la concepción del propio texto, el lenguaje es "un idioma cantado de preguntas". Esto querrá decir que no es un lenguaje capaz de afirmar o asegurar alguna cualidad de las cosas. Será un lenguaje no-afirmativo que ni informa, ni refiere, ni menos aún constata existencia alguna.

No se trata aquí de impugnar la existencia de las cosas, sino de un idioma que es incapaz de constatarlas, de hacer aserciones y comunicar, a causa de la carencia de procesos de significación. Pero esas palabras existen y son percibidas plenamente por la mente. Se trata de reconocer dos entidades de un mismo género: por una parte, la palabra que aparece a la percepción intelectiva; y, por otra parte, el idioma para el cual esa palabra resulta inasible. Esta dicotomía señala una incompatibilidad entre la palabra y el idioma. La palabra no concurre en su aparecer en la conciencia con el idioma, debido a que éste carece de aptitud o calidad para retener aquélla, pues es "un idioma cantado de preguntas", pleno de interrogantes, o sea, dudas.

El lenguaje así, siendo perplejidad, suspensión, indeterminación e incertidumbre, será incapaz de aprehender la palabra inequívoca y exacta. La contraposición e incompatibilidad entre ambos pueden verse más claras en los siguientes versos que continúan refiriéndose a la misma palabra que "en el filtro de un áspero silencio, / quedóse a tanto enmudecer desnuda, / hiriente e inequívoca /.../ para gestar este lenguaje nuestro, / inaudible, / que se abre al tacto insomne / en la arena, en el pájaro, en la nube, / cuando negro de oráculos retruena / el panorama de la profecía".

Por una parte, la palabra, filtrada, purificada, desnuda, aguzada, sutil es inequívoca para la percepción intelectiva; ostentosamente presente, clara y contrastante como lo yerto contrasta con el dinamismo, como la muerte con vida, o como la luz con la oscuridad. Por otra parte, es inasible y fugitiva, inalcanzable por el lenguaje indeterminado y pleno de dudas e incertidumbres, negado a la voz y al oído y en consecuencia al entendimiento, captado sólo a tientas, por el tacto, sin tino.

El lenguaje queda inhábil y confuso para la palabra desnuda e inequívoca; lenguaje inadecuado para la afirmación.[24] La cualidad indeterminada o dudosa del idioma, incapaz de acoger a la palabra refinada y cabal, priva a ésta de realizarse plenamente, que desfallece apenas aparecida en la conciencia. Termina siendo paradójicamente la palabra ausente y sin idioma, pese a sus cualidades. No queda más que aceptar que el término que aparece a la intelección y que no se incorpora al lenguaje, no llega a constituirse—aún con su exactitud—en palabra; de ahí que termina siendo palabra "ausente toda de palabra", como afirman los versos finales: "¡mírala ahora! / ¡mírala, ausente toda de palabra, / sin voz, sin eco, sin idioma, exacta, / mírala cómo traza / en muros de cristal amores de agua!"

Frente a la percepción intelectiva del signo, el lenguaje es, en cambio, "inaudible", de "hueca retórica", "sin idioma". Insiste también en señalar que esa frustración del tránsito del signo desde su percepción intelectiva hasta su manifestación como lenguaje, no sólo se realiza con relación a un solo vocablo, sino en la aparición continua y sucesiva de términos, y en las relaciones entre éstos, que tienen lugar en la reflexión estética previa a la expresión. No es este caso excepcional de sólo una palabra, sino de todas las palabras poéticas en general, que no asoman al lenguaje ordinario, no son oídas y acaban ineficaces para la comunicación; esto es, un lenguaje que es no-lenguaje.

Los temas de la dificultad de articular las significaciones en el lenguaje para la expresión poética, o de intuir el pensamiento en la imposibilidad de trasladarlo al lenguaje, han sido problemas importantes durante la modernidad en la poesía hispanoamericana en su etapa vanguardista; y su discusión como conflicto se remonta al modernismo,

---

24   Resulta interesante señalar aquí que Gorostiza confesó su poca inclinación a la afirmación en la vida práctica. En una carta a Ortiz de Montellano, fechada el 12 de diciembre de 1933, escribió lo siguiente: "Querido Bernardo: Te agradezco mucho la ocasión que me ofrece tu carta del 16 de noviembre último para escribir unas líneas sobre tu libro *Sueños* en un tono más íntimo que el de la crítica abierta, cuyo énfasis magisterial ha chocado siempre con un espíritu como el mío, tan dudoso como enemigo de toda afirmación". Véase "Carta a Bernardo Ortiz de Montellano a propósito de su libro *Sueños*", en José Gorostiza, *Prosa* (1969: 171).

aunque en el siglo XX alcanzan planteamientos complejos como lo hizo Gorostiza en el poema de 1936. Sin embargo, esta discusión respecto al lenguaje estético no ha sido ajeno, en su condición de idioma, ni para la lingüística ni para la filosofía, disciplinas también ligadas al lenguaje.

En la lingüística está el caso notable del «formalismo» ruso, movimiento de lingüistas que surgió a comienzos de la vanguardia artística (el futurismo), y se dedicó al estudio del lenguaje poético. Algunas de esas investigaciones fueron recogidas por el filósofo del lenguaje y teórico búlgaro Tzvetan Todorov (1939-2017) en la antología *Teoría de la literatura de los formalistas rusos* (México, 1970). De este volumen destacamos a Víktor Shklovski (1893-1984), que en 1917 publicó un volumen de *Ensayos sobre la teoría de la lengua poética*. En uno de estos, «El arte como artificio», afirmaba que el texto literario, como objeto, puede ser creado como prosaico y percibido como poético; o a la inversa: creado como poético y percibido como prosaico. Explicaba que "el carácter estético de un objeto, el derecho de vincularlo a la poesía, es el resultado de nuestra manera de percibir" y añadía: "nosotros llamaremos objetos estéticos. en el sentido estricto de la palabra, a los objetos creados mediante procedimientos particulares, cuya finalidad es la de asegurar para estos objetos una percepción estética" (1970: 57).[25] Más adelante agregaba: "Al examinar la lengua poética, tanto en sus constituyentes fonéticos y lexicales como en la disposición de las palabras y de las construcciones semánticas constituidas por ellas, percibimos que el carácter estético se revela siempre por los mismos signos" (1970: 68).

Por otra parte, en la filosofía, referimos al empirista inglés John Locke, en su *Ensayo sobre el entendimiento humano* (1689), donde señaló la arbitrariedad de la palabra respecto a las ideas. En el libro tercero, «De las palabras», Capítulo II, § 8, afirmó explícitamente: "La significación de las palabras es perfectamente arbitraria", a causa del uso prolongado y familiar que produce ideas de un modo tan constante y

---

25 Citamos a Shklovski, Víktor, «El arte como artificio», de *Teoría de la literatura de los formalistas rusos*. Antología preparada y presentada por Tzvetan Todorov. México: Siglo XXI, 1970.

activo, aparentando conexión natural entre unas y otras; la arbitrariedad se pone de manifiesto "en el hecho de que las palabras, con mucha frecuencia, dejan de provocar en otros (aun en quienes usan el mismo lenguaje) las mismas ideas de que suponemos sean los signos"; además, esta relación arbitraria entre las palabras y las ideas se entrelaza con la libertad del usuario de la lengua: toda persona "tiene una tan inviolable libertad de hacer que las palabras signifiquen las ideas que mejor le parezcan, que nadie tiene el poder de lograr que otros tengan en sus mentes las mismas ideas" aun cuando usan las mismas palabras (1999: 397).

Por su parte, el filósofo y sicólogo estadounidense John Dewey, en *Psicología del pensamiento* (1917), analizó el lenguaje desde las ideas. En la Tercera Parte, Capítulo XIII, titulado «El lenguaje y la disciplina del pensamiento», expuso lo que llamó la situación ambigua de la palabra, cuyos orígenes proceden del griego, pues "la misma palabra *lógica* viene de λόγος [logos], que significa ya lenguaje o palabra, o ya pensamiento o razón"; y agregó: "La convicción de que el lenguaje es necesario y hasta idéntico al pensamiento, tropieza con sólidos argumentos que mantienen que el lenguaje pervierte y oculta nuestro pensamiento" (1917: 189).

El filósofo inglés John Stuart Mill (1806–1873), en *Sistema de lógica demostrativa e inductiva* (1853), dedica el Libro Primero al estudio «De los nombres y las preposiciones». En los inicios del primer capítulo define la lógica como una parte del "arte de pensar" y al lenguaje como "uno de los principales instrumentos o auxiliares del pensamiento; y cualquiera imperfección en el instrumento o en el modo de emplearlo tiende conocidamente, más aun que en casi todas las demás artes, a desconcertar e impedir el procedimiento, y a destruir todo fundamento de confianza en el resultado" (1853: 23). En cuanto al significado de las palabras, consideró que "los nombres y su significación son enteramente arbitrarios", y las "proposiciones no son en rigor susceptibles de verdad o falsedad, sino únicamente de conformidad con el uso" (1853: 148).

c) Identidad histórica

La tercera corriente vanguardista aparece simultáneamente a las dos anteriores. Sin embargo, se distingue de éstas por su esfuerzo por reconocer y recuperar la identidad de la realidad americana. La tarea precursora de este afán corresponde al poeta mexicano Carlos Pellicer (1897-1977), con la publicación en 1924 de *Piedra de sacrificios*, poema con el que se adelanta en la exploración de la realidad histórica y social del continente. Otros poetas la realizarán también pero hacia la mitad del siglo XX. Mientras la mayoría se entrega a la experimentación de la palabra y la imagen o a las especulaciones metafísicas, en un franco abandono y rechazo de la realidad latinoamericana concreta, Pellicer abre otra vertiente distinta. La descripción de sus paisajes son una muestra de ese afán contemplativo e interpretativo, que no es más que una reflexión estética ante la realidad propia, originada en sus viajes en aeronaves por regiones latinoamericanas como refieren algunos de los poemas de su primer libro *Colores en el mar y otros poemas* (1921). Esta es la diferencia radical de la corriente vanguardista de Pellicer. Se enfrenta conscientemente a la realidad continental concreta para recrearla de acuerdo a su experiencia estética. *Piedra de sacrificios* lleva por subtítulo «Poema iberoamericano». El «Prólogo» fue escrito por el educador y político mexicano José Vasconcelos (1882-1959), y destaca precisamente el ideal americanista de Pellicer. Dice: "El ideal marcha, acrecentándose en extensiones y multitudes; ya no se reduce a la aldea, ni a la provincia, ni a la patria. Es todo esto, pero ensanchado y convertido en vuelo, un vuelo más que de ave, un vuelo de aeroplano"; y agrega: "Desde la nave aérea ha visto Pellicer su América y también la ha escudriñado con la planta del pie que descubre todos los secretos de la tierra y con la mente que contempla la historia. De esta suerte integral ha cultivado su amor del continente latino".[26]

Son varias las lecturas de la identidad de América Latina que Pellicer realizó en sus textos reunidos en el volumen de 1924. Sin duda es el precursor en el tratamiento de ese tema. Nos ocuparemos brevemente

---

26 Carlos Pellicer, *Piedra de Sacrificio*. Poema Iberoamericano. Prólogo de José Vasconcelos. México: Ed. Nayarit, 1924.

de esas lecturas que las identificaremos como telúrica, mítica, histórica, social y una visión del porvenir.

i) Lectura telúrica. Desde el primer texto de *Piedra de sacrificios* se advierte que la geografía de América está presente en los paisajes de este discurso poético. Los océanos, las montañas, los climas referidos son propios de América Latina, en los que, más aún, el enunciador quisiera descubrir fuentes de la oralidad ancestral. Los elementos de ese territorio continental son cifras que el enunciador capta para cumplir su tarea de reconocimiento e interpretación.[27] Se empeña por descifrar los mensajes en la realidad telúrica, primer estadío de la identificación. La instancia de la lectura demostrada por el enunciador adquiere pleno sentido en su discurso. Por otro lado, así como en sus experimentos vanguardista por crear paisajes nuevos se enfrenta a la realidad natural convirtiéndola en un texto que debía leer, así también acude a los elementos telúricos dispuesto a leerlos y recibir mensajes. El enunciador es receptor de mensajes del cielo americano, de la tierra americana, de las aguas americanas; es decir, de los elementos telúricos americanos. Su preocupación por esos elementos se manifiesta explícitamente en "Poema elemental" de *Camino* (1929), en cuya estructura esos elementos implican funciones semánticas. El enunciador deviene receptor acucioso de mensajes o, más aún, buscador de comunicaciones, pues el aire translúcido "alía en arcos invisibles / la palabra olvidada, las augustas señales". De ese modo, la identificación de América Latina es sobre todo una experiencia lectora. En el poema «Teotihuacán» que publicó en 1964 declara explícitamente su tarea de lector que descifra el mensaje en la realidad local (o «la intemperie»), donde descubre no sólo las nociones físicas, geográficas o telúricas, sino también divinas. Esa lectura ancestral común a los seres humanos se *transcribe* por los objetos artísticas (escultóricos, pictóricos o literarios): "Vuelvo a la desnudez de las ideas puras / y divinas. El hombre descifra elemental / la Lengua a la intemperie de los cuatro elementos. / Y ya es en la

---

27 Luis Rius afirma que *Piedra de sacrificios* es resultado de una doble experiencia cumplida por su autor: "la experiencia geográfica de América" y "la experiencia humana de América" (1962: 245 y ss.).

escultura, en pintura o palabras / que comunica el alma de las cosas supremas".

La instancia de la enunciación (el momento en que se escribe el texto), como instancia de lectura y recepción de mensajes, está implícita en los textos de *Piedra de sacrificios*. El proceso de reconocimiento es descrito con términos relativos a la lectura y recepción, así como a la escritura. El texto 3 («Iguazú»), dice: "Agua de América, / agua salvaje, agua tremenda, / mi voluntad se echó a tus ruidos / como la luz sobre la selva. / Agua poderosa y terrible, / tu trueno es el mensaje / de las razas muertas a la gran raza viva / que alzará en años jóvenes la pirámide / de las renovaciones cívicas". Más adelante, destaca la manifestación sonora (el ruido) de las cataratas, como código que el enunciador debe descifrar, en su función de receptor e intérprete: "ruidos como la luz", el "trueno es el mensaje". El último verso señala textualmente a "tu voz en medio de la selva". El objeto natural contemplado es pues sobre todo un emisor con el cual el poeta trata de establecer comunicación para recibirla y transmitirla: "cantan las aguas la leyenda", "el agua del Iguazú se derrumba a grandes gritos". Hay una clave y una leyenda en las aguas de América; el poeta realiza una lectura semiológica, reconoce que la naturaleza local acude a su propio lenguaje.

El texto 4 («El cielo») refiere también la necesidad de obtener el mensaje implícito en el contexto natural propio, visto también texto semiótico en el que cifra la identidad que debe ser revelada, comprendida e interpretada. Con la misma actitud del lector que desea escribir su discurso transcribiendo el mensaje que obtiene en las inscripciones del espacio de su origen. El poeta, como enunciador, incorpora los referentes topológicos de esa realidad a la instancia de su propia enunciación: "El cielo de los Andes / es tan azul, [...] / La mano que lo toque y que lo mida / escribirá en la frente de los hombres / la cifra portentosa de la vida".

Esta afanosa búsqueda de comunicación y mensajes sobre la condición primigenia y telúrica de América Latina, obliga a la imaginación a remitirse a los tiempos remotos del supuesto «Mundo Nuevo», anteriores a las invasiones europeas del siglo XVI. Con un ánimo optimista de trascender los mitos americanos, insiste en esta condición a lo largo de su producción poética. Todavía en el «Romance de Tilantongo», de *Recintos y otras imásgenes* (1941), dice: "Tostó la siesta el buen sueño/ junto a los montes de Apoala/ y en esa almohada invisible/ en que duermen las estatuas/ pobláronme las imágenes/ que un tiempo fueron hazañas." Su actitud es esperanzadora respecto a la posibilidad de descifrar el mensaje encerrado en la realidad telúrica americana, lo cual también marca diferencias con relación al comportamiento anímico que mostrarán otros poetas: el desencanto ante semejante tarea. Ciertamente, esta postura es más realista, puesto que no es posible hallar ni mensaje ni respuesta clara en las indagaciones telúricas. Años después, Neruda, en los primeros versos de su *Canto General* (1950) anunciará esa desilusión evidente: "Las iniciales de la tierra estaban / escritas. / Nadie pudo / recordarlas después: el viento / las olvidó, el idioma del agua / fue enterrado, las claves se perdieron / o se inundaron de silencio o sangre". Por su parte, Octavio Paz, en «Fuente» de *La estación violenta* (1958) relata así ese mismo desencanto: "Toco la piedra y no contesta, cojo la llama y no me quema, ¿qué esconde esta presencia?/ No hay nada atrás, las raíces están quemadas, podridos los cimientos". Pellicer, en cambio, exhorta a escuchar las voces telúricas y a reconocer su mensaje. La sección poema IV del «Romance de Tilantongo» ya citado dice: "Viaja viajero con rumbos / a los cielos de Oaxaca. / Ven a escuchar lo que dicen / junto a los montes de Apoala". Agrega que él ha de abandonar su voz entre su tierra para ponerla al servicio de su gente: "Yo que de Tabasco vengo / con golpes de sangre maya, /…/ dejo mi voz—guelaguetza—/ clara y culta, fuerte y ancha / entre los cántaros negros / de las noches de Oaxaca." Los cántaros para Pellicer son todavía fuentes que se conservan y es posible hallar en ellos la voz propia para la tarea de la identificación telúrica en todo su sentido mágico-ritual que inspiran las culturas ancestrales. Este optimismo contrasta con los conceptos de Octavio Paz, para quien el cántaro (la fuente) está roto y sólo queda el polvo y el silencio en el mismo esfuerzo de reconocimiento telúrico (recuérdese "El cántaro roto" de *La estación violenta*). Ambos poetas han tomado el «cántaro» como el símbolo, o mejor dicho el texto, en el que pueden hallarse las inscripciones ancestrales y en el que pueden leerse los mensajes de otra época: el tiempo original de América. La experiencia resultante del enfrentamiento con ese símbolo es el mismo en ambos poetas, aunque su lectura es distinta:

uno encuentra esos cántaros en la oscuridad de la noche, por lo que no consigue ni su conocimiento ni identificación; el otro los halla rotos, por lo que tampoco logra ninguna señal en su búsqueda.

Es muy importante señalar que el intento de esa lectura de identificación en la poesía hispanoamericana del siglo XX no está relacionada simplemente con la inspección y el reconocimiento de la geografía o de los climas, del modo como había sugerido el venezolano Andrés Bello (1781-1865), en el siglo XIX, en su «Alocución a la poesía» (1823). Detrás de la geografía y de los elementos naturales de esta región americana permanece una compleja cosmología y mitología, de cuyo conocimiento no se podrían prescindir. Por eso, todo estudio que trate de lograr la identificación telúrica mediante la lírica de este tiempo remitirá siempre al estudio de la identidad mítica. Pellicer reconoce en la tierra, el agua, el aire y el fuego no sólo elementos naturales, sino divinidades de acuerdo a la concepción náhuatl. Y a esos cuatro elementos del pensamiento occidental, añade un quinto: "el sagrado elemento, el fluido del tránsito": la muerte (véase el «Poema elemental», de *Camino*, 1929). Debemos reconocer ahora la lectura mítica.

ii) **Lectura mítica**. La tarea que ha emprendido Pellicer, así como la que emprenderán otros poetas después, es claramente difícil. Ningún mensaje se podrá recibir de la mera realidad telúrica. Ni siquiera de la realidad mítica a la que se enfrenta tras su frustración—su desencanto—en el reconocimiento telúrico. La cultura original de América en sus manifestaciones materiales y sensibles ha sido destruida. Como único testimonio permanecen las ruinas. Por eso éstas se convierten en tema esencial; pero, tema de revelación dolorosa: de frustración total ante la certidumbre de la pérdida irreparable. El optimismo esperanzador de Pellicer es fugaz. Si en el primer texto de *Piedra de sacrificios*, con un tono de ligera alegría afirma que "Teotihuacán y Cuzco están en ruinas / pero las águilas y los cóndores todavía se levantan"; en la «Oda a Cuauhtémoc», del mismo volumen, se pregunta: "¿quién puede volver a mirar serenamente las estrellas, / cuando todo semeja que el destino / va a aplastarnos con sus plantas de piedra?". Se responde en seguida con una expresión doliente: "Cayeron las monarquías / civilizadas de mi América. / Tenoxtitlán y Cuzco / eran sus esculpidas cabezas. / Cayeron esas razas finas / al golpe brutal de los conquistadores / que vencían a los flecheros / con las ruidosas caballerías y los ávidos cañones".

El denominado «descubrimiento de América» tiene una connotación generalmente negativa en la poesía de esta región. Ese acontecimiento es evocado como un atropello brutal contra el habitante americano. Neruda afirma que ese hecho es el primero en la "historia de los martirios" de América Hispánica («Los conquistadores», *Canto General*). Oscar Cerruto no ve en el mismo sino odio y codicia que provocan la muerte de los indígenas: "devota cruzada de exterminio" (*Patria de sal cautiva*). El devoto cristianismo exterminó incontables pueblos aborígenes.[28] Pellicer interroga de un modo similar: "¿Quién puede mirar el cielo con dulzura / cuando del oprobio de los europeos / nacieron estos pueblos de mi América, / débiles, incultos y enfermos?". Sintetiza de esta manera las invasiones europeas a la región americana: "Marcaron a los hombres como si fueran bestias / y en el rostro del campo y en el hígado de la mina / vivieron la crueldad, la miseria y el tedio".

Este discurso es el resultado de la indagación a que se entrega el poeta en su afán de lograr algún conocimiento sobre sus ancestros, a través de la lectura de las ruinas precolombinas prefiguradas como textos. La lectura semiótica que había realizado el enunciador en su observación de la realidad natural, no es posible en este caso. Años después, en el «Romance de Fierro Malo» (de *Subordinaciones*, 1949) se referirá con mayor energía a la brutalidad y destrucción de las naciones autóctonas por el cristianismo: "Abrió el siglo XVI / como sandía la América / .../ Los tropeles europeos descerrajaron la puerta / y a puntapiés se escuchaban / los gritos de la Nueva Edad". Es poco lo que obtiene este poeta—como los demás—al cabo de sus intentos por saber lo que fue América. Toda indagación no hace más que descubrir destrucción, ruinas y muerte. Todavía en 1964, en «13 de Agosto, Ruina de Tenochtitlán», el enunciador se muestra incapaz de comprender no sólo la realidad de sus antepasados, sino la destrucción a que éstos

---

28 El historiador mexicano Silvio Zavala (1909–1914) señaló con acierto que las invasiones españolas a América impusieron "la extraña convivencia del Cristianismo con la Esclavitud" (1972: 42).

fueron sometidos. Los primeros versos representan la aceptación final de la imposibilidad de obtener ninguna señal y ningún nexo con los ancestros. El discurso, por expresarse en la modalidad performativa (en el concepto de Emil Benveniste[29]), es la comprobación de que todo intento de reconocimiento será siempre inútil. El enunciado performativo refiere tanto la realidad contemplada (la "ciudad destruida"), como la instancia propia de la enunciación, es decir, el hecho de contemplar la destrucción ("estoy mirando"): leer su mensaje es escribir sobre ella. Pero ningún mensaje puede ser decodificado en estas circunstancias en que el receptor comprueba que el sistema de la comunicación que busca ha sido interrumpido por la destrucción. Su escritura deviene mero testimonio de la ruina y de ausencia de comunicación que concluye en soledad y desamparo: "Estoy mirando la ciudad destruida, / flor aplastada por un pie sombrío. / Estoy mirando el agua de los canales, / vacía, ciega de tanto ver / lo que jamás debió haber visto. / Es la enorme catástrofe florida. / La garganta del canto estrangulada." Los símbolos que recoge mientras mira son signos de muerte de una realidad *destruida*, *aplastada*, *vacía*, *ciega*, *enorme catástrofe*. También la voz delata la garganta estrangulada. Ninguna voz se puede oír, ninguna palabra, ningún texto. Todos estos registros guardan inscripciones de desencanto.

Si bien Pellicer llega a la misma conclusión nefasta a que llegarán los demás poetas hispanoamericanos en sus esfuerzos por lograr la identidad mítica, se dirige a la realidad cultural viva para superar las deficiencias y la negación que representa la destrucción material de las civilizaciones precolombinas: acude a la cosmología y a la mitología de las antiguas culturas de América, y las incorpora a su discurso como textos y estructuras que organizan el nivel semántico de su lenguaje estético. Es uno de los pocos poetas que ha incorporado a su poesía las concepciones precolombinas propias de América—auténticas lecturas. Desde esa perspectiva, lo que parecen simples elementos naturales

---

29 Benveniste define el enunciado performativo como un enunciado que es a la vez acto. Reconoce en el performativo una propiedad singular: "la de ser *sui-referencial*, de referirse a una realidad que él mismo constituye, por el hecho de ser efectivamente enunciado en condiciones que lo hacen acto" (1971, 1:195).

(la tierra, el agua, el aire y el fuego) o astros (el sol y la luna) o especies de la fauna (el quetzal o el jaguar), se convierten en símbolos de la concepción náhuatl. La lectura de textos como «Poema elemental», o «El canto de Usumacinta» (de *Subordinaciones*, 1949) o *Teotihuacán y el 13 de agosto: ruina de Tenochtitlán* (1965) no podrá realizarse eficazmente si no es a través de la perspectiva mítica. Un estudio de las concepciones cosmológicas y mitológicas meso-americanas en la obra de estos poetas salen de los límites de este ensayo. Remito para el caso de Pellicer al trabajo del crítico estadounidense Edward Mullen, quien ha visto cómo "una fuerte corriente mítica poética corre por la poesía pelliceriana y que tiende a configurarse en arquetipos básicos" (1977: 89).[30] Mullen ha señalado ahí mismo que los motivos aborígenes "no únicamente aparecen como meros adornos temáticos sino forman parte integral de su concepto poético del mundo" (1977: 105).

iii) Lectura histórica. Los esfuerzos por lograr la identificación de las propias raíces, a través de los mitos locales y en la contemplación efectiva de las ruinas de la culturas autóctonas, no lograron ningún resultado positivo. Los mitos y las ruinas son textos destruidos, así como textos de la destrucción. El enunciador/enunciatario de este discurso realiza un giro en sus lecturas. Ahora la realiza sobre los textos de la historia continental para re-crearlos a través de la escritura. Los pasajes más importantes de la historiografía latinoamericana, en los que se narran los hechos mediante los cuales los pueblos americanos combatieron contra la represión europea durante la Colonia, son leídos asiduamente y sometidos a la re-escritura, o meta-escritura. Se convierten así en textos de una metahistoria poética. Reaparecen los nombres de los héroes políticos que encabezaron las contiendas por la libertad, personalidades ilustres que dignificaron el espíritu de sus pueblos: Cuauhtémoc, Atahualpa, Caupolicán, Bolívar, Sucre, Morelos, Juárez, Morazán, Martí, Darío y otros más. El primer volumen *Colores*

---

30 Destaco el artículo «Motivos precolombinos en la poesía de Carlos Pellicer», de Mullen, entre los escasos estudios que señalan relaciones importantes entre la poesía de Pellicer y las concepciones mitológicas de las culturas prehispánicas de México. Ese artículo ha sido incluido por su autor en la recopilación de textos críticos sobre el poeta que editó (1979: 89–105). Véase asimismo el libro de José Prats Sariol (1990: 39 y ss.).

en el mar (1921) se cierra con un conjunto de textos sobre personajes y acontecimientos históricos. «Recuerdos de los Andes» tiene una nota que los presenta y dice: "Tres aguafuertes sobre la tempestad en los Andes, escritas en Boyacá, Colombia. Sobre esas montañas pasó y triunfó Bolívar en 1819, el más generoso de los hombres y el más grande de los héroes". El volumen concluye con un poema dedicado a Bolívar y escrito en 1919, en homenaje precisamente al primer centenario de la batalla de Boyacá. El libro *Piedra de sacrificios* dedica un texto a una de las batallas más importantes de la Independencia: "Romance de Pativilca". De todos los héroes americanos, Cuauhtémoc y Bolívar ocupan un lugar preferente en su discurso.[31]

Sin embargo, la presencia de estos héroes no sólo permite al enunciador una visión del pasado, sino, sobre todo, del presente, lo cual ensancha los límites de su observación. En la lectura de los libros de historia recoge testimonios que los somete a su imaginación y experiencia, para presenciarlos—hacerlos presentes—en su percepción estética. El enunciador, muy consciente de la instancia de su enunciación ante los episodios históricos, escribe su testimonio poético de las epopeyas, logrando una metahistoria poética. Puede afirmar entonces: "junto a Bolívar va Rubén Darío", en la primera «Oda» del volumen de 1924, y continúa su exhortación: "¡Libertador de América, / líbranos del egoísmo y del rencor, / de la hipocresía y de la envidia, / pues sobre toda catástrofe fulgurabas amor!".

A partir de las lecciones de la historia recuperadas del pasado y revividas en el presente, puede ahora referirse al futuro, embargado por las mismas preocupaciones. En el mismo texto continúa más adelante: "América, América mía, /.../ Cúmplete a ti misma tus cosechas futuras". La lectura de la historia lo remite a la lectura del acontecer contemporáneo, en la que halla asimismo pasajes de sometimiento y oprobio muy similares a los de la Colonia. Ese tránsito le permite el paso del discurso del coloniaje al discurso del neo-coloniaje y, mediante ese giro, el descubrimiento y la identidad de la realidad propia por primera

---

31 "Mis grandes pasiones históricas han sido Bolívar y San Francisco de Asís. He escrito más de un poema en honor del Libertador de América", dijo el poeta en un recital que ofreció el 28 de junio de 1971, en el Palacio de Bellas Artes, de México. Ver: *Letras vivas* (México: SepSetentas, 1972), p. 20.

vez. La historia contemporánea se convierte de este modo en el contexto donde el enunciador inicia una tarea efectiva de reconocimiento. En el último poema del primer volumen, "Oda a Cuauhtémoc", dice que la historia presente no ha superado los oprobios que denunciaba la historia del pasado. Convencido de esta situación ignominiosa en las naciones del continente latinoamericano, denuncia los problemas de la realidad actual: "¡Desde hace cuatrocientos años / somos esclavos y servidores! [...] / Los hombres del Norte piratean a su antojo / al Continente y las islas y se agregan pedazos de cielo". De la historia contemporánea latinoamericana, le preocupa principalmente la falta de comprensión, unidad y armonía entre los mismos pueblos, lo que se convierte en uno de sus temas principales. En «Elegía ditirámbica» (de *Hora y 20*, 1927), dedicada a Simón Bolívar, interroga a éste: "Disminuidos por el odio / viven los hombres que aliaste con tu gloria y tus sueños. / ¿Araste en el mar? / ¿Sembraste en el viento?".

No cabe duda de que Pellicer logra un reconocimiento efectivo de la identidad latinoamericana en su lectura de la historia contemporánea de este continente. Si las expectativas anteriores (telúrica y mítica) habían sido vanas, la histórica, aunque dolorosa por la situación que revela, se convierte en una fuente útil de reconocimiento, porque aporta información cierta para la identificación social, que ahora veremos. No obstante, no deja de ser una escritura del desencanto.

iv) Lectura social. La tarea de reconocimiento de Latinoamérica—en sus principios infructuosa—culmina con la identificación social de este continente, a la que Pellicer llega también mediante la lectura de la historia. La significación que persigue *Piedra de sacrificios* es ser un texto optimista. En sus primeros versos—en una actitud de reflexividad metalingüística—, refiere el tipo de enunciado que quisiera manifestar en su visión de América. Se puede decir que el primer tema de este libro es el texto mismo que se dispone a escribir. Esa actitud auto-referencial y metalingüística enuncia su deseo de formular, asistido por 'la voz de Dios', un discurso vigoroso ('rugido', 'grito') de confianza y seguridad: "¡América, América mía! / La voz de Dios sostenga mi rugido. / La voz de Dios haga mi voz hermosa. / La voz de Dios torne dulce mi grito. / Loada sea esta alegría, / de izar la bandera optimista".

Entre las intenciones manifiestas en los enunciados del exordio y la magnitud implícita en la significación del discurso se registra una ruptura, porque pese a los esfuerzos voluntarios del enunciador, el texto (su propio enunciado) es expresión y denuncia de una realidad de oprobio constante. Las lecturas telúrica, mítica, histórica y social del continente han revelado sólo evidencias frustrantes y negativas. Semejantes resultados obtenidos en la tarea precursora de Pellicer serán confirmados después por esfuerzos similares que cumplirán otros poetas como Pablo Neruda, Oscar Cerruto y Octavio Paz. El tema de América Latina es un tema que conduce al desasosiego y a la angustia de sus poetas, dando lugar a una escritura de desencanto e incertidumbre. Sólo así se explica que las generaciones de los nuevos poetas se hayan entregado con energía extraordinaria y voluntad unánime al cultivo de una poesía social y política en las décadas posteriores a 1950. El optimismo de Pellicer se trueca pronto en un discurso del desengaño y reflexión apesadumbrada. El texto 9 del mismo volumen llega muy pronto a esa conclusión. La invocación "América mía" dice en sus versos postreros: "y cuando voy a decírtelo todo, / me vuelvo un cielo de lágrimas / tan ancho y tan hondo, / como la angustia de un buque en la noche / cuyo jefe se ha vuelto loco. / América mía: / Mi juventud es tempestad nocturna / por este amor a ti, terrible, bello y solo".[32]

El impulso del optimismo y la alegría quedan frustrados. La angustia y la inseguridad se figurativizan por tempestades nocturnas. La noche es uno de los conceptos diseminados con mayor frecuencia en este discurso. El enunciador amante de los paisajes luminosos y coloridos, tal como es visto por los críticos y comentaristas de su obra, es también morador de noches largas, donde la esperanza del amanecer y de la luz apenas cabe. Su visión, cuando se enfrenta al tema de la realidad latinoamericana histórica y social cae y recae en espacios nocturnos, inseguros y deprimentes. Sus enunciados denotan desconsuelo e incertidumbre. En el texto 16 dice: "Mi corazón, arrinconado, / lleva tres siglos de llorar. / Tiene el pecado inconfesado / de ver su América, y dudar". Es muy difícil que esta escritura sea optimista. Su escepti-

---

32 Este poema 9 dedicó el poeta a Germán Arciniegas (1909-1999), en un viaje a Bogotá.

cismo no podría expresarse por una escritura de la seguridad, en una situación negativa y figurativizada por el predominio de una atmósfera oscura, como insiste en señalar: "Ve desde el monte de sus sueños / que los crepúsculos duran más / que las auroras. Ve que el día / no se acaba de iluminar". Esta actitud no es sólo apreciable en el volumen que comento, sino una preocupación que se ha mantenido a lo largo de su obra. Veinte años después se leerán todavía textos desesperados a causa de la misma incertidumbre y desorientación. Son sin duda reflejos de la falta de certeza latinoamericana. El poema XV de *Exágonos* (1941) dice: "Patria, oh América Latina, / mi corazón está lleno de angustia. / La noche es honda y la aurora aún no trina". Sin embargo, es en el primer poemario, en el que ahora me detengo, donde su imaginación llega a los extremos para denunciar el estado que vive el continente a causa de sus problemas sociales no sólo debidos a factores internos, sino sobre todo a externos: primero, las invasiones y agresiones europeas en el siglo XVI; y después en los siglos XIX y XX, la intervención de las potencias político-económicas ("los nuevos conquistadores blancos"). En el texto 22 de *Piedra de sacrificios*, se leen estos versos de angustia extrema: "Nuestra América parecía / que entre sus árboles se suicidaba". Aquí también se ve otra vez que lo que desasosiega y denuncia Pellicer son los aspectos ya mencionados: la falta de armonía, entendimiento y unidad entre los pueblos latinoamericanos, por una parte; y la intervención de potencias extranjeras en su país y en otras naciones del continente, por otra.

En el texto 23, dedicado al volcán Popocatépetl, pero titulado "Elegía", escribe: "Traigo las manos vacías / y el corazón derrotado. / Los hombres de mi raza / niegan su sangre de hermanos. / El veneno de la indiferencia / mengua en tus águilas el aletazo". Este texto figurativiza la actitud mítica del enunciador enfrentado al volcán en una instancia de comunicación con el dios y el mito representados por esa montaña. Además de manifestar su desencanto por la indiferencia común de los seres de su propia raza, pide a sus dioses antepasados el castigo para su pueblo, por semejante conducta indolente, así como para quienes tratan de someter a su pueblo a la intervención y a una nueva conquista: "para castigar a tu pueblo / y a los nuevos conquistadores blancos".

Aunque todo el volumen de este «Poema iberoamericano» está dedicado a América Latina, no obedece a un plan previamente organizado para el tratamiento de los temas. Por el contrario, está integrado por un conjunto de textos que conservan una estructura simple y el tono sencillo de la espontaneidad. En el poema 19, dedicado a la Cuba de los años de 1920, escribe: "Te estranguló con mano higiénica / el yanqui cínico y brutal. / Civilizáronte y perdiste / tifo, alegría y libertad". Pellicer es explícito en afirmar que los conflictos sociales de las naciones americanas se deben en parte a la influencia política norteamericana que busca el usufruto de aquellas naciones. Esa intromisión armada y violenta registrada por la historia es censurada en varias ocasiones. Rius ha señalado bien "una intención crítica, afectivamente vivida con rencor y con esperanza a un tiempo, y fundamentalmente originada por la insistente comprobación que el poeta hace en su recorrido por las naciones americanas de la existencia de un yugo que las avasalla desde el norte. Es aquí la poesía de Pellicer canción y anatema" (1962: 247).

Pellicer es consciente de que semejante injerencia goza de la complicidad de los regímenes despóticos nacionales que la permiten. Denuncia la traición de éstos, protesta contra ellos, y los acusa correctamente de mercaderes de sus propias patrias. El texto 14 («Balada trágica del corazón») del volumen de 1924 que discuto, por las señales espaciales explícitas en la instancia de la enunciación, fue escrito en Venezuela y en recuerdo de Bolívar. Lo que parece una simple descripción del paisaje ("Crepúsculo venezolano", según el primer verso), es una reflexión amarga sobre el estado de las naciones latinoamericanas: "Tierras de América estranguladas por los déspotas, / o por el yanqui, líder técnico del deshonor. / La indiferencia sombría de vuestros hermanos / no detendrá el aerofuego fraternal del sol, / el instante de una bolivariana aparición". Esta actitud no sólo corresponde a la primera etapa de la obra de Pellicer, es una preocupación fundamental en la obra total. En uno de los últimos textos que escribió dedicado también a Simón Bolívar y fechado en Caracas, el 1 de mayo de 1960, «Cien líneas para ti» (publicado entre sus poemas no coleccionados de *Material poético*, 1962), muestra con vigor que las dictaduras militares latinoamericanas fueron y son el origen de la miseria y desventura de los pueblos e interroga por su complicidad con los intentos de intervención de una potencia extranjera: "¿Por qué hay todavía en mi América / tantos vendepatrias? ¿Somoza, Trujillo? / ¿Y tantos que tienen nombre resonante? / ¿Por qué en lugar de tantas liras / no tenemos más espadas / para acabar con todo lo que hay en nosotros mismos / de cómplices de la miseria y asesinos de la esperanza?". Es necesaria una participación de todos cuantos pueden resolver los problemas nacionales, como tarea de urgencia. Esa actitud implica una revisión de conductas y actividades en todos los ciudadanos. Por eso el poeta alude a su propia condición y oficio al preguntarse porqué en lugar de tantas liras (símbolo de la poesía) no hay más armas para combatir y exterminar toda semilla de complicidad causante de la miseria y los males sociales. Por eso mismo su discurso metapoético asume una forma prosaica deliberada, de ritmo fracturado irregularmente, pues lo que menos le interesa es escribir versos: "Este poema es como el pan sin levadura: / ayuno de poesía. / Prosa como la soledad del que está solo". Desea dejar la poesía y entregarse, a cambio, en decisión unánime y solidaria con todos los que sufren despojo y sometimiento, a un combate de logros efectivos de beneficio social: "Todos los que como yo somos casi nada / debemos reunir nuestras briznas / y entregarnos a la lucha / contra toda injusticia" (1986: 510).

Tal es la visión que Pellicer tiene de América Latina. El canto optimista que deseaba entonar por este continente no pudo realizar. Por el contrario, su discurso es desconsolador, porque se funda en una realidad cierta y adversa: la lectura de una historia de infortunios que han seguido los pueblos latinoamericanos desde el siglo XVI. Su testimonio es una escritura del desencanto. En «Fecunda elegía» de *Subordinaciones* (1949) emplea la metáfora del 'cuerpo herido' para referirse al continente latinoamericano. Sus heridas no se cierran ni con el transcurso del tiempo que cruza siglos y épocas: permanecen abiertas desde la imposición del régimen colonial europeo. Con sentimiento desesperado dice: "Que el ángel del dolor descubra un lado / de su rostro y que vea / que aquel rayo del Sur llega hasta el Norte / cruzando el cuerpo herido de su América". Estos son los límites de su poesía de protesta social y de intención política, aunque en ninguno de sus textos haya proyectado una ideología política explícita. Pellicer afirmó alguna vez que escribió "poemas políticos", pero rechazó la existencia de la "poesía política". En una velada literaria en que dio lectura a una selección de poemas suyos dijo: "He entrado también al campo del poema político. No existe la poesía política. Hablar de poesía política es decir una espléndida estupidez" (*Letras vivas*, 18).[33]

v) Visión del porvenir. Una imaginación optimista del porvenir de América Latina, aunque no absoluta y exenta de dudas, compensa los textos del desencanto referidos al pasado y presente de este continente. El optimismo de Pellicer reaparece en su visión del futuro de esas sociedades. El tema de América Latina ha seguido, según lo he señalado, un recorrido cronológico. Primero, el pasado ancestral de esplendor; luego, de aniquilación e infortunio con las invasiones europeas; después, un período de injusticias sociales y falta de solidaridad; finalmente, el futuro esperanzador. El primer poema del volumen de 1924, tras esa mirada a través del tiempo, refiere ese optimismo de expectativas: "Un día, cercano está, turgente día, / la raza de relámpagos que son tus pensamientos, / hará de la esperanza una alegría / continental. Y tan solo sentimiento / fundará la democracia nueva / de la América Latina". Aquí sí cabe el optimismo. No en lo que es o ha sido, sino en lo que puede ser este territorio, aunque tampoco ese sentimiento se apoya en una confianza ciega. El enunciador se interroga constantemente impulsado por la duda y la experiencia de la incertidumbre. El presente histórico que vive el poeta no es halagador y por tanto no ofrece seguridades ciertas de un mejoramiento inmediato. En la instancia de su recepción y lectura de la historia latinoamericana ha comprobado la continuidad de la adversidad; por eso, en la instancia de su discurso se interroga con temor sobre la posibilidad de que esa suerte se prolongue en los días venideros. Su escritura sustituye los enunciados afirmativos y se construye con una sucesión de interrogantes que implican duda y temor, y ausencia de certeza sobre el destino regional. El texto que mejor expresa ese sentimiento es la «Oda a Cuauhtémoc», cuya parte

---

33   Rius ha escrito al respecto que "la tristeza americana del poeta está siempre alentando su pasión por América. Nunca esa tristeza se complace en sí misma. Y la fe constante en el porvenir de los pueblos americanos no la sentimos postiza en Pellicer, *oficial*, ni cobra nunca la forma de la arenga obligada y convencional del poeta-político" (1962: 248; cursiva propia).

III y final coincide con el declive de la argumentación y la precipitación anímica del poeta. Repasa la situación política en el continente, la intervención de los Estados Unidos de Norteamérica "en las Antillas y las Nicaraguas" y agrega en una invocación del destino adverso latinoamericano: "Toda nuestra América vanidosa y absurda / se está pudriendo. / ¡Oh destino de la tragedia inexorable y gigantesca! / ¿Nadie podrá detenerte? / ¿Volverás a ponernos las plantas en el fuego? / ¿Vendrás con tus manos brutales / del país de los yanquis, mediocre, ordenado y corpulento? / ¿Y entre estallidos y máquinas / a robar, a matar, a comprar caciques con tu inacabable dinero?". Este discurso de enunciados interrogantes ante lo que se descompone absurdamente ("se está pudriendo"), no sólo despliega un sentimiento de pesadumbre y dolor, sino que oscurece toda visión posible sobre el porvenir de este continente. Sin embargo, el enunciador desea asumir una actitud profética y pronunciar su discurso con optimismo. Los textos de los últimos años muestran fe renovada en el futuro latinoamericano, aunque su tono no deja de ser angustiado. Está convencido de que nacerá de tanta adversidad un fruto recio y pleno. La «Fecunda elegía» de *Subordinaciones* guarda ese sentido y sólo así explica la contradicción aparente de los términos de su título: la fecundidad (de nacimiento) y la elegía (de muerte).

Los fundamentos del optimismo de Pellicer respecto a América Latina están en los héroes y sus acciones valerosas y valederas del pasado. De ellos trata de obtener las lecciones con las que alienta la esperanza en el porvenir. No halla casos ejemplares en el presente. Remite en todo caso a la lectura telúrica e histórica del continente. Por eso las imágenes con las que construye su escritura refieren aspectos positivos de la geografía y de la historia, que se reactualizan con seguridad y esperanza. Al omitir elementos positivos de la sociedad presente, está censurando la falta de unidad y solidaridad entre los propios latinoamericanos en su sociedad contemporánea. Esta carencia ha fomentado, según su concepto, el despotismo caudillista local y la intervención extranjera en las naciones del continente. La «Fecunda elegía» escrita en homenaje a los héroes del pasado evoca y permite una visión del futuro apaciguada en sus inquietudes: "Hoy he salido a los bosques de América / en busca de alimento. / Sólo el árbol en cruz de cada héroe

/ me dio el amargo fruto de su sombra. / [...] / Fruto de esa amargura / tendrá que dar al hemisferio manzanas suculentas. / Fruto de ese silencio / dará la voz que llene a nuestra América, / cuando la voz de Bolívar rompa entre nuestros pueblos / la piedra del egoísmo y surja para todos la primavera".

El obstáculo básico que hay que vencer es el egoísmo. Una noción dicotómica se aprecia con cierta frecuencia: Latinoamérica es un espacio que no ofrece dudas respecto a su potencia; pero también está ahí el ser humano morador de ese espacio, entretenido en su egoísmo, en sus luchas fratricidas, indiferente y negligente en la tarea común. Este segundo aspecto es el que despierta la censura constante del poeta, para quien, el individualismo no ha de forjar el futuro de América Latina, sino la participación colectiva y solidaria, consciente de la importancia de una organización social superior. Creo que tal es el sentido que Pellicer da a su inconformismo por las condiciones actuales de la sociedad latinoamericana. Sin proponer ningún programa de ideas o plan de acción, rechaza lo que considera obstáculos para la cohesión de una sociedad justa y denuncia los defectos de la mentalidad latinoamericana. Este hemisferio ha de cambiar y crecer en la medida del empeño de sus moradores. Pellicer insiste en el presentimiento de un porvenir deseado. Por eso no podría concluir su 'fecunda elegía' de otro modo que no sea con un enunciado fértil en esperanzas: "Hay un rumor de sangre nueva en el corazón / de mi América".

La actitud de Pellicer respecto a los valores telúricos, míticos, históricos y sociales de América Latina es ciertamente una de las precursoras en la historia de la poesía hispanoamericana contemporánea. Por su calidad poética vigorosa innegable, por su observación clara de los problemas sociales de este continente y la intención con que los enfrenta, es un discurso que no ha recibido ni los estudios ni la valoración que merece. Sin ninguna duda, la escritura de Pellicer, por haber renovado el tratamiento del tema de América Latina en la poesía, y por haber instituido un modelo propio para la lírica actual, es el gran antecedente, en décadas, de uno de los textos claves de la poesía hispanoamericana actual: el *Canto General* de Neruda. Pellicer comprendió y señaló muy pronto que los conflictos internos de estos países amenazaban su estabilidad general, dando lugar a la intromisión foránea que, cada vez más, debilitaba la vitalidad de este continente. La poesía hispanoamericana posterior a 1950 tematizará precisamente esa situación.

La poesía de Pellicer hace, pues, un reconocimiento efectivo de la realidad latinoamericana en su lectura de la historia del siglo XX, pero que en algunos de sus aspectos coloniales persisten en el siglo XXI.

Poco después de la obra de Pellicer, apareció en Bolivia 1927 otra obra precursora de la identidad latinoamericana: la del poeta boliviano Jesús Lara (1898–1980), inspirada en sus viajes a uno de los centros arqueológicos incaicos de la región andina, Inkallajta (o Incallajta), ubicado a una altura aproximada de 3.000 metros sobre el nivel del mar, sede de uno de los centros de múltiples funciones del imperio de los incas: político, administrativo, ceremonial y fortaleza militar. El título de la publicación de Jesús Lara dice precisamente: *Viaje a Inkallajta: Impresiones* (La Paz, 1927).

Sin embargo, anteriormente Lara había publicado dos poemarios: *Cantigas de la cigarra* (1921), con una presentación del poeta modernista boliviano Franz Tamayo (1879–1956); y *Harahuiy, harahuicu; la ausente en el sendero* (1927), poemas escritos entre 1924–1926. Como se observa, el título es bilingüe, quechua-castellano, así como el empleo de palabras quechuas en su escritura literaria en general (poesía, narrativa y teatro) Lara practica de manera propia la reinvención de la lengua poética.

Además, inmerso en la cultura quechua, Lara no sólo ejerció el idioma de esa civilización, en el habla y la escritura; también fue traductor que dio escritura a poemas de tradición oral. Como investigador, asimismo, publicó *La Poesía Quechua* (México, 1947), recopilada de libros de cronistas del coloniaje y de autores de los siglos XIX y XX. En ese libro, su estudio excede los límites de la poesía y abarca las actividades artísticas en general. Escribió: "El pueblo quechua nunca ha carecido de imaginación ni de inventiva y la prueba está en la riqueza de su poesía, de su música, de su danza, de sus leyendas y de sus fábulas, caudal asombroso que, harto tiempo ignorado y desdeñado, comienza a preocupar a los investigadores y a ser coleccionado" (1947: 104). En 1968 publicó otro libro titulado *La literatura de los quechuas: Ensayo y antología*, que alcanzó una tercera edición corregida (La Paz, 1980). El escritor boliviano, periodista y teórico de la comunicación Luis Ramiro Beltrán S. (1930-2015), en su libro *Panorama de la poesía boliviana. Reseña y antología* (Bogotá, 1982), editado por de la Secretaría Ejecutiva Permanente del Convenio Andrés Bello, afirmó: "El mayor estudioso de la cultura, idioma y poesía de los quechuas en Bolivia, Jesús Lara" (1982: 58).

Sin embargo, el interés de Lara por la cultura quechua alcanzó inclusive la arqueología. Un informe de la Unesco reconoció su tarea. El arqueólogo argentino Alberto Rex-Gonzalez (1918-2012) y el arquitecto uruguayo Antonio Cravotto (1893-1962), en su *Estudio arqueológico e inventario de las ruinas de Inkallajta* (Paris, 1977), al referir "otras ruinas incaicas" en la zona de Cochabamba, escribieron: "Incarracay, nombre que en quechua significa 'Ruinas incaicas', aparece mencionado en distintos trabajos y fue descrita en detalle por Don Jesús Lara y por Hermann Trimborn" (1977: 41). Trimborn (1901-1986) fue un antropólogo alemán.

En su libro *La poesía quechua*, al referirse a la arquitectura incaica, Lara señala que los españoles, durante el coloniaje, "sólo conocieron aquello que pudieron encontrar en sus exploraciones. No hubo indio alguno que les hubiese enseñado un sitio sagrado o un monumento ignorado por ellos. De este modo muchas obras escaparon a la destrucción"; y agrega: "Como un testimonio, ahí está la formidable fortaleza conocida con el nombre de *Incallajta,* perdida entre las breñas andinas, en la provincia Carrasco, de Cochabamba. De ella no nos dan la menor noticia los historiadores de ninguna época" (1947: 36).

Tal es la experiencia dentro de la cultura quechua y su idioma, que, como práctica empírica, formó parte de las percepciones estéticas del poeta Jesús Lara. En 1964, republicó el poemario *Khatira y Ariwaki. Égloga quechua*. En una nota previa a los textos poéticos advierte: "En 1927 publicamos un puñado de versos en un volumen titulado *Aráwiy, arawiku*, dividido en tres partes, cada una de gusto y contenido diferentes. La primera era una égloga con personajes, sentimiento y otros elementos quechuas; en las otras tuvieron cabida temas de diverso carácter"; explicó que el libro tuvo una tirada reducida, y una circulación más reducida aún"; comentó: "Apenas si despertó la curiosidad de los críticos nacionales, aunque en el extranjero tuvo una suerte menos desfavorable"; y agregó: "Asimismo hemos creído conveniente dar cabida en este volumen a los *arawis* de Inkallajta, los cuales sólo se publicaron fragmentariamente en periódicos y antologías y cuyo contenido no deja de guardar cierta relación con el de la égloga" (1964: 7). Nos ocuparemos de esta sección titulada «Inkallajta Arawi», integrada por diez textos poéticos, o cantos, escritos en estrofas tercetas, con excepción del octavo que es un diálogo. A fin de aclarar las palabras empleadas en el título del poemario, acudimos al tratado de poesía quechua del autor y extraemos la siguiente explicación: "El *arawi*, por razón de su propia etimología, durante mucho tiempo era el nombre con que se conocía todo verso, toda canción. Tenía su origen en el verbo *arawiy*, que significaba versificar. *Aráwij* o *arawiku* eran dos formas sustantivales con que se designaba al versificador, esto es al poeta"; y concluye: "Con el transcurso del tiempo y conforme venía evolucionando la poesía, se circunscribió el significado de la palabra *arawi* a una manera peculiar de poesía amorosa" (1947: 76).

El primer canto titulado «Entra en silencio» es una exhortación a un viajero a ingresar en el territorio de las ruinas con la veneración acorde a un espacio sagrado, porque para el poeta lo es ciertamente. Además el silencio que solicita es necesario para oír las voces distantes de siglos que aún se escuchan en el lugar. Su invitación dice: "Entra en silencio, peregrino ... / Aquí las piedras olvidadas / hablan con voz de muchos siglos. // Entra en silencio ..., Pon el alma, / en vez del pie, en cada pisada, / porque has de hollar tierra sagrada". Además, advierte al viajero de lo que puede oír en referencia a los hechos históricos de los que 'hablan' las piedras olvidadas. En semejante circunstancia el poeta construye su experiencia estética, no a través de la percepción visual, sino fundamentalmente sonoras: "Hondo fragor de antiguas luchas / se anima junto a las murallas / bajo un dolor de glorias truncas". La persuasión para ingresar y conocer ese lugar sagrado argumenta, en la estrofa final, una importancia ineludible para el visitante: encontrar su propia identidad. Dice: "Entra, que al cabo, peregrino, / encontrarás tu alma, perdida / bajo una cruz ha cuatro siglos ...". Bien se puede comprender, de acuerdo al pensamiento de este escritor que el aborigen americano durante el coloniaje fue convertido en un extraño o peregrino en su propio suelo, por lo cual debe ser necesario ingresar en la historia de las ruinas regionales para recuperar la propia 'alma perdida.'

El segundo texto, «Invocación a la piedra» complementa la idea del reencuentro de la identidad propia con los hechos históricos del pasado. El viajero se dirige a las ruinas para proferir su ruego: "Tú, piedra, fuiste el hombro de mi raza, / fuiste su gesto hundido como flecha en el tiempo, / y ahora eres su único verbo". Por otra parte, en su condición de aborigen despojado de su propio suelo se reconoce proscrito que se empeña en volver a recuperar su identificación. Continúa su solicitud: "Hijo triste y proscrito / para volver a ti he vencido / un camino de cuatro siglos". Precisa más aun esa condición de preso con grilletes sometido a la esclavitud y deshonra: "Traigo los grillos de una servidumbre / sin redención. Traigo la nube / de la ignominia envuelta a mi horizonte". Esta condición individual y personal que manifiesta el sujeto poético, sin embargo, representa la situación de su colectividad, de su etnia específicamente quechua, aunque muy bien puede simbolizar la circunstancia de las diversas comunidades étnicas latinoamericanas sometidas por las invasiones europeas al coloniaje que impusieron desde el siglo XVI. La enunciación poética continúa: "Sangra mi raza por mi herida, y sufre / este mi destino. Es ella quien me pone / este afán en el hombro y en la planta este norte".

Obviamente la piedra no responde, y los sentimientos y expectativas del viajero se convertirán en desengaño. Vemos también en los textos de Lara el desencanto, tal como sucedió con Pellicer en sus poemas ante las ruinas de su cultura mexicana, o como sucederá también a Octavio Paz: "Toco la piedra y no contesta.../ No hay nada atrás, las raíces están quemadas..." (en *La estación violenta*, 1958). Se trata del mismo sentimiento de frustración en la busca de identidad latinoamericana realizada por los poetas de este tiempo, esfuerzo que concluye en desasosiego, angustia e incertidumbre.

En el caso de Lara, no es necesario repasar todos los «arawis» de Inkallajta, que entona solícitamente el viajero para oir la 'voz de muchos siglos', así como para hallar su 'alma perdida'. Su invocación se torna en lamento. El canto noveno titula claramente «Inútil afán». Aparecen en el escenario de las ruinas una serie de personajes de la cultura quechua, cuyos nombres el poeta conserva en la lengua propia. Unos indagan por los esfuerzos inútiles del viajero; otros le advierten de sus vanos afanes. Así, 'La qata' le pregunta: "¿A qué ese afán, viajero? ¿Qué interrogas / al muro trunco, al nicho, a la rotonda?... / ¿Por qué el imperio de la *Wak'a* rondas?".

El viajero se mantiene en reserva y permanece en silencio, hasta que otro personaje 'La murmuntilla' aparece y le interpela: "Sombra errabunda de mil formas muertas, / ¿qué buscas tú en el sueño de la piedra? / La piedra el sello del misterio enseña".

Sumido en su mutismo el visitante persiste. Surge entonces 'El cóndor' y manifiesta. "Ojo enterrado bajo el horizonte, / vano es que tu ansia estéril se remonte / al arcano que guarda alerta el monte".

Ante la ausencia de réplica o alegación del peregrino, finalmente habla 'El phanthur': "Pobre humana inquietud, tristeza de hombre, / buscas algo en la sangre de mis flores... / Buscas la vida que hay en mí y no me oyes...// Yerras como el espectro de una forma / pretérita. A las piedras interrogas / sin saber que interrogas a otras sombras...". Lara plantea con este canto una explicación relativa a la búsqueda de identidad del poeta latinoamericano de este tiempo: ser un espectro entre las penumbras remotas de la historia ancestral—historia de infortunios—que, a la vez, explica el desencanto propia de esta corriente poética.

El 'arawi' final, décimo, dedicado a las ruinas de Inkallajta, lleva el título de «Pukara eterna» (cuya traducción podría decir Fortificación eterna), y corresponde a la enunciación del poeta. Transcribimos las estrofas primera y última, que dicen: "*Pukara* eterna que el poder del Inka / alzó en lo inaccesible de los montes / lo mismo que alzan su nidal los cóndores". Ante esas ruinas, como el viajero lo hizo a lo largo de los cantos, solo le queda la única opción de continuar las preguntas: "¿Dónde está el alma de la raza mía? / ¿En su vieja prisión sigue cautiva / o va marchando hacia una nueva vida?". Lara confirma que esta tercera corriente que busca su identidad histórica, solo puede interrogar sin esperar ninguna respuesta.

Similares propósitos cumplieron otros poetas coetáneos por los mismos años, marcando el inicio de un nuevo período en la historia de la literatura caracterizada por el reconocimiento de la realidad regional y la identidad propia. Entre estos, citamos al poeta cubano Nicolás Guillén (1902–1989), quien en 1931 publica su segundo libro, *Sóngoro cosongo*, en el cual, como señaló Fernández Retamar, se observa el abandono del "habla caricatural, sustituido por un español de gran exigencia" o "la palabra como simple juego, como sonido vacío de sentido" (1981: 85)³⁴, como fueron las jitanjáforas, de Mariano Brull. Y agrega: "De lo pintoresco de su cuaderno inicial, tan lleno de gracia como de riesgos, Guillén ha avanzado hacia una poesía de voluntad mestiza. Ya no señala la presencia burlesca de lo negro, sino, por el contrario, tiene orgullo en proclamar: "«Traemos / nuestro rasgo al perfil definitivo de América»" (1981: 87).

En su libro de 1934, *West Indies Ltd*, Guillén incluye un texto muy evidente de la identidad de la población afro-americana: «Balada de los dos abuelos» en la que afirma que puede percibir las siluetas que lo resguardan: una negra y otra blanca. Afirma: "Sombras que sólo yo veo, / me escoltan mis dos abuelos. // Lanza con punta de hueso, / tambor de cuero y madera: / mi abuelo negro. / Gorguera en el cuello ancho, / gris armadura guerrera: / mi abuelo blanco".

En 1958 publica otro poemario, *La paloma de vuelo popular*, en el que incluye otro texto digno de la busca de la identidad histórica: «El apellido», en el que hace una reclamación sobre la identidad de su nombre: "¿No tengo pues / un abuelo mandinga, Congo, dahomeyano? / ¿Cómo se llama? ¡Oh, sí, decídmelo! / [...] ¿Sabéis mi otro apellido, el que me viene / de aquella tierra enorme, el apellido / sangriento y capturado, que pasó sobre el mar / entre cadenas, que pasó entre cadenas sobre el mar? / ¡Ah, no podéis recordarlo! / Lo habéis disuelto en tinta inmemorial".

Es un reclamo legítimo; además, puede ser expuesto por cualquier ser humano de los pueblos americanos destruidos por las invasiones españolas y europeas del coloniaje. Cualquier ser humano, olmeca, teotihuacano, zapoteca, tolteca, azteca, maya, aymara, quechua, y muchos más pueden asumir su derecho a reclamar su nombre original y legítimo. Los invasores cristianos pusieron apodos a cada mujer y a cada hombre americano, apodos obtenidos en sus fabulosas colecciones acumuladas en sus santorales.

Otro poeta consciente de su historicidad, surgido durante el vanguardismo, fue el venezolano Miguel Otero Silva (1908-1985). En un

---

34 Cita de Fernández Retamar, *Para el perfil definitivo del hombre*. La Habana: Editorial Letras Cubanas, 1981.

texto anterior a 1930, ya había demostrado su conciencia de identidad al ocuparse de un motivo de aparente ingenuidad en la descripción del paso de «Las colegialas» en una ciudad europea. El texto empieza con estos versos: "¡Qué extraño el desfile de las colegialas! / Estas colegialas holandesas / tan diferentes a las de mi tierra. / Colegialas de ojos azules y secos / como los de las muñecas de loza / y con el oro muerto de las trenzas / recogido en lazos de vivos colores." Los rasgos étnicos de las muchachas holandesas le permiten al poeta hispanoamericano pensar en los rasgos propios de su colectividad. Ante las colegialas holandesas piensa en las diferencias respecto a las muchachas de su país. Su observación destaca, además de la diferencia étnica, la diferencia cultural. La sutil descripción de sus percepciones continúa: "En sus gargantas blancas/ no bulle la risa traviesa y absurda/ y no les inquieta/ si mis ojos se clavan en sus senos nacientes/ o en la pierna que emerge de la media corta/ como una azucena". La conciencia de la diferencia y la expresión de la identidad propia quedan ratificadas en la última estrofa del poema: "Qué lejos me siento de vosotras / triscando el recuerdo de mis colegialas, / aquellas del grito de amor en los ojos / en los ojos negros, / que hasta tienen alma" (1976: 53–54). En un desfile de colegialas, aparentemente intrascendente, el poeta descubre diferencias culturales en el gesto y los ojos. El hispanoamericano en Europa supo descubrir, apreciar y respetar las diferencias culturales de América y Europa; lo que no había ocurrido en el siglo XVI, a la inversa, pues la arrogancia del europeo denigró toda diferencia cultural y étnica respecto a los pueblos americanos.

Años después Otero Silva publicó *Agua y cauce* en 1937, cuyo primer texto «La música dormida en las ramas de América» es una visión de la marcha hacia el futuro del conjunto de los países latinoamericanos con la diversidad de sus colectividades: un despertar de una "música dormida". El poeta venezolano muestra la diversidad cultural latinoamericana: "América ha nacido del resuello cansado / de los rostros terrosos frente al cogollo nuevo, / de los rostros tiznados junto al vientre del horno, / de los rostros curtidos por los mares indóciles, / de los rostros mojados del verde de las aves, / de los rostros dormidos junto al rumor del río" (1976: 65–66).

Y en la década de 1930, el vanguardismo dejó de poner su atención exclusiva en los experimentos formales y el cosmopolitismo, o en la honda contemplación trascendente, porque ratificó su aproximación a América Latina. Casos evidentes son los del poeta ecuatoriano Jorge Carrera Andrade (1902-1978), quien ha tenido desde su juventud una clara conciencia de registrar la realidad propia, geográfica y social, en su poesía. En sus *Boletines de mar y tierra* (1930) está muy concretamente el hombre del Ecuador, a quien envía mensajes desde las escalas de su viaje por Europa. El texto titulado «Saludo de los puertos» comienza con esta estrofa dirigida al trabajador y hombre común de su país: "Hombre del Ecuador, arriero, agricultor, / en la tierra pintada de dos climas, / conductor de ganado sobre la cordillera, / vendedor de mariscos y banano / en la costa listada de luces y de mástiles, / cultivador del árbol de caucho / y dueño de canoas en el río Amazonas, yo te mando el saludo de los puertos / desde estos paisajes manufacturados." Los puertos desde los que envíaba sus saludos eran: Ámsterdam, Hamburgo, Marsella, Paris, Luxemburgo, todos estos "paisajes manufacturados" por el artificio del ser humano a diferencia de los paisajes naturales de su país: la cordillera, el río Amazonas... Se identificará a sí mismo en Europa, estadía que constituye la instancia de la enunciación de su reflexión poética: "Estoy en la línea de trenes del Oeste/ empleado en el Registro del Mundo"; así también se identificará en París, como "El hombre del Ecuador bajo la Torre Eiffel". Pocos años después publicará *El tiempo manual* (1935), que se inicia con un texto dedicado a la «Soledad de las ciudades», y que es asimismo testimonio de las condiciones críticas de su tiempo, preocupación que se extiende hasta el siguiente poemario, *Biografía para el uso de los pájaros* (1937), en cuyo texto inicial advierte transformaciones que acentúan la gravedad del tono poético, a pesar de su lenguaje vibrante en imágenes: "Nací en el siglo de la defunción de la rosa / cuando el motor ya había ahuyentado a los ángeles. / Quito veía andar la última diligencia / y a su paso corrían en buen orden los árboles". El recuerdo del poeta dará un giro inesperado hacia el final del texto: "Todo ha pasado ya, en sucesivo oleaje, / como las vanas cifras de la espuma. /.../ La guitarra es tan solo ataúd de canciones". Dos décadas después, en la introducción al volumen de su poesía reunida *Edades poéticas* (1958), escrita en París en

1956, se refiere a *Biografía* como un testimonio o registro humano de lo cotidiano, cotidianidad propia, o identidad cotidiana: "ahí se encierra una vida total de hombre: la amistad cotidiana, las costumbres de cada día, la salud y la enfermedad, el amor, la familia, la edad, la certidumbre de la muerte, la fragilidad de la morada humana, el sentimiento de que todo pasa y seguirá pasando eternamente" (1958: xvii). Con la publicación de *Aquí yace la espuma* (1951) logra descripciones plenas de su realidad, que le permiten afirmar alborozado en uno de sus textos: "En América desperté". Carrera Andrade reconocerá además con justicia la obra de Carlos Pellicer de la que dirá: "se inscribe dentro de un nuevo vitalismo americano, con una raíz profunda en la tierra" (1987: 40).

Fernández Retamar, en una evaluación de obras fundamentales de la literatura hispanoamericana de la década de 1920, ha hecho ver que paralelamente al desarrollo de la llamada «novela de la Revolución Mexicana», se producen en el resto de América Latina otros dos fenómenos literarios de envergadura continental: el vanguardismo y la narrativa regionalista. "Se trata de fenómenos en apariencia contradictorios": por una parte, la publicación de novelas como *La vorágine* (1924), del colombiano José Eustasio Rivera (1888-1928); *Don Segundo Sombra* (1926), del argentino Ricardo Güiraldes (1886-1927); y *Doña Bárbara* (1929), del venezolano Rómulo Gallegos (1884-1969), "que revelan un fuerte predominio agrario, en correspondencia con el atraso estructural de nuestras sociedades; por otra parte, la primera consecuencia en nuestros países de la llamada vanguardia europea, que al principio muestra una visible tendencia urbana, maquinística" (1981: 526-527). Claro que es necesario añadir al grupo de novelistas a otros de diversas naciones, entre los que destaca la obra precursora *Raza de bronce* (1919) del boliviano Alcides Arguedas (1879-1946).

Fernández Retamar advirtió en el mismo lugar que la vanguardia europea, por su parte, "más allá del programa al cabo reaccionario de los futuristas italianos, implicaba, en sus realizaciones más genuinas (como se ve en lo mejor del surrealismo), una impugnación de los valores «occidentales» que no podía sino favorecer tal impugnación fuera del Occidente, según lo entendió desde temprano Mariátegui"; luego señala una diferencia importante: "Ello explica el sesgo más creador de la vanguardia latinoamericana, encarnado por ejemplo en César Vallejo, el mayor poeta latinoamericano de este siglo" (1981: 528).

Si bien la tercera corriente del vanguardismo, a la que caracterizamos por su «identidad histórica», ha encontrado el cauce de la propia identidad hispanoamericana, marcando diferencias respecto a la literatura cosmopolita iniciada con el modernismo, el rescate de la historicidad será definitivamente lograda por la generación de escritores nacidos en el vértice de los siglos XIX y XX, entre los que se sobresalen, entre otros, Miguel Ángel Asturias (Guatemala, 1899-1974) y Alejo Carpentier (Cuba, 1904-1980).

Según el testimonio de otra extraordinaria figura de esta misma generación, Arturo Uslar-Pietri (Venezuela, 1906-2001), en su libro *Godos, insurgentes y visionarios*, estos escritores, hacia los años de 1930, "iniciaron un nuevo lenguaje y una nueva visión que no era otra cosa que la aceptación creadora de una vieja realidad oculta y menospreciada" (1986: 40-41). Después vendrá la siguiente generación, que transcribirá lo que diariamente vivían. "Esa transcripción estaba llena de profunda y original poesía", agrega Uslar Pietri (1986: 41). La clave de este cambio, según los escritores de esta generación, fue la recuperación de la historicidad propia para la literatura, o la "conciencia histórica" en palabras de Picón Salas, lo que les permitió, a partir de su presente, reconocer el pasado y avizorar el porvenir. A su vez, Uslar Pietri afirmaba en otro libro, *En Busca del Nuevo Mundo* (1969): "La inteligencia latinoamericana tiene algunos rasgos peculiares que la distinguen notablemente de la europea y de la americana del Norte. Son rasgos que le vienen de su pasado y de su situación presente"; más aún, señalaba que esa inteligencia no estaba interesada en "producir obra escrita para el uso de grandes mecanismos editoriales y de comunicaciones y para el consumo de agotados y perezosos lectores. No es suya una literatura literaria, confinada al mercado del libro impreso, sino una forma de participación en lo colectivo y de influir en el rumbo histórico" (1969: 149).

En la década de 1950 aparecerán libros de poetas de la misma generación como Pablo Neruda y su *Canto General* (1950); así como más jóvenes: el mexicano Octavio Paz (1914-1998) con *La estación violenta* (1958), y el boliviano Oscar Cerruto (1912-1981) con *Patria de sal cau-*

tiva (1958). En todos se advierte, a partir de cierta frustración y desencanto, la necesidad de lograr una escritura con identidad propia.

5.3 Semiótica: modernista y vanguardista

El modernismo ha intentado realizar su lenguaje en relación con el mundo natural, y sus signos relacionados con las cosas y estados del mismo mundo. La realidad natural puede ser entendida como un conjunto organizado de cualidades sensibles que proyecta un código de «sentido común». No obstante, la realización del modernismo en su entendimiento y expresión de ese código y ese mundo no se llevó a cabo. Así lo denunciaron los propios modernistas, que descubrieron que ese «sentido común» carecía de la idoneidad para explicar las formas que representan la materia del universo. El fracaso modernista en sus modos de significar sustentó, sin embargo, su propia estética; fue la lección básica a partir de la cual el vanguardismo, asimismo, impuso su propia concepción del mundo, su expresión artística y desarrollo su conducta semiótica. Sin la experiencia previa del modernismo, el vanguardismo no habría podido realizarse.

Ya desde la edad antigua, de acuerdo con el testimonio del pensamiento aristotélico, el oficio del poeta consistía en la imitación (*mimesis*) del mundo objetivo. Desde una perspectiva actual se puede afirmar, como bien explican Greimas y Courtés el concepto de «mundo natural» desde la perspectiva semiótica,[35] es un conjunto de cualidades sensibles organizadas en una estructura "de superficie" (el orden de las cosas sensibles) que a su vez se correlaciona con la estructura "profunda" del universo (el orden físico, químico, biológico, etc.). El sujeto está enfrentado solo a la estructura de superficie, y el arte se ha realizado siempre en relación con esa estructura que, como tal, es materia de descripción o de imitación. Esto hicieron las artes clásicas y la literatura hasta el romanticismo: describir e imitar ese fenómeno con la certidumbre y la familiaridad con que se entienden las cosas sensible e inteligiblemente: con los sentidos y la inteligencia.

---

35 Véase A.J. Greimas y J. Courtés, *Semiótica. Diccionario razonado de la teoría del lenguaje*. Madrid, 1982, p. 270.

En la literatura hispanoamericana, sólo a partir del modernismo, esa estructura de superficie es entendida en su radical significado de «fenómeno», o sea, «lo que aparece», una mera apariencia. A partir del modernismo, el discurso poético pone en duda la veracidad de ese fenómeno respecto al ser verdadero que encubre o implica, porque ha hallado que éste puede ser diferente, o acaso opuesto, o tal vez idéntico al fenómeno o a la manifestación con la cual se lo había identificado tradicionalmente. De esta contraposición surge el modernismo. Cuando Darío afirmó en el «Coloquio de los Centauros» (*Prosas profanas*, 1896) que "las cosas tienen un ser vital: las cosas / tienen raros aspectos, miradas misteriosas; / toda forma es un gesto, una cifra, un enigma"; contrapuso el «fenómeno» al «ente», la «apariencia» a la «esencia», el «parecer» al «ser». La conclusión a la que llegan los modernistas es el fracaso del oficio artístico, debido a esa razón. Por eso, Darío también añadió a la segunda edición del mismo volumen un testimonio elocuente de su frustración como artista, que dijo: "Yo persigo una forma que no encuentra mi estilo, / botón de pensamiento que busca ser la rosa". La conciencia del enunciador enfrentada al mero fenómeno de las cosas sólo puede producir enunciados que refieren nada más que los datos de los sentidos, la manifestación de las cosas, nunca su inmanencia. Y aunque el modernismo pretende ejecutar el discurso del saber sólo alcanza al discurso de los sentidos: al lenguaje sensorial, vinculado a la experiencia empírica de los sentidos. De ahí su frustración ante la "vida consciente" que marca la fatalidad del ser humano, como Darío también expresa en «Lo fatal»: "Ser, y no saber nada, y ser sin rumbo cierto, /... / y sufrir por la vida y por la sombra y por / lo que no conocemos y apenas sospechamos".

Una proposición básica que se obtiene de esta convicción es que para el modernismo no es posible la *mimesis*, en el sentido tradicional. Dos obstáculos se oponen radicalmente a esa tarea, cuyo intento será siempre fallido: 1) la imposibilidad del conocimiento del mundo, que implica 2) la imposibilidad de la expresión precisa, puesto que toda experiencia se invalida ante las cosas y su referente. Si el objeto se desconoce, la palabra que lo represente y exprese será también desconocida. El mundo y el lenguaje se convierten en un enigma cuya *mimesis* no es posible.

En cuanto a la semiótica del vanguardismo, una de las corrientes más y tradicionales de la crítica e historiografía de la literatura hispanoamericana ha interpretado la evolución de ésta a través de la "ruptura". Octavio Paz afirma, en *Los hijos del limo* que "la vanguardia es la gran ruptura y con ella se cierra la tradición de la ruptura" (1987: 146). De este modo se ha manejado una explicación para interpretar la historia literaria de los siglos XIX y XX: el neoclasicismo es una ruptura con el barroco; el romanticismo, una ruptura con el neoclasicismo; el modernismo, una ruptura con el romanticismo; el vanguardismo, una ruptura con el modernismo... Es difícil aceptar rupturas en el devenir histórico; y admitirlas es concebir la historia como una sucesión de períodos en yuxtaposición discontinua. La historia es articulación diacrónica de convergencias y divergencias en continuidad. Las rupturas implicarían yuxtaposición de dispersiones y vacíos, que no caben en la historia, menos aún en la historia de la lengua. Michel Foucault, en *Las palabras y las cosas* afirma que "si el lenguaje existe es porque, debajo de las identidades y diferencias, está el fondo de las continuidades, de las semejanzas, de las repeticiones, de los entrecruzamientos naturales" (1984: 124–125).

En consecuencia, no cabe ninguna ruptura entre el modernismo y el vanguardismo; así como ni éste es contradicción del aquel. Por el contrario, entre ambos existe un espíritu renovado producto de su vinculación. El vanguardismo está ligado a la estética modernista que ha tratado de mantener su escritura en la fidelidad al mundo natural, al cual, paradójicamente ha encontrado incognoscible. Darío reconoció patéticamente que la condición humana, inevitable e ineludible, es "Ser, y no saber nada". Tal es el sentido trágico del poema "Lo fatal" de sus *Cantos de vida y de esperanza*, cuyo sentido se ratifica en la obra de los demás poetas modernistas y particularmente postmodernistas. Al descubrir los límites tanto del conocimiento humano como de su potencia intelectiva, el modernismo se halló ante la única opción de interpretar el mundo objetivo a través de los sentidos. Sus textos son un testimonio de ese reconocimiento sensorial, la comprobación de una interpretación perceptual afanosa, desesperada, oscilante en su búsqueda del conocimiento, pero nueva, insólita, creativa y múltiple. Esa entrega a los sentidos era la consagración a los únicos medios por los cuales se puede llegar a las cosas, aunque sólo sea a la apariencia de ellas, para interpretarlas a partir de indicios. Fiel a los objetivos de la creatividad del modernismo, el vanguardismo continúa el esfuerzo de la creación poética, aunque descubre que para cumplir ese objetivo debe modificar los códigos culturales que el modernismo había heredado de la tradición del siglo XIX.

5.4 Percepción fenoménica

El conflicto del modernismo ante la apariencia del mundo es el mismo conflicto de la filosofía ante el fenómeno, cuya interpretación origina tres opciones: la apariencia puede ser verdadera, la apariencia puede ser falsa (porque encubre la verdad), la apariencia es por lo único que se manifiesta la verdad. Por eso también, para el modernismo como para la filosofía, no existe una sola forma de relación entre el «ser» y su «parecer» respecto a la conciencia cognoscente del sujeto. El modernismo acude para expresarse a la *pluralidad referencial*, una expresión de fenomenismo plural significante (la expresión de las cosas), para referirse a un significado (la sustancia de las mismas).

Así en el primer poema de las *Prosas profanas* («Era un aire suave...»), el enunciador se enfrenta al conflicto de definir la risa de Eulalia: "El teclado armónico de su risa fina / a la alegre música de un pájaro iguala, / con los *staccati* de una bailarina / y las locas fugas de una colegiala". La risa de la dama es un fenómeno (una apariencia) de múltiple relación tanto con su propia esencia como con la conciencia del enunciador; deviene así en teclado, gorjeo de pájaro, expresión de bailarina, comportamiento de colegiala. Esta pluralidad de enunciados, tentativa de interpretación e identificación del fenómeno, es en el texto modernista escritura y re-escritura sucesiva. Estas re-escrituras establecen relaciones intertextuales de amplia riqueza semiótica, que ya prefiguran los recursos que serán empleados por el vanguardismo.

El discurso modernista habla de su propia escritura, y al escribir sobre su propio escrito introduce el juego metatextual. Al cabo, y en el reconocimiento de su frustración por alcanzar el conocimiento de la esencia de las cosas, resuelve su conflicto ya no al señalar el objeto en su verdad, o la verdad del objeto, sino escribir sobre la palabra que refiere al objeto. El referente de su discurso ya no es la cosa sino la palabra con la cual su discurso representa la cosa. La palabra se convierte en cosa y en el objeto del discurso.

Esta renuncia a las cosas es el resultado de un largo proceso mediante el cual el enunciador, como sujeto cognoscente, ha descubierto su inhabilidad de conocer la esencia de aquéllas o su realidad profunda. Tanto esa actitud respecto al lenguaje como esa renuncia a las cosas serán llevadas a sus extremos por los poetas del vanguardismo.

El fenomenismo que señalamos aquí a partir del modernismo nos permite al menos reconocer los términos en que se realiza el lenguaje poético, que remite a la realidad natural incognoscible porque lo único que se puede conocer son sus fenómenos. Por estar relacionado con el conocimiento de la realidad, este fenomenismo puede ser epistemológico o gnoseológico.

El vanguardismo recoge la herencia modernista en su enfrentamiento con la realidad natural a través del lenguaje: puesto que esa realidad es incognoscible, la desconoce, y se propone crear o producir un mundo propio, en su entendimiento libre con los meros fenómenos, al margen de todo criterio común, cultural o naturalista. Renuncia a hablar de la realidad y habla de sus productos propios y creaciones, en base a los objetos naturales a los que transforma y los recrea. Renuncia a la capacidad de la conciencia de conocer la verdad de las cosas (preocupación epistemológica que hace suya el modernismo) y se enfrenta a los objetos (en una relación ontológica) según aparecen en la instancia de la enunciación: *hic et nunc* («aquí y ahora»). El vanguardismo no abandona el fenomenismo que instituye el modernismo; la diferencia es que el fenomenismo vanguardista es ontológico o metafísico.[36] Si Darío había escrito que las cosas "tienen raros aspectos, miradas misteriosas" que el poeta modernista debiera revelar; Huidobro en sus manifiestos afirma: "Las palabras tienen un genio recóndito, un pasado mágico que sólo el poeta sabe descubrir, porque él siempre vuelve a la fuente" («La poesía»). Y a tiempo de declarar su "independencia fren-

---

36 José Ferrater Mora (1912–1991) afirma que "se han clasificado a menudo las doctrinas fenomenistas en metafísicas (u ontológicas) y epistemológicas o gnoseológicas. El fenomenismo metafísico (u ontológico) afirma que no hay cosas en sí; el fenomenismo gnoseológico afirma que si hay tales cosas en sí no pueden conocerse" (*Diccionario*, 2: 1142).

te a la Naturaleza", señala: "Nunca hemos creado realidades propias, como ella lo hace o lo hizo en tiempos pasados..." («*Non serviam*»). Aunque también reconocerá que "Ya que el hombre pertenece a la naturaleza y no puede evadirse de ella, debe obtener de ella la esencia de sus creaciones" («La creación pura»).

Desde el modernismo, la preocupación del discurso literario ya no radica en el conocimiento de las cosas, sino en el conocimiento de la palabra, para lo cual ésta debe ser convertida en objeto: objeto del conocimiento. Esa preocupación gira de un discurso con fines gnoseológicos hacia un discurso con fines ontológicos, cuyos elementos y materiales son, en el primer caso (modernismo) la palabra como medio para el conocimiento del mundo y en el segundo caso (vanguardismo) la palabra como objeto por conocer.

Si el vanguardismo rompe algo es la preocupación que había caracterizado al modernismo en su sentido de frustración al comprobar la imposibilidad de la conciencia de alcanzar el conocimiento de la verdad natural; experiencia que además convirtió su estética obviamente en un sistema semiótico estático. El vanguardismo renuncia a las especulaciones del sujeto cognoscente frente a la verdad del objeto. Se vuelve a éste para observarlo, emancipado (objeto y sujeto) de toda la estructura semántica subyacente del mundo natural preservada hasta el modernismo. Reconoce que esa estructura semántica subyacente delimitaba la percepción y el conocimiento libres y autónomos de las cosas.

El vanguardismo sustituye el discurso racional y epistemológico modernista por un discurso nuevo, auto-referencial, que remite a su propia estructura: el mundo originado por la escritura, las imágenes nuevas del mundo, la «palabra-objeto», despojada de su origen, de su tradición y de su historia, de su memoria y de su interpretación naturalista y realista, lo que le permite instituir un sistema semiótico dinámico. Muy bien ha señalado el ensayista francés Roland Barthes (1915–1980), en *El grado cero de la escritura*, que, a diferencia de las relaciones fijas en el lenguaje clásico, el moderno es distinto. Explicó que la palabra poética "es aquí un acto sin pasado inmediato, un acto sin entornos, y que sólo propone la sombra espesa de los reflejos de toda clase que están vinculados con ella. Así, bajo cada Palabra de la poesía moderna yace una suerte de geología existencial en la que se reúne el contenido total del Sustantivo, y no su contenido electivo como en la prosa o en la poesía clásica"; agregó que la palabra en el lenguaje moderno "ya no está encaminada *de antemano* por la intención general de un discurso socializado; el consumidor de poesía, privado de la guía de las relaciones selectivas, desemboca en la Palabra, frontalmente, y la recibe como una cantidad absoluta acompañada de todos sus posibles"; más aún reiteró: "La Palabra es aquí enciclopédica; contiene simultáneamente todas las acepciones entre las que un discurso relacional hubiera impuesto una elección" (1983: 52–53: cursiva propia).

El vanguardismo implica la rebeldía contra el conocimiento tradicional y con su presencia ratifica y enarbola la arbitrariedad del lenguaje, sobre la cual funda su creación poética: su propio modelo de mundo, arbitrario e ilógico.

5.5 Desconocimiento y vacío

La herencia que el modernismo deja al vanguardismo es haber señalado los límites del conocimiento y la imposibilidad de entender el universo objetivo, es decir: deja un mundo desconocido, no familiar. El vanguardismo es la descripción de mundos extraños y ajenos; de ahí que el mundo que se tenía por cotidiano es descrito enajenado. El filólogo Amado Alonso, al hablar de la visión del mundo de Neruda, escribió: "lo que sobrecoge en esta poesía es la certidumbre de que su atroz sentimiento... responde a una peculiarísima visión, nítida y desolada, del mundo y la vida" (1968: 19). Observó, asimismo tanto una "visión desintegrada" como una "realidad desintegrada", y afirmó. "Nuestra época, en sus más altos círculos de cultura, tiene un ahínco de desintegración. La ciencia ha hecho progresos fabulosos gracias a la limitación de los temas y a la angostura de la mirada"; agregó que inclusive la filosofía "quiere hacerse ciencia con los procedimientos de la fenomenología, quiere dejar de ser una concepción entrañable de la vida y del mundo desarrollada en pensamiento, para tratar su repertorio de asuntos como temas académicos, parcelándolos y colocándolos aislados bajo la lente de sus inquisiciones, y reduciendo así el filosofar a un deporte del intelecto"; reiteró en conclusión: "Desintegración del filósofo y desintegración de lo filosofado" (1968: 24).

Por su parte, el poeta y crítico Américo Ferrari, en su introducción a *Cesar Vallejo. Obra poética completa*, introducción titulada «César Vallejo entre la angustia y la esperanza», dice de los poemas de *Trilce* (1922): "El mundo de *Trilce* es un mundo extraño, lleno de fronteras y de púas, donde todo impulso de liberación se frustra ... en los laberintos de la sensación, en la pura inmediatez de la existencia donde la realidad es fragmentada, absurda, ininteligible" (1982: 33). Los textos vanguardistas manifiestan explícitamente esa extrañeza de lo ininteligible: de lo no familiar y lo desconocido. Podríamos elegir el cuarto poema de este libro de Vallejo y leerlo. Pero previamente debemos señalar que ninguno de los textos lleva título, solo el número romano correlativamente. Lo insólito de la realidad está en sus enunciados que refieren un medio raro, ajeno, ruidoso, ininteligible. La primera estrofa del poema IV dice: "Rechinan dos carretas, contra los martillos / hasta los lagrimales trifurcas, / cuando nunca las hicimos nada. / A aquella otra sí, desamada, / amargurada bajo túnel campero / por lo uno, y sobre duras áljidas / pruebas   espiritivas" (1982: 121; espacio propio).

Hemos respetado el espacio que separan a las dos palabras del último verso. El espacio en blanco, motivo del que nos ocuparemos más adelante, ha sido muy importante para el vanguardismo en su comunicación de palabras o afectos inaprehensibles o incomprendidos. Todos los enunciados de ese texto conforman una isotopía de lo no conocido e inidentificado, lo extraño, lo raro, magnitud repetida iterativamente. Así, el sujeto del enunciado es desconocido, no familiar, puesto que su expresión resulta ininteligible. La experiencia referida por estos enunciados es ajena e insólita para el enunciador que encuentra todo raro; solo reconoce un sonido desapacible e improcedente.

Veamos un caso similar en Huidobro. Lo insólito de la realidad ya está en el título del texto y sus enunciados refieren un medio raro, ajeno, despoblado. El texto titula «Canción nueva» y dice (dando énfasis, con mayúsculas, en algunos versos): "Dentro del horizonte / ALGUIEN CANTABA / Su voz / No es conocida / DE DONDE VIENE / Entre las ramas / No se ve a nadie / Hasta la luna era una oreja / Y no se oye / ningún ruido / Sin embargo / una estrella desclavada

/ Ha caído en el estanque / EL HORIZONTE / SE HA CERRADO / Y no hay salida".[37]

Como se ve, los enunciados refieren una isotopía de lo no conocido e inidentificado, lo extraño, lo raro, magnitud repetida iterativamente. Aquí también el sujeto del enunciado ('alguien') es desconocido, no familiar, puesto que su voz "no es conocida". Toda la experiencia referida por estos enunciados es ajena e insólita para el enunciador que encuentra todo raro: no sabe de dónde viene ese alguien que canta, y su voz, no se ve a nadie, no se oye ningún ruido, el horizonte se ha cerrado. Para la percepción fenomenológica del enunciador, la visión de esa realidad a través del marco cuadrado de una ventana o de una puerta, hacen percibir al horizonte cuadrado; y el reflejo de una estrella en el agua, es percibido como una "estrella desclavada" que "ha caído en el estanque". Este poema es un texto que se encierra en la negación: la negación del conocimiento. Los versos 4, 7, 9 y 16 son proposiciones explícitas negativas, sobre las que descansa la negación del texto completo. Esos versos dicen: "No es conocida", "no se ve a nadie", "y no se oye", "y no hay salida". Son por otra parte, el testimonio del presente de la enunciación. Emitidos en tiempo presente están refiriendo una circunstancia actual y ponen en duda la presencia imprecisa de ese alguien que cantaba, referido en la imperfección del pasado. De lo único que está seguro el enunciador es de sus percepciones fenomenológicas: de lo que ve y no ve, de lo que oye y lo que no oye. Al cabo, y de un modo paradójico, este texto de lo no familiar, de lo no conocido, de lo raro, es el texto de la «Canción nueva», que señala su título.

Para una perspectiva semiótica este es un texto que refiere el despoblamiento del espacio de la enunciación. Desde el punto de vista del contenido, o significado de los signos que ostenta, la instancia de la enunciación se vacía. Si no se ve a nadie, se perciben ausencias; si no se oye nada, se perciben silencios. De esa suerte describe su despoblamiento: con ausencias y silencios. Desde el punto de vista de la expresión, o significante de los signos vanguardistas, los enunciados se hacen breves y el texto se acorta y reduce también su presencia en el

---

37 Énfasis con mayúsculas son propias del texto.

espacio de la página. El discurso vanguardista descubre así su origen, su iniciación, su nacimiento, en el vacío.

Este aspecto es de extraordinaria importancia en este período. El vacío no sólo es la manifestación de una concepción racionalista de los límites del conocimiento humano, sino una visión que modifica la percepción del mundo. El vacío modifica el espacio que, al despoblarse, ofrece perspectivas ilimitadas de observación y de proyección del propio sujeto en el espacio contemplado. El vacío implica también al silencio del texto, que ha sido ya señalado en el nivel del significado, como elemento tematizado ampliamente por el contenido del discurso, ya como referencia al mutismo, ya como visión de la nada o el vacío, ya como expresión del caos. Así, por ejemplo, Amado Alonso dice que "Neruda está ensimismado en la angustiosa incertidumbre del hombre ante su mera existencia, y se siente solo, solitario en el mundo y rodeado de una corteza de exterioridad, irremediablemente ajena a él, densa y profunda desde las sinuosidades de su piel hasta los espacios infinitos" (1968: 276). Ferrari, respecto a Vallejo, al señalar el simbolismo de lo hueco, "una gama de símbolos cuyo denominador común es *lo hueco*: la tumba abierta, la fosa, el hoyo, pero también cualquier otro objeto hueco" (1982: 15; cursivas propias), ha señalado, asimismo: "La meditación sobre la «esencia humana», vértebra de toda la poesía de Vallejo, se fija en la representación del vacío intuido como hambre, amor y muerte a través de la privilegiada figuración simbólica de unos objetos huecos" (1982: 16).

5.6 Vacío y blanco de la página

La palabra despojada de su tradición, de su historia, de su memoria forma un texto reducido. Y al reducirse el texto, también la página se muestra despoblada. El discurso del vanguardismo es a un tiempo tentativa y descripción de esa reducción y ese despoblamiento de la realidad expresada por espacios en blanco en la página escrita. La abreviación de la escritura es una de las principales características de este movimiento; es decir, la fragmentación de la escritura en enunciados breves y autónomos respecto al propio discurso. A diferencia de la escritura analítica que había caracterizado a la poesía, con textos que exhiben obviamente la expansión, los inicios vanguardistas buscan la escritura sintética caracterizada por la condensación. Frente al discurso que expandía las unidades sintácticas, mediante recursos amplificatorios o iterativos; el vanguardismo condensa su discurso en enunciados elementales. Aún textos como *Alazor*, de Huidobro, están construidos por enunciados fragmentados y breves dejando lugares en blanco. El poeta mexicano Pellicer, en *Los colores en el mar* (1921), consigna un poema sin título e integrado por un sólo verso, que dice: "Tu belleza y el mar buscan mi estrella"

La característica del discurso vanguardista es sin duda la fragmentación y la yuxtaposición de enunciados. El espacio en blanco separa unidades textuales, recorta los enunciados o reduce al discurso a su expresión mínima y abreviada. La fragmentación de los enunciados implica asimismo la multiplicación de estos en magnitudes mínimas y aisladas, provistas, sin embargo, de sentido, dependiente de la cadena del texto escrito. La irrupción del texto breve y sintético es concomitante al incremento del espacio blanco en la página. En esa condensación del texto y dilatación del espacio blanco, se puede reconocer también el despoblamiento de la página. Los libros vanguardistas traen páginas apenas pobladas por un discurso limitado en su síntesis. Entre el enunciado condensado y el espacio blanco expandido existe una relación semiótica innegable de doble presuposición aparentemente paradojal. La abreviación del enunciado es lo que dice y lo que deja de decir; la expansión del espacio blanco representa al silencio y, al mismo tiempo, lo que no calla expresado por el lugar en blanco. El silencio espacializado (expresado como lugar, espacio) en el texto es concomitante al enunciado sintético visualizado (expresado como figura) en el texto. Espacio blanco (silencio) y figura (enunciado) son dos magnitudes copresentes en este discurso. En consecuencia, el silencio es un modo de despoblar el discurso de enunciados analíticos y descriptivos a que la poesía había acostumbrado al lector. El silencio del discurso significa el desconocimiento de ese código, su anulación, y una tentativa de producir un enunciado sin precedentes (sin historia y sin pasado), lo que no quiere decir que no presuponga el conocimiento del código que rechaza. Para rechazarlo debe conocerlo.

Veamos la semiótica de lo blanco. Para el análisis semiótico del texto vanguardista, el espacio en blanco de la página, sobre la que se proyecta el texto, remite a su silencio implícito. Para la enunciación de ese discurso, sólo el silencio del espacio en blanco es la deixis referencial del vacío o la nada con los cuales se rodea para producir su enunciado. El espacio en blanco es la «ocurrencia» de una magnitud semiótica en el plano de la expresión de la cadena sintagmática del discurso; es decir, una clase o modo de enunciación. En términos del lingüista suizo Ferdinand de Saussure (1857-1913), puede definirse también como el significante de un signo cuyo significado es el silencio y la soledad de un nuevo orden. Ese silencio que es la supresión, la elipsis, del código tradicional y la institución de un código nuevo y un nuevo modelo de mundo.

La escritura ingresa a una nueva experiencia: al reconocimiento de su propio trazo, a la contemplación de sus palabras en la materialidad de su grafía registrada sobre el papel, como objeto con que se construyen los textos; al juego con el ordenamiento y disposición en ese espacio en blanco, al espectáculo de su propia inscripción en el espacio de la página, a su autocontemplación. La escritura se mira a sí misma: se refiere a sí misma: es objeto, referente y lenguaje de sí misma. Se entrega así a los ejercicios visuales en la página en blanco que se convierte en un paisaje tipográfico y caligramático, obligando a la vez al lector a participar pragmáticamente de esa experiencia. Dentro de los conceptos tradicionales de la escritura, acude a la elisión de títulos y textos, sustituyéndolos a veces por meros puntos suspensivos. Parte de esos recursos, ya habían sido empleados por la tradición, como la elisión de nombres de personas referidas o títulos de poemas, señalados, no obstante, ya por signos interrogativos, ya por signos admirativos o simplemente con una sucesión de puntos. Sin embargo, existen otros textos, como los de Pellicer o del poeta boliviano Antonio Ávila Jiménez (1898-1965), en los que el espacio en blanco, explicitado también con sucesión de puntos, posee expresión y sentido evidente en la escritura. Pellicer, en *Camino* (1929) incluye una «Elegía», integrada por ocho sonetos. Sin embargo, el soneto VI, no lleva escritos los cuartetos. El texto completo es el siguiente: "A la brisa rondín de tu alta ausencia / confío la palabra de presencia / que te trae hasta mí. La noche brota // en un mástil. Se hunde la bahía. / Y ante el lucero que la nube escota / soy pausa solitaria y poesía".

Es obvio que el texto tematiza la ausencia de la persona a la que se refiere el discurso. En cuanto al estilo de Ávila, en el poemario *Cronos* (1939), está integrado por cuatro versos no escritos (no dichos) y tres escritos y titula: «retrato»[38]: ".... / .... / .... / .... / tus pupilas absortas / y tu frente trigueña / que tiene olor de campo". Este texto permite observar que los enunciados segmentados se manifiestan como magnitudes discontinuas que se proyectan de un discurso continuo que no se calla y no escribe, pero que está presupuesto en los espacios en blanco. La escritura y el espacio en blanco de este modo corresponden también a la categoría «continuo/discontinuo» en que se integran y se complementan.

Sin embargo, el vacío que muestran los signos vanguardistas, que se manifiesta del modo señalado en la expresión del texto, a través de enunciados breves y fragmentados, merece otra explicación con relación al lenguaje.

He señalado que el texto modernista remite a un discurso que describe las relaciones del lenguaje con el sistema semiótico del mundo natural. Por eso el texto modernista ordena y re-ordena su discurso con relación a la realidad exterior. Es una descripción del sistema natural extra-textual. Así la búsqueda del modernismo implica el manejo del lenguaje con dos tipos de relaciones: semánticas y sintagmáticas.

Defino estas relaciones tomando en préstamos la clasificación del lingüista y semiólogo ruso Jurij M. Lotman (1922–1993), que propuso en su libro *Semiótica de la cultura*. Tales modalidades son: la primera de tipo semántico se establece entre las manifestaciones físicas del mundo y su sentido oculto; la segunda, de tipo sintagmático, entre todas las cosas y la totalidad de estas. Lotman escribió: "La idea del mundo como una sucesión de hechos reales, que son la expresión del movimiento profundo del espíritu, daba un doble sentido a todos los acontecimientos: semántico, como relación entre manifestaciones físicas de la vida y su sentido oculto, y sintagmático como relación entre ellas y la totalidad histórica"; y agregó: "Esta tendencia a asignar un sentido a las cosas constituía el aspecto fundamental de la cultura, y

---

[38] El poeta boliviano Ávila Jiménez no usó mayúsculas en sus poemas.

penetraba no sólo en la filosofía, sino también en la vida cotidiana" (1979: 64).

El vanguardismo rechaza la primera, pero retiene la segunda. Los vínculos de tipo sintagmático son determinados ya no por su relación con las esencias sino por su contigüidad y sus asociaciones con otros términos en el interior del lenguaje, reordenado desde una posición metalingüística o metatextual: desde el propio texto que se enfrenta al sistema semiótico de la propia lengua. El enunciador/enunciatario no deja de manifestar asombro por las nuevas relaciones sintagmáticas de los signos lingüísticos. El referente de este discurso ya no son los objetos del mundo (extra-lingüístico, exterior al texto) que designan las palabras de la lengua natural; radica en el propio discurso. El signo ya no remite a su referente (objeto del mundo), sino a términos del eje sintagmático del propio discurso.

No se puede negar el carácter fenomenista de este procedimiento. No es coincidencia que el pensador español Ortega y Gasset, en su «Ensayo de estética a manera de prólogo» (1914), integrado a su libro *La deshumanización del arte y otros ensayos de estética* (1925), definió de este modo el arte: "es la esencia del arte creación de una nueva objetividad nacida del previo rompimiento y aniquilación de los objetos reales. Por consiguiente, es el arte doblemente irreal; primero, porque no es real, porque es otra cosa distinta de lo real; segundo, porque esa cosa distinta y nueva que es el objeto estético, lleva dentro de sí como uno de sus elementos la trituración de la realidad"; y agregó: "Como un segundo plano sólo es posible detrás de un primer plano, el territorio de la belleza comienza sólo en los confines del mundo real" (1987: 172). En realidad, Ortega ofrece una definición del «objeto estético» en términos de la estética fenomenológica del filósofo alemán Nicolaï Hartman discutida en el capítulo anterior de esta exposición. El objeto artístico es, ciertamente, irreal.

Claro está que el vanguardismo llevó esa estructura a sus extremo; tenemos el legado de los creacionistas, ultraístas, estridentistas y los demás ismos. Así para un poeta de este tiempo, el boliviano Man Césped (1874–1932), «La abeja» (*Símbolos profanos*, 1924) es descrita en largos versículos que refieren una variedad de formas. Citamos tres versículos: "Rauda navecilla que surca veloz el mar ambiente, por los puntos ideales de un camino imaginario, tomando carga de ricos materiales en los puertos aéreos de la flor. / Experta rutinaria. Exploradora de prados y jardines. Maestra de la geografía de las flores. / Religiosa de góticas abadías. Defensora de señoríos de encantadas ciudadelas".

Dentro de la tradición saussureana el lenguaje es el resultado de una semiosis de dos planos: significante y significado, que el lingüista danés Louis Hjelmslev (1899–1965) los sistematizó después en los planos de la expresión y del contenido, respectivamente. Ambos planos se definen por una relación de presuposición recíproca. La articulación que hace posible la semiosis de ambos elementos es objeto de una operación contraria, a la que podría llamarse de desarticulación, por la cual se anula esa magnitud. Sin embargo, esa misma operación reinstala una nueva articulación semiótica.

No se puede dejar de desconocer en el vanguardismo una revaloración metalingüística del lenguaje a partir del signo lingüístico. El afán de disociar los dos planos del lenguaje supone la creación de un código propio, cuyo objeto busca dos funciones: por una parte, modificar la semiosis que la tradición establece para el signo, introduciendo de ese modo una nueva relación recíproca (una nueva semiosis), entre el significante y el significado; o, por otra, amplificar la semiosis tradicional mostrando presuposiciones desconocidas o no vistas entre ambos planos. La función poética, según expuso el lingüista y teórico ruso Román Jacobson (1896–1982), en sus *Ensayos de lingüística general*, se realiza en el interior del lenguaje (1985: 358); el vanguardismo busca la disociación y reinstalación de otra semiosis, es decir, de la concurrencia de los dos planos del signo. La función del vanguardismo es fundamentalmente una experiencia semiótica y por esa queda plenamente justificada como experiencia del lenguaje. El concepto del signo no debe ser visto en este contexto como la designación a estructuras mínimas como el lexema (la palabra), sino ampliarse, como lo sugieren Greimas y Courtes a "signos-enunciado" y "signos-discurso" (1982: 377).

De este modo es posible comprender de un modo más apropiado la producción del discurso vanguardista como un proceso de lectura de una nueva semiosis.

5.7 Verdad y certeza desconocidas

La incertidumbre observada en las últimas décadas del siglo XIX y primeras del siglo XX en la literatura hispanoamericana, periodo definido como modernidad estética, no ha sido una visión exclusiva de la región. A lo largo de esta exposición hemos correlacionado el pensamiento poético, expuesto en las representaciones estéticas, con el pensamiento filosófico. El pensar de la modernidad estética hispanoamericana está marcado por la duda, desconfianza y perplejidad en la percepción del mundo y su intento de entenderlo y representarlo por un lenguaje seguro. Los límites de su comprensión se reducían a los fenómenos de las apariencias sensibles; es decir, lo que aparece a la percepción humana, como la única manifestación cotidiana de la realidad para los sentidos y el entendimiento; la verdad y la certeza quedaban ignoradas. Se trataba de un testimonio de época.

En 1910, en Paris, apareció el libro *Horas de estudio*, del ensayista dominicano Pedro Henríquez Ureña. En el segundo artículo, dedicado a su mentora y maestra dominicana Leonor M. Feltz (1870-1948), el autor refiere que los temas de los ensayos incluidos en su libro son inéditos y actuales. Escribe: "Mis temas son ya otros; entonces no se hablaba (apenas si surgían) de pragmatismo, ni de Bergson, ni de Bernard Shaw, ni de la crítica de Mauclair, ni de la nueva literatura española" (1910: 8). Y, en efecto, entre las «Cuestiones filosóficas» de su tiempo se ocupa del positivismo, del pragmatismo, de la sociología del puertorriqueño Eugenio María de Hostos (1839-1903). Respecto a la corriente filosófica iniciada por los filósofos estadounidenses Charles Peirce (1839-1914) y William James (1842-1910), el escritor dominicano escribió: "Preocupa hoy a los pensadores de allende y aquende el Atlántico, la nueva filosofía que corre bajo el nombre popular de *pragmatismo*; si bien suele llamársela también, por clasificación *antiintelectualismo*" (1910: 61; cursivas propias). Más adelanta explica: "La verdad, para el pragmatismo, no es un valor absoluto, una cantidad fija e invariable: una idea se *hace* verdadera; su verdad es un suceso, un proceso: su *verificación*. La posesión de la verdad, en suma, «no es un fin en sí, sino un medio que lleva a otros fines»; y lo verdadero no es sino lo que hace fecundo nuestro pensamiento"; agrega citando a James (1910: 67; cursivas propias).

Ciertamente, estos conceptos han sido estudiados por la filosofía de ese tiempo. El filósofo italiano e historiador de la filosofía Nicola Abbagnano (1901-1990) y su compatriota pedagogo Aldo Visalberghi (1919-2007), publicaron una importante *Historia de la predagogía*, en la que afirman que "existe entre la filosofía y la pedagogía una conexión estrechísima", pues "[t]oda filosofía vital es siempre, necesaria e íntimamente, una filosofía de la educación, porque tiende a promover modalidades y formas de cultura de cierto tipo y porque contempla un cierto ideal de formación humana, aunque no lo considera definitivo ni perfecto" (1964: 15). Respecto a la corriente filosófica estadounidense escribieron: "el pragmatismo de Peirce era puramente metodológico, es decir, un criterio para aclarar el sentido de las proposiciones y no una teoría metafísica sobre la verdad o sobre la realidad"; y que fue James "quien trasformó el pragmatismo en teoría metafísica" (1964: 610).

Abbagnano, en su *Historia de la filosofía*. Vol. 3. (1994), en la sección dedicada a la «La filosofía entre los siglos XIX y XX», reitera que el pragmatismo "ha adoptado dos formas fundamentales: una forma *metafísica*, que es una teoría de la verdad y de la realidad (James, Schiller, etc.) y una forma *metodológica*, que puede describirse como una teoría del Significado (Peirce, Mead, Dewey, etc.)" (1994: 516–517; cursivas propias). Más adelante, señala una de sus conclusiones sobre esta corriente filosófica: "El *escepticismo*, en fin, ejerce una útil función negativa y limitadora, mostrando que ningún conocimiento humano es absolutamente verdadero" (1994: 564; cursivas propias).

Por su parte, el filósofo polaco I. M. Bochenski (1902–1995), en su libro *La filosofía actual*, que estudia la "gestación de la filosofía contemporánea", se detiene en señalar el origen de este pensamiento, al que dedica el capítulo 2 titulado «La crisis». Ese trance tiene un periodo claro entre los "finales del XIX y los comienzos del XX" y "el signo de una profunda crisis filosófica"; y agrega: "Una transformación tan profunda de la vida espiritual tiene que ver, como es natural, con los cambios de las circunstancias sociales y, por lo menos parcialmente resulta condicionada por éstas" (1951: 28). Las diversas corrientes filosóficas, como en los variados géneros literarios, han mantenido en su realización un enfrentamiento constante con el lenguaje y el metalenguaje. Bochenski continúa su explicación y afirma: "A fines del XIX y comienzos del XX empezó a dudarse" de la imagen física del mundo; "muchas de las cosas que hasta ahora se consideraron como absolutamente seguras se tornan problemáticas. Por ejemplo, sabemos que, lejos de ser la materia algo simple, es, por el contrario, muy complicada y que su captación científica presenta todavía serias dificultades" (1951: 30).

Otro filósofo polaco e historiador de las ideas, Leszek Kolakowski (1927–2009), se ocupó de la certeza y los esfuerzos de búsqueda realizada por el filósofo alemán Edmund Husserl. En su libro titulado *Husserl y la búsqueda de certeza*, advirtió en las primeras páginas: "la historia de la ciencia y de la filosofía en Europa sería ciertamente ininteligible si pasásemos por alto la búsqueda de certeza, una certeza que es algo mayor que lo que satisface la práctica; una búsqueda de la verdad como algo distinto de la búsqueda de conocimiento apoyado en la técnica"; y añadió: "No tenemos necesidad de explicar por qué buscamos certeza cuando la duda obstaculiza nuestra vida práctica; pero la búsqueda de certeza no es tan obvia cuando no se mezclan en ella consideraciones directa o indirectamente prácticas" (1977: 14). La falta de certeza, al que se enfrentaron los poetas de la modernidad hispanoamericana como ya fue expuesto, es observada por Kolakowski en la filosofía y afirma: "apareció cuando los filósofos comenzaron a criticar la certeza de la percepción, a discutir acerca de las ilusiones de los sentidos, a estigmatizar ojos y oídos como a «malos testigos», y a atribuir las cualidades sensibles más bien al perceptor que a lo percibido"; y añade: "La distinción entre percepciones «correctas» e ilusiones no era muy apta para disipar las dudas, ya que era fácil darse cuenta de que lo que sabemos acerca del mundo lo sabemos mediante la percepción". (1977: 15). Kolakowski continúa su reflexión sobre los esfuerzos del pensar en busca de la certeza y afirma: "si es verdad que todos los lenguajes conocidos poseen rasgos particulares, sedimentados como leyes lógicas, permanecemos siempre dentro de la relatividad genérica—dentro de un modo de «naturaleza humana»—que no explica nada" (1977: 25). Reconoce, asimismo, que queremos "huir del escepticismo extremo que reduce las leyes del pensamiento a cualidades contingentes de una determinada especie, que destruye la validez objetiva de nuestro conocimiento y que considera a la verdad como propiedad de nuestra conducta" (*Ibidem*). Este esfuerzo implica obviamente al lenguaje, que lo señala y afirma: "Los humanos poseen otros instrumentos para acumular su conocimiento y ordenarlo en la forma del lenguaje, y la lógica es sólo un instrumento que hace posible dicha acumulación, de hecho es relativa al lenguaje, pero no a los procesos actuales de pensamiento" (1977: 27). Sin embargo, también declara: "Debo admitir que aunque la certeza última es una meta que no puede ser alcanzada dentro del esquema racionalista, nuestra cultura sería pobre y miserable sin gente que tratara de alcanzar dicha meta, y nuestra cultura difícilmente podría sobrevivir abandonada totalmente a las manos de los escépticos"; y agrega: "Creo que la cultura humana no puede alcanzar una síntesis perfecta de sus componentes diversos e incompatibles. Su riqueza misma se apoya en esta incompatibilidad de sus ingredientes. Lo que mantiene viva a nuestra cultura, más que la armonía, es el conflicto de los valores" (1977: 72–73)

También podríamos citar al filósofo y ensayista francés Christian Delacampagne (1949–2007), nacido en Senegal (África) y autor de la *Historia de la filosofía del siglo XX* (Barcelona, 1999). En la Introducción a la misma, titulada «Nacimiento de la modernidad», afirma que "del Renacimiento hasta el final del siglo XIX, las producciones del arte y del saber son consideradas, no como simples construcciones mentales, sino como *representaciones* fieles de una realidad preexistente"; durante esa época de siglos todo escepticismo era rechazado, pues había plena confianza en que "nuestros signos son fiables, nuestros lenguajes verídicos y nuestra mente está en pleno acuerdo con el mundo" (1999: 17; cursivas propias). Sin embargo, y aunque dominantes por mucho tiempo, agrega, "esas convicciones cesan progresivamente de serlo a partir de 1880. Ligadas a una imagen del universo que no ha evolucionado demasiado en tres siglos, se ven cuestionadas junto con ésta", y plantea una serie de interrogantes fundamentales que rechazan las verdades y certezas tradicionales: "¿Tienen nuestros signos un fundamento fuera de nuestra mente? Las leyes que presiden su funcionamiento ¿son verdaderamente las únicas posibles? ¿Seguro que reflejan algo más que opciones subjetivas o normas culturales?"; su conclusión es muy clara: "Por múltiples razones, artistas, científicos y filósofos empiezan a dudar de ello. Pero si bien muchos rechazan como ilusoria la pretensión de nuestros lenguajes de decir la verdad, por contra se apasionan por los signos mismos, los cuales, al perder su transparencia, ganan en misterio" (1999: 18).

Consecuentemente, Delacampagne reconoce una «crisis», que provoca complejas meditaciones en artistas, científicos y filósofos, lo que permite reconocer que esa crisis provocó también, paradójicamente, tanto un enriquecimiento como una liberación para las nuevas reflexiones en su busca de representaciones legítimas. Porque "si la lógica de la representación, en el sentido clásico del término, no es más que una construcción de la mente, y no la expresión de una estructura «natural» e inmutable, deben ser posibles otros tipos de construcción", explica el filósofo, y agrega que entre esas opciones posibles están que otros "usos de los signos pueden ser imaginados, otras reglas del juego elaboradas. Reglas que a su vez deberían permitir la exploración de territorios nuevos, en la medida de la sed de expansión" en todos los campos; concluye: "Tales son algunas de las preocupaciones que, en todas partes donde se las ve aflorar, permiten ver, entre 1880 y 1914, el surgir de una cultura decididamente «moderna»" (1999: 18).

Resulta oportuno recordar que el filósofo alemán Theodor W. Adorno (1903–1969), en su libro *Teoría estética*, señaló claramente la relación de las obras de arte con el contexto temporal de su propia época. Se refirió al "momento histórico" como "constitutivo en las obras de arte; son auténticas las obras que se abandonan al material histórico de su tiempo sin reservas y sin jactarse de estar por encima de él"; y agregó que esas obras "son la historiografía inconsciente de su época; esto las conecta con el conocimiento"; conexión que, además, "las hace inconmensurables con el historicismo, que en vez de rastrear su propio contenido histórico las reduce a la historia exterior a ellas" (2004: 243–244).

Llegamos así al final de la exposición por la cual reseñamos el proceso de la modernidad literaria hispanoamericana, iniciado por el modernismo y cerrado por la vanguardia de la región. Ese desplazamiento fue una reflexión constante ante la ausencia de verdad y certeza respecto a la realidad natural, la condición humana y su lenguaje. Reflexión que no se debió exclusivamente a la imaginación de sus escritores. Fue el reconocimiento del pensar de una nueva época, compartida con la ciencia, la filosofía y la historia occidentales. Pero, principalmente la *modernidad estética hispanoamericana*, que se revela en la lectura y la reflexión una *cultura de la incertidumbre*, no deja de ser esplendorosa.

Bibliografía

Abbagnano, N. y Visalberghi, A., *Historia de la pedagogía*. Trad. J. Hernández Campos. México: Fondo Económico de Cultura, 1964.

———. *Historia de la filosofía Vol. 1. Filosofía antigua. Filosofía patrística. Filosofía escolástica*. Trad. J. Estelrich y J. Pérez Ballester. Barcelona: Hora, 1994.

———. *Historia de la filosofía. Vol. 3. La filosofía del Romanticismo. La filosofía entre los siglos XIX y XX*. Trad. J. Estelrich y J. Pérez Ballester. Barcelona: Hora, S.A., 1994.

Adorno, Th. W., *Teoría estética. Obra completa, 7*. Ed. R. Tiedemann *et al.* Trad. J. Navarro Pérez. Madrid: Akal, 2004.

Agustini, Delmira, *El libro blanco (Frágil)*. Montevideo: Bertani Editor, 1907.

Alonso, Amado, *Poesía y estilo de Pablo Neruda. Interpretación de una poesía hermética*. Buenos Aires, Sudamericana, 1968.

Anderson, Perry, *Los orígenes de la posmodernidad*. Trad. L. A. Bredlow. Barcelona: Anagrama, 2000.

Armijo, Roberto, «Rubén Darío y su intuición del mundo», en Mejía Sánchez, *Estudios sobre Rubén Darío*. (México, 1968).

Bachelard, Gastón, *La poética del espacio*. Trad. E. de Champourcin. México: Fondo de Cultura Económica, 1965.

Bary, David, «Vicente Huidobro y la literatura social», en *Cuadernos Americanos* 124 (Septiembre-Octubre 1962).

Barthes, Roland, *El grado cero de la escritura y nuevos ensayos críticos*. Trad. N. Rosa. México: Siglo XXI Editores, 1983.

Bayer, Raymond, *Historia de la estética*. Trad. J. Reuter. México: Fondo de Cultura Económica, 1974.

Beltrán S., Luis Ramiro, *Panorama de la poesía boliviana. Reseña y antología*. Bogotá: SECAB, 1982 (Edición de la Secretaría Ejecutiva Permanente del Convenio Andrés Bello).

Bello, Andrés, *Temas de crítica literaria*. Ministerio de Educación, Caracas, 1956.

Benveniste, Emile, *Problemas de lingüística general I*. Trad. J. Almela. México: Siglo XXI, 1971.

Berger, Peter L. y Thomas Luckmann, *Modernidad, pluralismo y crisis de sentido. La orientación del hombre moderno*. Barcelona: Paidós Ibérica, 1997.

Bergson, Henri, *Materia y memoria. Ensayo sobre la relación del cuerpo con el espíritu*. Trad. M. Navarro. Madrid: Lib. Victoriano Suárez, 1900.

——— . *El pensamiento y lo movible. Ensayos y conferencias*. Trad. G. San Martín. Santiago: Ercilla, 1936.

Blanco-Fombona, Rufino, El *Modernismo y los poetas modernistas,* Madrid, Mundo Latino, 1929.

Blumenberg, Hans, *La legitimación de la Edad Moderna*. (Edición corregida y aumentada). Trad. P. Madrigal. Valencia, España: Pre-Textos, 2008.

Bochenski, I. M., *La filosofía actual*. 2ª ed. Trad. E. Ímaz. México: Fondo de Cultura Económica, 1951.

Calinescu, Matei, *Cinco caras de la modernidad: Modernismo, Vanguardia, Decadencia, Kitsch, Posmodernismo*. Trad. M.T. Beguiristain. Madrid: Tecnos, 1991.

Carrera Andrade, Jorge, *Edades poéticas (1922-1956)*. Quito: Editorial Casa de la Cultura Ecuatoriana, 1958.

——— . *Reflexiones sobre la poesía hispanoamericana*. Quito: Casa de la Cultura Ecuatoriana, 1987.

Caso, Antonio, *Filósofos y doctrinas morales*. México: Porrúa, 1915.

Cassirer, Ernest, *El problema del conocimiento en la filosofía y en la ciencia modernas*. Vol. II. Trad. W. Roces. México: Fondo de Cultura Económica, 1956.

——— . *Antropología filosófica. Introducción a una filosofía de la cultura*. Trad. E. Ímaz. México: Fondo de Cultura Económica, 1963.

——— . *Las ciencias de la cultura*. Trad. W. Roces. México, Fondo de Cultura Económica, 1965.

——— . *Filosofía de las formas simbólicas I. El lenguaje*. Trad. A. Morones. México: Fondo de Cultura Económica, 1971.

——— . *Filosofía de la Ilustración*. Trad. E. Ímaz. México: Fondo de Cultura Económica, 1972.

Círculo Lingüístico de Praga, *Tesis de 1929*. Trad. M.I. Chamorro. Madrid: Alberto Corazón, 1970.

Davison, Ned. *El concepto de modernismo en la crítica hispánica*. Buenos Aires: Editorial Nova, 1971.

De Costa, René, compilador, *Vicente Huidobro y el creacionismo*, Madrid: Taurus, 1975.

———. *Huidobro. Los oficios de un poeta.* Trad. G. Sheridan. México: Fondo de Cultura Económica, 1984.

Delacampagne, Christian, *Historia de la filosofía del siglo XX.* Trad. Gonçal Mayos. Barcelona: Península, 1999.

De Torre, Guillermo, *Literaturas Europeas de Vanguardia.* Madrid: Rafael Caro Raggio, 1925.

———. *Historia de las literaturas de vanguardia.* Madrid: Guadarrama. 1965.

Dewey, John, *Psicología del pensamiento.* Traducción de A. Jascalevich. Boston: D. C. Heath Co., 1917.

———. *El arte como experiencia.* Trad. Samuel Ramos. México: Fondo de Cultura Económica, 1949.

———. *La busca de la certeza: un estudio de la relación entre el conocimiento y la acción.* Trad. E. Ímaz. México: Fondo de Cultura Económica, 1952.

Dilthey, Wilhelm, *El mundo histórico.* Trad. E. Ímaz. México: Fondo de Cultura Económica, 1944.

———. «La esencia de la filosofía», en *Teoría de la concepción del mundo.* Trad. E. Ímaz. México: Fondo de Cultura Económica, 1945.

———. *Introducción a las ciencias del espíritu.* Trad. E. Ímaz. México: Fondo de Cultura Económica, 1949.

———. *Poética. La imaginación del poeta. Las tres épocas de la estética moderna y su problema actual.* Trad. E. Tabernig. Buenos Aires. Losada, 1961.

———. *Literatura y fantasía.* Trad. E. Uranga y C. Gerhard. México. Fondo de Cultura Económica, 1963.

———. *Dos escritos sobre hermenéutica: el surgimiento de la hermenéutica y los esbozos para una crítica de la razón histórica.* Trad. A. Gómez Ramos. Madrid: Istmo, 2000.

Durand, Gilbert, *La imaginación simbólica.* Trad. M. Rojzman. Buenos Aires: Amorrortu, 1971.

Espina, Eduardo, «Julio Herrera y Reissig y la no-integrable modernidad de 'La torre de las esfinges'», en *Revista Iberoamericana*, N.º 146-147 (1989), pp. 451-456.

———. «Vanguardia en el Uruguay: la subjetividad como disidencia», en *Cuadernos Hispanoamericanos*, N.º 529-530 (julio-agosto 1994), pp. 33-49.

Fernández Retamar, Roberto, *Para el perfil definitivo del hombre.* La Habana: Letras Cubanas, 1981.

———. *Para una teoría de la literatura hispanoamericana*. Primera edición completa. Bogotá: Instituto Caro y Cuervo, 1995.
———. *Introducción a José Martí*. La Habana: Edición Letras Cubanas, 2001.
———. *Antología personal*. México: Siglo XXI, 2007.
Ferrari, Américo, «La poesía de Julio Herrera y Reissig», en *Inti: Revista de literatura hispánica* (Primavera-Otoño 1977), pp. 62-71.
———. «César Vallejo entre la angustia y la esperanza», en Cesar Vallejo, *Obra poética completa*. Madrid: Alianza Editorial, 1982.
Foster, Hal, (Selección y Prólogo) *La posmodernidad*, Trad. J. Fibla. Barcelona: Kairós, 1985.
Foucault, Michel, *Las palabras y las cosas. Una arqueología de las ciencias humanas*. Trad. E.C. Frost. México: Siglo XXI, 1968.
———. *De lenguaje y literatura*. Trad. I. Herrera Baquero. Barcelona: Paidós Ibérica, 1996.
Friedrich, Hugo, *Estructura de la Lírica Moderna. De Baudelaire hasta nuestros días*. Trad. J. Petit. Barcelona: Seix Barral, 1959.
Gadamer, Hans-Georg, *Verdad y método. Fundamentos de una hermenéutica filosófica*. Trad. A. Agud Aparicio y R. de Agapito. Salamanca, España, 1977.
———. *La herencia de Europa*. Trad. P. G. Gorina. Barcelona: Península, 1990.
———. *La actualidad de lo bello. El arte como juego, símbolo y fiesta*. Trad. A. Gómez Ramos. Barcelona: Paidós Ibérica, 1991.
———. *Verdad y método II*. Trad. M. Olasagasti. Salamanca, España: Ediciones Sígueme, 1992.
———. *Mito y razón*. Trad. J.F. Zúñiga García. Barcelona: Paidós Ibérica, 1997.
———. *Estética y hermenéutica*. 2ª Ed. Trad. A. Gómez Ramos. Madrid: Tecnos, 1998.
Geiger, Moritz, *Estética. Los problemas de la estética. La estética fenomenológica*. Trad. R. Lida y D.V. Vogelman. Buenos Aires: Argos, 1946.
Giddens, Anthony, *Modernidad e identidad del yo. El yo y la sociedad en la época contemporánea*. Trad. J. L. Gil Aristu. Barcelona: Península, 1995.
Gilson, Étienne, *La filosofía en la Edad Media. Desde los orígenes patrísticos hasta el fin del siglo XIV*. Trad. A. Pacios y S. Caballero. Madrid: Gredos, 1965.
Givone, Sergio, *Historia de la estética*. Trad. M. García Lozano. Madrid: Tecnos, 1990.

Goldberg, Isaac, *La literatura hispano-americana. Estudios críticos*. Trad. R. Cansinos-Assens. Madrid: Editorial América, 1922.

Gomes, Miguel, editor, *Estética del modernismo hispanoamericano*. Caracas: Biblioteca Ayacucho, 2002.

Gómez Carrillo, Enrique, *Sensaciones de arte*. París: Impr. G. Richard, 1893.

———. *Literatura extranjera. Estudios cosmopolitas*. París: Garnier Hermanos, 1895.

———. *Sensaciones de París y de Madrid*. París: Garnier Hermanos, 1900.

———. *El primer libro de las crónicas*. Madrid: Mundo Latino, 1919.

González Martínez, Enrique, *Los senderos ocultos*. Mocorito, Sinaloa: La Voz del Norte, 1911.

———. *El hombre y el búho. Misterios de una vocación*. México: Cuadernos Americanos, 1944.

Gorostiza, José, *Poesía*. México: Fondo de Cultura Económica, 1964.

———. *Prosa*. Ed. Miguel Capistrán. Guanajuato, México. Universidad de Guanajuato, 1969.

Guadarrama, Pablo, *Positivismo y antipositivismo en América Latina*. La Habana: Instituto Cubano del Libro, 2004.

Greimas, A.J. y J. Courtés, *Semiótica. Diccionario razonado de la teoría del lenguaje*. Madrid: Gredos, 1982

Gullón, Ricardo, «Esteticismo y modernismo», en *Cuadernos Hispanoamericanos*, núm. 212-213 (Madrid, 1967), pp. 373-387.

Gutiérrez Girardot, Rafael, *Modernismo. Supuestos históricos y culturales*. Bogotá, Colombia: Fondo de Cultura Económica, 2004.

Gutiérrez Nájera, Manuel, *Cuentos frágiles*. México: Imprenta del Comercio, 1883.

———. *Obras de Manuel Gutiérrez Nájera. Poesía*. Prólogo de Justo Sierra. México: Impr. del Timbre, 1896.

———. *Sus mejores poesías. Elegías, odas breves y otros poemas*. Ed. Rufino Blanco-Fombona. Madrid: Soc. Española de Librería, 1915.

———. *Obras inéditas de Gutiérrez Nájera. Poesías*. Recogidas y editadas por E. K. Mapes. New York: Hispanic Institute, 1943.

———. *Poesías completas*. 2 vols. Ed. F. González Guerrero. México: Editorial Porrúa, 1953.

———. *Obras. I. Crítica literaria, ideas y temas literarios. Literatura mexicana*. Investigación y recopilación E. K. Mapes, Ed. E. Mejía Sánchez. México: Universidad Nacional Autónoma de México, 1995.

———. *Obras. XIV. Meditaciones Morales (1876-1894)*. Edición crítica, introducción, notas e índices de Belem Clark de Lara. México: Universidad Nacional Autónoma de México, 2007.

Habermas, Jürgen, "La modernidad, un proyecto incompleto", en vv.aa. *La posmodernidad*, Selección y Prólogo de Hal Foster. Trad. J. Fibla. Barcelona: Kairós, 1985.

———. *El discurso filosófico de la modernidad (Doce lecciones)*. Trad. M. Jiménez-Redondo. Buenos Aires, Aguilar, Altea, Taurus, Alfaguara, 1989.

———. *Pensamiento postmetafísico*. Trad. M. Jiménez Redondo. México: Taurus, 1990.

Hartmann, Nicolaï, *Ontología I. Fundamentos*. Trad. J. Gaos. México: Fondo de Cultura Económica, 1964.

———. *Estética*. Trad. E. C. Frost. México: Universidad Nacional Autónoma de México, 1977.

Hauser, Arnold, *Historia social de la literatura y del arte. III*. Trad. A. Tovar y F. P. Varas-Reyes. Madrid: Guadarrama, 1968.

———. *Literatura y manierismo*. Trad. F. González Vicen. Madrid: Guadarrama, 1969.

Heidegger, Martin, *El arte y la poesía*. Trad. y Prólogo Samuel Ramos. México: Fondo de Cultura Económica, 1958.

Henríquez Ureña, Pedro, *Horas de estudio*. Paris: P. Ollendorff, 1910.

———. *Las corrientes literarias en la América Hispánica*. México: Fondo de Cultura Económica, 1949.

Henríquez Ureña, Max, *Rodó y Rubén Darío*. La Habana: Cuba Contemporánea, 1918.

———. *Breve historia del modernismo*. México: Fondo de Cultura Económica, 1954.

Hjelmslev, Louis, *Prolegómenos a una teoría del lenguaje*. Trad. J.L. Díaz de Liaño. Madrid: Gredos, 1971.

Hobbes, Thomas, *Leviatán, o la materia, forma y poder de una república, eclesiástica y civil*. Trad. M. Sánchez Sarto. México. Fondo de Cultura Económica, 1980.

Hume, David, *Tratado de la naturaleza humana*, trad. de V. Viqueira. Ed. de F. Arroyo. México: Porrúa, 1977.

Husserl, Edmund, *Ideas relativas a una fenomenología pura y una filosofía fenomenológica*. Trad. J. Gaos. México: Fondo de Cultura Económica, 1962.

———. *Investigaciones lógicas*. Trad. M. G. Morente y J. Gaos. Madrid: Revista de Occidente, 1976.

———. *La idea de la fenomenología. Cinco lecciones*. Trad. M. García-Baró. México: Fondo de Cultura Económica, 1982.
———. *Lecciones de fenomenología de la conciencia interna del tiempo*. Trad. A. Serrano de Haro. Madrid: Trotta, 2002.
Iser, Wolfgang, *El acto de leer. Teoría del efecto estético*. Trad. J.A. Gimbernat y M. Barbeito. Madrid: Taurus, 1987.
Jacobson, Román, *Ensayos de lingüística general*. Trad. J.M. Pujol y J. Cabanes. Barcelona: Seix Barral, 1985.
Jameson, Fredric, *Una modernidad singular. Ensayo sobre la ontología del presente*. Trad. H. Pons. Barcelona: Gedisa, 2004.
Jandová, Jarmila, y Emil Volek, *Signo, función y valor. Estética y semiótica del arte de Jan Mukarovsky*. Bogotá: Plaza & Janés, 2000.
Jauss, Hans Robert, *Experiencia estética y hermenéutica literaria. Ensayos en el campo de la experiencia estética*. Trad. J. Siles y E. M. Fernández-Palacios. Madrid: Taurus, 1986.
Jiménez, José Olivio, «Una aproximación existencial al 'Prólogo al *Poema del Niagara*', de José Martí», *Anales de Literatura Hispanoamericana*. Vol. 2/3 (1973/74). Madrid: Universidad Complutense, 1973, pp. 407-441.
Kant, Manuel, *Crítica del juicio*. 2 vols. Trad. A. García Morno. Madrid: Lib. Francisco Iravedra, 1876.
———. *Filosofía de la historia*. Trad. E. Ímaz. México: Fondo de Cultura Económica, 1979.
Kirkpatrick, Gwen, «El frenesí del modernismo. Herrera y Reissig», en *Revista de la Biblioteca Nacional*, 25 (1978), Montevideo, Uruguay, pp. 38-66.
———. *The Dissonant Legacy of Modernismo: Lugones, Herrera y Reissig, and the Voices of Modern Spanish American Poetry*. Berkeley: University of California Press, 1989.
Kolakowski, Leszek, *Husserl y la búsqueda de certeza*. Trad. A. Murguía Zuriarrain. Madrid, Alianza Editorial, 1977.
———. *La filosofía positivista. Ciencia y filosofía*. Trad. G. Ruiz-Ramón. Madrid: Cátedra, 1988.
Koselleck, Reinhart, *Futuro pasado. Para una semántica de los tiempos históricos*. Trad. N. Smilg. Barcelona: Paidós Ibérica, 1993.
Lara, Jesús, *Cantigas de la cigarra*. En el propileo, de Franz Tamayo. Cochabamba: Severo Cuenca, 1921.
———. *Harahuiy, harahuicu; la ausente en el sendero*. Cochabamba: Editorial López, 1927.
———. *Viaje a Inkallajta*: Impresiones. La Paz: Editorial López, 1927.

———. *La poesía quechua: Ensayo y antología*. México: Fondo de Cultura Económica, 1947.

———. *Khatira y Ariwaki. Égloga quechua*. Cochabamba: Editorial Canelas, 1964.

———. *La literatura de los quechuas: Ensayo y antología*. Cochabamba: Editorial Canelas, 1968.

———. editor, Qheshwataki: *Coplas Quechuas*. Recopilación y traducción de Jesús Lara. La Paz: Editorial Los Amigos del Libro, 1975.

———. *La literatura de los quechuas: Ensayo y antología*. Tercera Edición (Corregida). La Paz: Editorial Juventud, 1980.

Le Goff, Jacques, *Pensar la historia. Modernidad, presente, progreso*. Trad. M. Vasallo. Barcelona: Paidós, 1991.

Leibniz, G.W., *Obras. Nuevo ensayo sobre el entendimiento humano*, tomo 2. Trad. P. Azcárate. Madrid: Editorial de Medina, 1877.

Locke, John. *Ensayo sobre el entendimiento humano*. Trad. E. O'Gorman. México: Fondo de Cultura Económica, 1999.

Lotman, Jurij M., *Semiótica de la cultura*. Trad. N. Méndez. Madrid: Cátedra, 1979.

Lyotard, Jean-François, *La condición postmoderna. Informe sobre el saber*. Trad. M.A. Rato. Madrid: Cátedra, 1989.

Marasso, Arturo, *Rubén Darío y su creación poética*. Edición aumentada. Buenos Aires: Biblioteca Nueva, 1946.

Mariátegui, José Carlos, *Obras*. 2 vols. La Habana: Casa de las Américas, 1982.

Martí, José, *Páginas escogidas*. Selección de Max Henríquez Ureña. París: Garnier Hermanos, 1919.

Mejía Sánchez, Ernesto, Compilación y prólogo, *Estudios sobre Rubén Darío*. México: Fondo de Cultura Económica-Comunidad Latinoamericana de Escritores, 1968.

Merleau-Ponty, Maurice, *Signos*. Trad. C. Martínez y G. Oliver. Barcelona: Seix Barral, 1964.

———. *Filosofía y lenguaje. College de France, 1952-1960*. Trad. H. Acevedo. Buenos Aires: Proteo, 1969.

———. *Fenomenología de la percepción*. Trad. J. Cabanes. México: Origen/Planeta, 1985.

———. *El mundo de la percepción. Siete conferencias*. Trad. V. Goldstein. Buenos Aires: Fondo de Cultura Económica de Argentina, 2003.

———. *Lo visible y lo invisible*. Trad. E. Consigli y B. Capdevielle. Buenos Aires: Nueva Visión, 2010.

McDuffie, Keith, «Trilce 1 y la función de la palabra en la poética de César Vallejo», en *Revista Iberoamericana*, 37/71 (Abril-Junio de 1970), pp. 191-204.
Mill, John Stuart. *Sistema de lógica demostrativa e inductiva*. Trad. P. Codina. Madrid: Imprenta de M. Rivadeneyra, 1853.
Monguió, Luis, «El agotamiento del modernismo en la poesía peruana», en *Revista Iberoamericana*, 18/36 (Septiembre 1953), pp. 227-267.
Mullen, Edward J., *Carlos Pellicer*. Boston: Twayne Publishers, 1977.
———. *La poesía de Carlos Pellicer*. México: Universidad Nacional Autónoma de México, 1979.
Nietzsche, Friedrich, *Mas allá del bien y del mal. Preludio de una filosofía del futuro*. Trad. A. Sánchez Pascual. Madrid: Alianza Editorial, 1972.
Nouss, Alexis, *La modernidad*. Trad. M.C. Gallegos. México: Publicaciones Cruz O., 1997.
Ortega y Gasset, José, *El tema de nuestro tiempo*. Madrid: Calpe, 1923.
———. *La deshumanización del arte. Ideas sobre la novela*. Madrid: Revista de Occidente, 1925.
———. *La deshumanización del arte y otros ensayos de estética*. Barcelona: Espasa, 1987.
Osorio T., Nelson, *Manifiestos, proclamas y polémicas de la vanguardia literaria Hispanoamericana*. Caracas: Biblioteca Ayacucho, 1988.
Otero Silva, Miguel, *Obra poética*. Caracas: Ariel y Seix Barral Venezolana, 1976.
Palau de Nemes, Graciela, «Tres momentos del neomisticismo poético del 'siglo modernista': Darío, Jiménez y Paz» en *Revista de Bellas Artes*, 19 (México: enero-febrero 1968), pp. 65-74
Pascual Buxó, José, "Lengua y realidad en la poesía de César Vallejo", *Thesis. Nueva Revista de Filosofía y Letras* 3, núm. 8 (enero de 1981): 15-20
———. *Las figuraciones del sentido: ensayos de poética semiológica*. México: Fondo de Cultura Económica, 1984.
———. *César Vallejo. Crítica y contracrítica*. México: Universidad Nacional Autónoma de México, 1992.
Patočka, Jan, *El movimiento de la existencia humana*, trad. T. Padilla, J. M. Ayuso y A. Serrano de Haro. Madrid: Encuentro, 2004.
———. *Introducción a la fenomenología*. Trad. de J.A. Sánchez. Barcelona: Herder, 2005.
Paz, Octavio, *Cuadrivio*. México: Joaquín Mortiz, 1965.
———. *Puertas al campo*. Barcelona: Seix Barral, 1966.

———. *El arco y la lira. El poema. La revelación poética. Poesía e historia.* 2ª ed. corregida y aumentada. México: Fondo de Cultura Económica, 1967.

———. *El laberinto de la soledad.* México: Fondo de Cultura Económica, 1972.

———. *Los hijos del limo. Del romanticismo a la vanguardia.* Barcelona: Seix Barral, 1987.

——— et al. *Poesía en movimiento.* México: Siglo XXI, 1966.

Peipper, Tadeusz, «La nueva poesía hispánica», en René de Costa, compilador, *Vicente Huidobro y el creacionismo*, Madrid: Taurus, 1975.

Pellicer, Carlos, *Colores en el mar y otros poemas.* México; Libr. Cultura, 1921.

———. *Piedra de sacrificios: Poema Iberoamericano.* México: Ed. Nayarit, 1924.

———. *Camino.* Paris: Talleres de Tipografía Solsona, 1929.

———. *Hora de Junio (1929-1936).* México: Ediciones Hipocampo, 1937.

———. *Recinto y otras imágenes.* México: Ed. Tezontle, 1941.

———. *Exágonos.* México: Nueva Voz, 1941.

———. *Subordinaciones.* México: Editorial Jus, 1949.

———. *Material poético: 1918-1961.* México: Universidad Nacional Autónoma de México, 1962.

———. *Teotihuacán y el 13 de agosto; ruina de Tenochtitlán.* México: EdicionesEcuador 0o00, 1964.

——— et al. *Letras vivas. Páginas de la literatura mexicana actual.* Ed. Wilberto Cantón. México: SepSetentas, 1972.

———. *Obras. Poesía.* Edición de Luis Mario Schneider. México: Fondo de Cultura Económica, 1986.

Pemán, José María, "Algunas consideraciones sobre la poesía hispanoamericana", *Discursos leídos ante la Real Academia Hispano-Americana.* Cádiz, España: Talleres Tip. M. Álvarez, 1921.

Perus, Françoise, *Literatura y sociedad en América Latina: el modernismo.* Xalapa, México: Universidad Veracruzana, 1992.

Picon Garfield, Evelyn, e Iván Schulman, «Las entrañas del vacío» ensayos sobre la modernidad hispanoamericana. México: Ediciones Cuadernos Americanos, 1984.

Picón-Salas, Mariano, *Hispano-América, posición crítica.* Santiago de Chile: Imprenta Universitaria, 1931.

———. *Comprensión de Venezuela,* Caracas: Ediciones del Ministerio de Educación Nacional, 1949.

———. *Dependencia e independencia en la historia hispano-americana.* Caracas: Cruz del Sur, 1952.

———. *Crisis, cambio, tradición. (Ensayos sobre la forma de nuestra cultura)*. Caracas-Madrid: Ediciones Edime, 1955.

———. *Regreso de tres mundos. Un hombre en su generación*. México: Fondo de Cultura Económica, 1959.

Prats Sariol, José, *Pellicer, río de voces*. Villahermosa: Instituto de Cultura de Tabasco, 1990.

Rama, Ángel, *Estudios Martianos*. San Juan: Editorial Universitaria, 1974.

———. *Las máscaras democráticas del modernismo*. Montevideo: Fundación Ángel Rama, 1985.

Rex-Gonzalez, Alberto y Antonio Cravotto, *Estudio arqueológico e inventario de las ruinas de Inkallajta*. Paris: Unesco, 1977.

Reyes, Alfonso, *La experiencia literaria. Tres puntos de exegética literaria. Páginas adicionales*. México: Fondo de Cultura Económica, 1962.

Ricoeur, Paul, *La metáfora viva*. Trad. A. Neira. Madrid: Ediciones Cristiandad, 1980.

———. *Hermenéutica y acción: de la hermenéutica del texto a la hermenéutica de la acción*. Trad. Prelooker, Adúriz, Fomari, Gorlier y La Valle. Buenos Aires: Prometeo Libros, 2008.

Rivera-Rodas, Óscar, *Cinco momentos de la lírica hispanoamericana. (Historia literaria de un género)*. La Paz: Instituto Boliviano de Cultura, 1978.

———. *La poesía hispanoamericana del siglo XIX. (Del romanticismo al modernismo)*. Madrid: Editorial Alhambra, 1988.

———. *La modernidad y la retórica del silenciarse*. Xalapa, México: Universidad Veracruzana, 2001.

———. *Picón Salas: Historia de la cultura y cosmopolitismo*. Caracas: Fundación Celarg, 2011.

———. *La poética semiológica de José Pascual Buxó*. México: Universidad Nacional Autónoma de México, 2020.

Rius, Luis, "El material poético (1918-1961) de Carlos Pellicer", en *Cuadernos Americanos* 124:5 (Sep.-Oct., 1962): 239-270.

Rodó, José Enrique, *La vida nueva I*. Montevideo: Impr. Dornaleche y Reyes, 1897.

Roque-Baldovinos, Ricardo, «El modernismo hispanoamericano como modernidad estética», en *Realidad: Revista de Ciencias Sociales y Humanidades*, No. 43, 1995: 229-248. El Salvador: Universidad Centroamericana José Simeón Cañas.

Salinas, Pedro, *La poesía de Rubén Darío*. Buenos Aires: Losada, 1948.

———. *Literatura española del siglo XX. Segunda edición aumentada*. México: Antigua Librería Robredo, 1949.

Schulman, Iván A. (Ed.), *Nuevos asedios al modernismo*. Madrid: Taurus, 1987.

Schwartz, Jorge, *Las vanguardias latinoamericanas. Textos programáticos y críticos*. Trad. E. Dos Santos, México: Fondo de Cultura Económica, 2002.

Shklovski, Víktor, «El arte como artificio», en *Teoría de la literatura de los formalistas rusos*. Antología preparada y presentada por Tzvetan Todorov. México: Siglo XXI, 1970.

Sicard, Alain, *El pensamiento poético de Pablo Neruda*. Trad. K.J. Müller. Madrid: Gredos, 1981

Sierra, Justo, *Obras de Manuel Gutiérrez Nájera. Poesía*. México: Tip. Oficina Impresora del Timbre, 1896.

Silva, José A., *Poesías*. Precedidas de un prólogo por D. Miguel de Unamuno. Barcelona: Impr. de Pedro Ortega, 1908.

Szilasi, Wilhelm, *Introducción a la fenomenología de Husserl*. Trad. R. Maliandi. Buenos Aires: Amorrortu, 2003.

Todorov, Tzvetan, Editor, *Teoría de la literatura de los formalistas rusos*. México: Siglo XXI, 1970.

———. y Oswald Ducrot, *Diccionario enciclopédico de las ciencias del lenguaje*. Trad. E. Pezzoni. México: Siglo XXI, 1974.

Unruh, Vicky, *Latin American Vanguards: The Art of Contentious Encounters*, Berkeley: University of California Press, 1994.

Urbina, Luis, *La vida literaria de México*. Madrid: Imprenta Sáez Hermanos, 1917.

Uslar Pietri, Arturo, *En busca del nuevo mundo*. México: Fondo de Cultura Económica, 1969.

———. *Godos, insurgentes y visionarios*. Barcelona: Editorial Seix Barral, 1986.

Valera, Juan, *Cartas americanas. Primera Serie*. Madrid: Fuentes y Capdevilla, 1889.

Vattimo, Giani, *El fin de la modernidad. Nihilismo y hermenéutica de la cultura posmoderna*. Trad. A. L. Bixio. Barcelona: Gedisa, 1986.

Verani, Hugo J. *Las vanguardias literarias en Hispanoamérica (Manifiestos, proclamas y Otros escritos)*. México: Fondo de Cultura Económica, 1990.

Vernon A. Chamberlin and Ivan A. Schulman, *La Revista Ilustrada de Nueva York*. History, anthology, and Index of literary selections. University of Missouri Press, Columbia, 1976.

Videla de Rivero, Gloria, «En torno al concepto y límites de 'Modernismo' y 'Generación del 98'», en *Revista de Literaturas Modernas*, 13 (1978): 71-78, Mendoza, Argentina.

———. *Direcciones del vanguardismo hispanoamericano. Estudios sobre poesía de vanguardia: 1920-1930*. 3ª ed. Mendoza, Argentina: Editorial de la Universidad Nacional de Cuyo, 2011.

Vigil, José María, "La anarquía positivista", en *Revista Filosófica*. (Mayo). México: Imprenta y Litografía de Ireneo Paz, 1882.

Volek, Emil, *Cuatro claves para la modernidad*. Madrid: Gredos, 1984.

Yurkievich, Saúl, *Celebración del modernismo*. Barcelona: Tusquets, 1976.

Zavala, Silvio, La *filosofía política en la Conquista de América*. México: Fondo de Cultura Económica, 1972.

Zea, Leopoldo, *Apogeo y decadencia del positivismo en México*. México: El Colegio de México, 1944.

———. *Dos etapas del pensamiento en Hispanoamérica. Del romanticismo al positivismo*. México: El Colegio de México, 1949.

Zola, Émile, *El naturalismo*. Ed. L. Bonet. Barcelona: Península, 2002.

Zum Felde, Alberto, *Proceso intelectual del Uruguay y crítica de su literatura*. Tomo 2. Montevideo: Imprenta Nacional Colorada, 1930.

———. *El problema de la cultura americana*. Buenos Aires. Editorial Losada, 1943.

www.ingramcontent.com/pod-product-compliance
Lightning Source LLC
Chambersburg PA
CBHW021348300426
44114CB00012B/1135